中 等 学 校 教 材　1

数学桥——用图形计算器学数学

MATHS BRIDGE —— TO LEARN MATHS WITH A GRAPH CALCULATOR

林风　黄炳锋　著

哈尔滨工业大学出版社
HARBIN INSTITUTE OF TECHNOLOGY PRESS

内 容 简 介

TI-Nspire CX-C CAS 图形计算器作为计算器的高端产品(美国德州仪器公司生产),它不仅是一个可以求值作图的计算器,更是一个真正意义上的数学工作室.它具有良好的符号代数系统、几何操作系统、数据分析系统、程序应用与拓展系统等.它可以直观地绘制各种图形,并进行动态演示、跟踪轨迹,进行数学问题解决和数学实验,是一个可以随时随地探索科学的流动实验室.本书共分十六章,分别为:入门操作、数值计算、数式化简求值、方程与不等式、函数及其性质、微积分、平面几何、数列、三角函数、算法初步、概率与统计、解析几何、向量与复数、矩阵与行列式、精彩教学案例、实用技巧目录.

作者以图形计算器为平台,以呈现数学教育的多元价值为目标,为求得数学本质、数学文化、数学技术、数学价值在此得到整合交融,为初、高中教师和学生展现了数学学习的全新视野和手段,体现了数学与科技同发展,学习与时代共进步的鲜明特征.当您阅读这本书时一定会激发您的学习热情并增强您的创新意识.

图书在版编目(CIP)数据

数学桥:用图形计算器学数学:TI-Nspire CX-C CAS 图形计算器在高中数学中的应用/林风,黄炳锋著. —哈尔滨:哈尔滨工业大学出版社,2015.6
 ISBN 978-7-5603-5299-2

Ⅰ.①数… Ⅱ.①林…②黄… Ⅲ.①中学数学课—计算机辅助教学—教学研究 Ⅳ.①G633.602

中国版本图书馆 CIP 数据核字(2015)第 071093 号

策划编辑	刘培杰 张永芹
责任编辑	张永芹 聂兆慈 杜莹雪
封面设计	孙茵艾
出版发行	哈尔滨工业大学出版社
社　　址	哈尔滨市南岗区复华四道街 10 号 邮编 150006
传　　真	0451—86414749
网　　址	http://hitpress.hit.edu.cn
印　　刷	哈尔滨市工大节能印刷厂
开　　本	787mm×960mm 1/16 印张 25.75 字数 474 千字
版　　次	2015 年 6 月第 1 版 2015 年 6 月第 1 次印刷
书　　号	ISBN 978-7-5603-5299-2
定　　价	58.00 元

(如因印装质量问题影响阅读,我社负责调换)

作者简介

林风，现任职于福建省福州市第三中学，并担任数学教研组组长、中学正高级教师、特级教师、苏步青教育奖获得者、福建省杰出人民教师、福建省"百千万人才工程"人选、福建省教育学院兼职教授、福建省中学名师培养对象导师、福建省初等数学学会常务理事、福州市数学会副秘书长、福州市数学名师工作室领衔名师、福州市数学学科工作室核心成员。

长期以来教有所长，业有专攻，主持和参与多项全国、省级、市级的教研课题研究活动并多次获奖，在《数学通报》《中学数学教学参考资料》《中学数学》《中国电化教育》等刊物上发表论文数十篇，编写并出版《图解数学——数学教学新视角》《高中基础知识》《高考难点突破丛书》等教学论著，撰写的数十篇论文在全国、省市评比中获奖，积极探索现代教育技术在数学教学中的应用，关注图形计算器在实现数学教学转型中的作用和价值，主持的教育部课程教材研究所"十一五"规划重点课题《TI手持技术在高中数学教学中的应用》被教育部中国教师发展基金会评为一等奖，并被评为教育科研先进工作者，制作的计算机课件作品多次在全国多媒体教育软件大奖赛和省级课件评比中获一、二等奖，指导学生十多人次在全国高中数学联赛中获一等奖，指导的青年教师多人次被评为"省市优秀青年教师和骨干教师"，经常送教送研下校下县，为数学教育做出积极的努力。

黄炳锋，中学数学高级教师，任职于福建省福州市第三中学，担任数学教研组副组长、集备组组长、福建省学科带头人、福建省首批数学教学名师培养对象。曾获得"教育部新课程实施优秀实验教师""福建省优秀青年教师""福州市教育系统优秀共产党员""福州市教育系统先进工作者"等多项荣誉。被聘为人民教育出版社人教版课程标准教材中学数学培训团专家，福建师范大学兼职副教授，被选为福建省普通高中新课程实验数学学科教学指导组成员，福建省高中新课程（官方）网站数学学科教学资源建设核心组成员，福建省高考《考试说明》项目研究组成员，福州市名师工作室（林风工作室）成员，福州市骨干教师导师，福州市数学学会理事会理事，福州市数学学科中心组成员。

多次参加福建省高考和省市质检命题、审题工作,在命题研究、课题研究、教学理论研究、信息技术与多媒体辅助教学等方面有专长。自2010年起,师从人民教育出版社章建跃博士致力信息技术与高中数学课程整合的研究,是全国"手持技术与高中数学课程整合"课题组的核心成员,参与全国教育科学"十一五"规划2010年度教育部重点课题"中小学数学课程核心内容及其教学的研究"(主持人:章建跃)研究,主持研究福建电教馆课题"TI手持技术与探究能力培养深度融合研究"等,曾获"福建省课题科研先进教师"称号。开设70多场省市级专题讲座,指导学生参加高中数学联赛和省赛并多次获奖,在《数学通报》《中学数学教学参考》《中小学数学》《中学数学研究》《数学通讯》《福建中学数学》等期刊上发表30余篇专业论文,参与编写人教A版普通高中数学课程标准实验教科书配套教学资源《TI-Nspire CX-C CAS图形计算器实验手册》,合著有《"图"解数学——数学教学新视角》《数学微格教学》《赢在起点——新课程初高中衔接读本(数学)》等论著。

前　　言

数学启迪智慧　技术演绎精彩

数学是思维的学科,但抽象的推理和繁复的运算让很多人害怕数学.

学数学使人更聪明,但很多人把学数学等同于解题目,湮灭了数学启迪智慧的功能.

当手持技术用于中学数学学习时,一切都发生了变化:

复杂的代数运算、难解的方程不在话下;

只要输入数据,选定函数模型,图像立即就做出来了;

画统计图表、处理大量统计数据本来是非常枯燥乏味的,但现在只要把数据输入机器,你想要什么只要发个指令即可;

现实问题不是按照精确的数学公式发生的,从现实中得到的数据需要经过拟合处理,没有机器时,这种工作量大且繁,很多时候甚至不可能处理,但现在只要拖动鼠标,数据表、散点图、拟合函数就会同时出现,你可以根据自己的判断做出选择等.

真可谓,技术演绎精彩.

TI-Nspire CX-C CAS 图形计算器是计算器的最新高端产品,它不仅是计算、作图的工具,更是一个真正意义上的数学实验室,它具备中学数学学习所需的符号代数系统、几何操作系统、数据分析系统、程序应用与拓展等所需,可以进行动态演示、轨迹跟踪、模拟实验,可以随时随地检验自己的想法,是一个真正意义上的移动实验室,它的多元关联、动态演示、信息传输、交流互动等功能都是数学学习所急需的.

本书作者是将信息技术用于数学教学的发烧友.他们在长期实践中积累了利用图形计算器进行教学、教研、培训的丰富经验,他们以实现数学教育的多元价值为方向,以数学技术、数学问题和数学文化的融合为目标,对信息技术用于数学教学进行了深入探索,本书就是探索的结晶.书中通过案例展示了图形计算器在开展数学实验、数学探究学习等方面的强大功能,阐述了应用手持技术有效指导学生进行数值运算、函数作图、程序设计、数据处理,模拟、推理、画图和动态图像处理等综合应用,真实地体现了师生在共同参与实践、操作、演示、观察、分析的互动过程中,通过对获得的图像和数据的整理、观察、归纳、类比,找出结论或从中发现新的方法,获得对抽象的数学概念、定理、结论等的感性认识,进而概括上升为理性认识的数学探究过程,较好地体现了用技术促进对数学的理解,用技术进行真实的数学探究的理念.

  我与本书的两位作者因为数学教学与信息技术的整合研究而相识,因探究数学教学中的各种问题而相知,两位作者对数学教育的热爱,对数学教学规律的执著追求、永不满足和不断开拓的精神,都给我留下深刻的印象.本书凝结了他们对数学教学与信息技术整合规律的思考和实践探索,相信一定会对广大读者有所启发.

  同时,在本书出版之际,送上我对信息技术用于数学教学的良好祝愿:愿我国的数学教学在与信息技术的整合中,学生的数学兴趣越来越浓,负担越来越轻,质量越来越好.

章建跃

2014 年 6 月 28 日

目 录

第1章 入门操作 ·· 1
1.1 TI-Nspire CX-C CAS 综述 ·· 2
1.2 TI-Nspire CX-C CAS 的特色 ··· 2
1.3 TI-Nspire CX-C CAS 的程序图标 ·· 6
1.4 TI-Nspire CX-C CAS 按键指南 ··· 7

第2章 数值计算 ··· 11
2.1 常见数值计算与转换 ··· 12
2.2 分数的化简求值 ··· 19
2.3 特殊的数值化简求解 ··· 21
2.4 多个数的最大值、最小值、中位数、平均数、和、积 ············ 24
2.5 分解因数、数的整除、最大公因数、最小公倍数问题 ············ 26

第3章 数式化简求值 ··· 30
3.1 代数式化简计算 ··· 31
3.2 在有理数范围、实数范围和复数范围内因式分解 ·················· 34
3.3 多项式的展开 ·· 36
3.4 分式的化简求值 ··· 39
3.5 多项式的除法 ·· 41

第4章 方程与不等式 ··· 45
4.1 可化为解一元一次方程(组) ·· 46
4.2 可化为解一元二次方程、二元二次方程(组) ························ 51
4.3 解多元一次方程组 ·· 57
4.4 解多项式方程 ·· 60
4.5 解参数方程 ··· 62
4.6 解超越方程 ··· 65
4.7 解一元一次不等式 ·· 67
4.8 解不等式(组) ·· 69

| 4.9 | 线性规划 | 72 |

第5章 函数及其性质 77
5.1	函数的图像	78
5.2	分段函数	82
5.3	特殊的数值化简求解	87
5.4	含参数函数的讨论	92
5.5	函数的零点	95
5.6	函数图像的交点	98
5.7	自定义函数	101
5.8	迭代函数	105
5.9	拟合函数	109

第6章 微积分 116
6.1	极限	117
6.2	导数的概念	122
6.3	求函数的导函数	124
6.4	曲线上任意一点处的切线与法线	128
6.5	求曲线的弧长	133
6.6	函数的定积分	136
6.7	微分方程	141

第7章 平面几何 144
7.1	几何基本作图	146
7.2	几何形状	153
7.3	几何测量	156
7.4	几何变换	163
7.5	几何中的最值	168

第8章 数列 173
8.1	数列的通项	175
8.2	数列的运算	178
8.3	数列的图像	182
8.4	数列的迭代(蛛网图)	185
8.5	数列的最大值与最小值	194

第9章 三角函数 197
| 9.1 | 简单三角换算与计算 | 199 |

9.2	三角函数的转换、展开、合并	203
9.3	三角函数图像	206
9.4	解三角方程(组)	212
9.5	解三角形(正弦定理、余弦定理及其应用)	216

第10章 算法初步   221

10.1	赋值语句	223
10.2	条件语句	227
10.3	循环语句	232
10.4	算法案例	235

第11章 统计与概率   241

11.1	条形图和饼图	242
11.2	样本的数字特征	247
11.3	频率分布直方图	251
11.4	相关关系与因果关系	254
11.5	随机数的产生	258
11.6	古典概型与几何概型	261
11.7	排列与组合及二项式定理	265
11.8	二项分布的应用	268
11.9	μ 与 σ 对正态分布的影响	272
11.10	独立性检验	275

第12章 解析几何   280

12.1	直线的方程	282
12.2	平面动点的轨迹	285
12.3	圆	289
12.4	椭圆与双曲线	292
12.5	抛物线	296
12.6	参数方程及其应用	299
12.7	极坐标方程的应用	303
12.8	3D绘图	309

第13章 向量与复数   313

13.1	向量的模、单位向量	314
13.2	向量的加法、减法、数量积、向量的叉积(叉乘)	320
13.3	向量的几何意义及其应用	326

13.4 复数的表示形式（代数、三角、指数） …… 330
13.5 复数的基本运算与应用 …… 333

第14章 矩阵与行列式 337
14.1 行列式与克莱姆法则 …… 338
14.2 矩阵及其运算 …… 341
14.3 矩阵的运算性质 …… 344
14.4 可逆矩阵 …… 348
14.5 矩阵与变换 …… 351
14.6 求解线性方程组 …… 354
14.7 特征值与特征向量 …… 359

第15章 精彩教学案例 364
15.1 函数图像的放缩 …… 364
15.2 让函数图像更精致 …… 365
15.3 区间延拓的函数综合研究 …… 366
15.4 借助函数图像研究整除问题 …… 368
15.5 麦当劳图标外轮廓线最佳拟合函数是什么？ …… 369
15.6 定周长的矩形的研究 …… 371
15.7 用测量值传递建立函数关系 …… 374
15.8 拟合函数的巧妙应用 …… 376
15.9 利用递归方法求 π 的近似值 …… 377
15.10 长期服药会中毒吗？ …… 378
15.11 "绝对差数列"的研究 …… 379
15.12 一个数列探索题 …… 381
15.13 一个几何最值的两种解法 …… 382
15.14 生日问题 …… 384
15.15 放在墙角的梯子 …… 386
15.16 摆线的研究 …… 388
15.17 圆上射影定理的拓展研究 …… 390
15.18 极坐标的应用 …… 391
15.19 定值条件下轨迹问题的探究 …… 392
15.20 有趣的黄金分割 …… 394

第16章 实用技巧目录 398

入门操作

本章对图形计算器 TI-Nspire CX-C CAS 进行了详细介绍,包括启动和退出、新增功能、工作环境等基本概况,从而使读者对该计算器的功能与操作有一定的了解与认识,了解该软件的用途,培养读者对图形计算器的兴趣.

目标

1.1　TI-Nspire CX-C CAS 综述
1.2　TI-Nspire CX-C CAS 的特色
1.3　TI-Nspire CX-C CAS 的程序图标
1.4　TI-Nspire CX-C CAS 按键指南

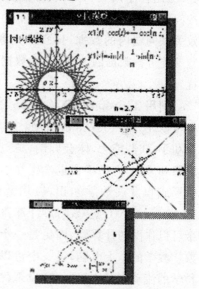

1.1　TI-Nspire CX-C CAS 综述

TI-Nspire CX-C CAS 是 Texas Instruments 最新推出的新型图形计算器(图 1.1).它拥有强大的数据处理功能、函数功能、图形功能、编程功能和进行一些数理实验的功能.它可以用数字的、解析的和图形的等多种方式表示各种数学对象,具有很好的交互性.特有的 CAS(代数操作系统)提供了包括数式、字母以及矩阵、微积分等运算.应用程序以文档形式保存完成的工作,文档按问题与页面划分,同一问题下的不同页面能有效关联问题内的数据,体现多元联系,不同的问题又能分割数据的关联,使得数据的使用不受干扰.

利用 TI-Nspire CX-C CAS 图形计算器,学生可以充分参与探索性活动,主动建构知识,增强动手、实践能力,体会归纳、猜想和推理等数学思想和方法,有助于促进学生在学习和实践过程中形成和发展数学知识,应用数学知识.因此,TI-Nspire CX-C CAS 图形计算器绝不仅仅是一个可以作图的计算器,而更是一个真正意义上的数学教学的掌上电脑,是一个可以随时随地探索科学的流动实验室,是一种以现代信息技术为基础的手持式教育技术,是一个先进的互动式的教学手段.

图 1.1

1.2　TI-Nspire CX-C CAS 的特色

对科学技术或其产品,人们常从"能解决什么问题"的角度看它的使用价值,这容易偏离创造技术的本意,更多的人可能持怀疑态度,并不断寻找理由,拒绝创新.也许你已经想到,诸如"几何画板""演示幻灯"等众多优秀的软件,在演示教学中的良好表现.平心而论,甚至仅用传统的"纸笔计算,描点作图"也能解决当前数学教学的所有问题.但前者强调的是演示,体现的是教师的主体作用,后者则是传统的课堂.数学实验需要引入 TI 手持信息技术做支持,源于 TI 图形计算器提供了一种直观的教学手段和一个实验研究的环境,得益于 TI 手持信息技术的如下优势效应.

(1) 不可忽视的便携性

表现在 TI 图形计算器体积小,携带方便.另外,图形计算器可以在任何一个普通的教室,利用普通的投影仪进行演示,还可以利用实物投影仪、电视和计算机等多种设备演示.便携性使得数学实验能随时随地进行,教师不必刻意准备繁杂的实验器材,学校也不必为每个学生配备多媒体计算机.教学中,需要进行数学探究实验,你只需要拿出图形计算器,按下开机 按钮就可以了(图 1.2).

(2) 数形结合的视觉化

数形结合是连接"数"与"形"的"桥梁",它是一种重要的数学思想方法.著名数学家华罗庚先生说:"数与形,本是相倚依,焉能分作两边飞?"

图 1.2

华罗庚先生之所以强调数形需要结合,切莫隔离分家,是否也说明了实现数形结合的难度?例如要深刻地研究一个函数的性质需要从多种表示形式(如解析式、列表式、图像法)研究,在传统的课堂中演示费时费力,不易实现.现在,用 TI 图形计算器就显得方便多了,只要输入解析式即可得到函数图像和函数变量的数值表.如果利用"分屏"功能,还能实现在同一个窗口对一种对象的不同表示(图 1.3),其中数表与图、解析式与图的关联,用视觉化的形式,直观体现了数形结合的思想.

(3) 几何操作的动态性

以往的几何教学基本是教师操作演示,唱独角戏.几何操作的动态性缺乏学生参与的直观感,有了图形计算器,这个问题可以迎刃而解.在教师指导下的几何操作的动态交互,是学生参与的真实的实验(图 1.4).

(4) 数据分析的简洁化

新课程明确提出数据处理的能力要求,在统计章节的教学中,对样本中收集的大量数据处理是难点,传统教学中若是希望学生深刻理解本节课内容和思想方法

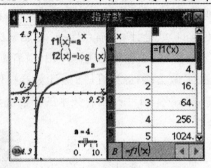

图 1.3

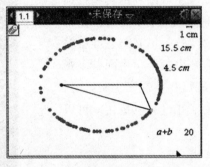

图 1.4

有一定困难. 因此, 考虑将 TI 图形计算器引入课堂(图1.5, 图1.6), 依据样本绘制出散点图的过程, 学生可以动手参与, 大量数据处理实际上是将庞杂的计算交给 TI 图形计算器完成, 省出时间可以拓展新知识, 使学生将更多的课堂时间和精力放在回归分析的思想方法上, 认识数学的本质和思想的发展过程, 进而培养学生解决问题的能力. 从数学实验的角度看, TI 图形计算器的引入, 使得数据分析简单易行, 提高了课堂的实效性, 解决了掌握知识与数学实验费时的矛盾问题.

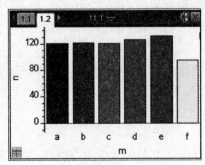

图 1.5

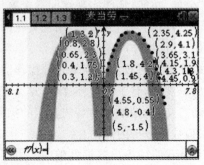

图 1.6

(5)程序应用的交互性

程序应用的拓展,提供了数学实验需要的多种平台.通过数据线,可以轻而易举地实现两台图形计算器或图形计算器与计算机之间的数据交换.若创建一个由图形计算器组成的无线课堂网络,就可以即时反馈学生的课堂情况,收集学生的检测信息,实现学生现场演示和个性化教学,使得学生在课堂上能真正体验数学实验的乐趣,学习真实的数学.同时,图形计算器还可以通过电脑连接互联网,从网络上下载应用程序,更新其操作系统,定制用户界面,甚至完成数学作业等(图1.7).

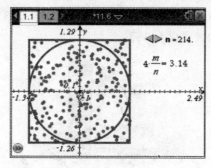

图1.7

(6)教学服务的专业性

主要体现在图形计算器是源于为数学教学服务,后来扩展到数理综合性的应用.所以,它的硬件和软件都是基于教学目的而设计的,不同于一般意义的计算机和掌上电脑,TI图形计算器更专业化,更符合教学的要求和学习的需要,更具有实用价值(图1.8).

图1.8

(7) 可拓展的跨学科性

TI 图形计算器的另一大显著特点还体现在，它不仅仅在数学课堂教学中可以得到广泛应用，还可以通过 CBL（基于图形计算器的掌上实验室）和 CBR（基于图形计算器的掌上测距仪），以及各种理化探头，方便地进行多种物理、化学、生物等学科的实验，甚至可以进行用传统的理化实验尚不能完成的实验．另外，由于数学软件的使用，可以将实验结果用适当的函数拟合，并用数学的方法分析，为数学、物理、化学、生物等学科提供一个综合性的教学实验和学生创新实践的平台．

正是因为这些优势，才使得图形计算器成为数学学习的掌中宝，有了键盘上的灵感，就能学习指尖上的数学（图1.9）．

图 1.9

1.3　TI-Nspire CX-C CAS 的程序图标

在主屏幕上，可以看到以下应用程序图标．

 计算器（Calculator）

用于输入并计算数学表达式，可以用于定义变量、函数、程序等库对象，本书在第 2～15 章中均用到这些应用程序．

 图形（Graphs）

用于函数作图，可以制作函数、参数、极坐标、散点图、序列图等，并能模拟点在图形上的运动，分析其成因．

 几何（Geometry）

用于绘制几何图形，能保持动态不变关系，用于研究几何中的旋转、对称、伸缩等变换．

列表与电子表格(Lists & Spreadsheet)
用于处理表格数据,可以用来保存数据、文本或数学表达式,并与变量连接,达到动态关联.

数据与统计(Data & Statistics)
描绘不同类型的统计图,用来阐释统计数据,用于研究数据的集中趋势、变化趋势等技术.

记事本(Notes)
用于文本编辑,可与其他计算器用户共享,使用中允许插入数学框,更好发挥记事本功能.

Vernier Data Quest
用于收集数据,与传感器连接,适时收集传感器提供的数据,让实验与研究过程充满乐趣.

1.4　TI-Nspire CX-C CAS 按键指南

1. 基本操作

（1）开机与关机

按键 ⌂on 开机,按键 ctrl [off] 关机,停止操作 3 分钟后（可通过设置修改）,计算器也会自动关机.

（2）计算器设置

按键 ⌂on 返回主页,按键 ≡ (设置) doc▾ (设置),进入计算器常规设置与图形与几何设置对话框,根据要求修改选项.

2. 基本按键

图 1.10

（Ⅰ）屏幕显示区（图 1.10）

（Ⅱ）功能区（图 1.10）

① esc 取消键，取消当前状态

② 便签本切换，进行计算或绘图

③ tab 切换键，激活不同对象

④ 光标键，点击选定对象，若要抓取对象，双击该键并长按

⑤ ◄►▲▼方向键，中心区域如笔记本电脑的触摸板，四周是上下左右按键

⑥ on 开机键，若计算器已开启，按该键显示主页

⑦ doc 文档键，打开文档菜单

⑧ menu 菜单键，显示应用程序或环境菜单

（Ⅲ）数字与数学符号区（图 1.10）

① ctrl 按键上方的功能或字符

② 表达式模板

③ 目录导航按键

④ enter 执行键，计算表达式，执行命令或选择一个菜单项

（Ⅳ）字符输入区（图 1.10）

① π 数学保留字，如 π, e, i, ∞ 等

② 中英文输入切换键

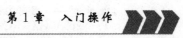

3. 按键及其图标功能

编号	按键	功能	功能键	功能
1	on	开机键,调出主页或设置状态.	ctrl off	关机键,结束文档.
2	doc▽	文档键,管理文档或页面布局.	ctrl +page	快捷增加一个页面.
3	menu	菜单键,调出菜单命令.	ctrl ≣	菜单键,调出常用菜单命令,相当于鼠标右键功能.
4	esc	取消键,取消当前状态.	↶	取消上次执行的命令或动作.
5	≡	便签本切换键.	save	文档保存按键.
6	tab	移动光标到下一个默认位置.		
7	ctrl	功能键,启用第二功能.		
8	✥	光标移动键、选择或确认键.		
9	◀	光标或命令移动键.	◁	与/合用页面跳转键.
10	▶	光标或命令移动键.	▷	与/合用页面跳转键.
11	▲	光标或命令移动键.	⬈	页面或文档检视器键.
12	▼	光标或命令移动键.	⬋	返回页面按键.
13	⇧shift	上档键,写一个大写字母.	CAPS	与/合用,写大写字母.
14	var	变量键,调出变量.	sto→	定义键,定义函数或变量.
15	del	删除键,删除一个字符或变量.	clear	清除键,清除一行字符或变量.
16	=	等式判断键.	≠≥>	不等符号调用键.
17	trig	三角函数命令键.	?	命令功能提示键.
18	∧	乘方运算符号键.	ⁿ√x	任意次根式调用键.
19	x²	二次方运算键.	√	二次根式调用键.
20	eˣ	e 的任意次方调用键.	ln	自然对数调用键.
21	10ˣ	10 的任意次方调用键.	log	对数运算调用键.
22	( )	左右括号,运算顺序分级.	[ ] { }	方括号,大括号.
23	▦	数学模板调用键.	:=	赋值键,给指定变量赋值.
24	☺	各种符号帮助键.	∞β°	数学符号或保留字.
25	×	乘法运算符号键.	" "	加引号,表格中输入字符串.
26	÷	除法运算符号键.	⅒	快捷调用分式键.
27	+	加法运算符号键.	☀	与/合用,增加亮度.
28	−	减法运算符号键.	☀	与/合用,降低亮度.
29	enter	回车键,确定或执行命令.	≈	取近似值.
30	.	小数点.	capture	采集键.
31	(−)	负号.	capture	当前结论.
32	EE	以 10 为底幂次方.	✋	抓手.

33	π*	数学保留字.	
34	,	逗号命令键.	
35	?!▸	常用符号调用键.	
36	⌨	中英文切换键.	
37	⏎	程序编辑状态下的回车键.	
38	␣	空格键,可键入空字符.	
	▸	指针.	

4. 常用功能快捷键

编辑文本	快捷键	导航	快捷键
剪切	ctrl X	页顶	ctrl 7
复制	ctrl C	页尾	ctrl 1
粘贴	ctrl V	上页	ctrl 9
撤销	ctrl Z	下页	ctrl 3
恢复	ctrl Y	文档菜单	doc▾
		环境菜单	ctrl menu

插入字符或符号	快捷键	文档导航	快捷键
显示字符库	ctrl ☺	显示上一页	ctrl ◂
下划线	ctrl ␣	显示下一页	ctrl ▸
显示数学模板库	📐	显示页面大纲	ctrl ▴
清除	ctrl del		
大写锁定	del ⇧shift	应用程序专用快捷键	快捷键
存储	ctrl var	插入数据采集控制台	ctrl D
等号	=	打开便签本	📝
等号/不等号库	ctrl =		
标记/字母符号库	?!▸	向导与模板	快捷键
平方根	ctrl x²	在矩阵中添加一列	⇧shift ⏎
答案	ctrl (-)	在矩阵中添加一行	⏎
		积分模板	⇧shift +
文档管理	快捷键	导数模板	⇧shift -
新建文档	ctrl N		
插入新页	ctrl I	调节显示屏	快捷键
选择应用程序	ctrl K	增加对比度	ctrl +
保存当前文档	ctrl S	降低对比度	ctrl -
关闭文档	ctrl W	关机	ctrl 🏠on

数值计算

数值计算是数学的基本问题,数值计算主要涉及加、减、乘、除、乘方、开方、对数、指数、绝对值、三角函数等,也是数学问题解决过程中一个重要的"坎".图形计算器强大的计算功能为解决问题提供了极大的方便,其特有的赋值、ans 等功能更使得计算变得快捷、简单、直观、易行,让单调的数值计算充满了思考和挑战的乐趣.

目标

2.1 常见数值计算与转换

2.2 分数的化简求值

2.3 特殊的数值化简求解

2.4 多个数的最大值、最小值、中位数、平均数、和、积

2.5 分解因数、数的整除、最大公因数、最小公倍数问题

■ 神奇的数字宝塔 ■

数学中许多看似单调乏味的计算和符号常常经过巧妙的构思得到内涵丰富、形式美观、和谐对称的式子.如计算下列各式,结果是否有一定的规律?

$$1 \times 9 = ?$$
$$12 \times 9 = ?$$
$$123 \times 9 = ?$$
$$1\,234 \times 9 = ?$$
$$12\,345 \times 9 = ?$$
$$123\,456 \times 9 = ?$$
$$1\,234\,567 \times 9 = ?$$
$$12\,345\,678 \times 9 = ?$$
$$123\,456\,789 \times 9 = ?$$

利用图形计算器的计算功能可以看出这组数的规律和特点(图 2.1,图 2.2).

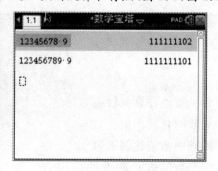

图 2.1　　　　　　　　图 2.2

2.1　常见数值计算与转换

关键词　精确　近似　进位制

2.1.1　常见数值计算

例 1　计算 $\dfrac{15 \times \sqrt[6]{3\,127}}{231} + 4^3$,并将结果表示为分数.

■ 操作程序

1. 按键 (调出主页或设置状态),按键 Ⓐ(添加计算器),添加一个计算器页面(图 2.3).

图 2.3

2. 输入 $\dfrac{15 \cdot \sqrt[6]{3127}}{231} + 4^3$;按键 enter,得到计算结果为 64.2483(默认设置为近似).

3. 输入 exact(ans),按键 enter,得到结果为 $\dfrac{8031039206177}{125000000000}$(图 2.4).

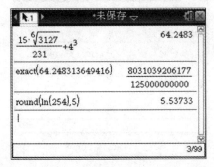

图 2.4

1. 图形计算器的数值计算操作方法与一般计算器的操作基本一致.

2. 命令 ans 即把上次操作的结果作为当前的数据,如输入 exact(64.248 313 649 416)与输入 exact(ans)的结果是一致的,充分使用 ans 命令可以提高操作效率.

3. 命令 exact(表达式[,容许值])是将表达式的运算结果用分数的形式表示.

例2 求 ln 254 的值,要求精确到小数点后 5 位.

■ 操作程序

1. 添加一个计算器页面.

2. 输入 round(ln(254),5),按键 enter,得到计算结果为 5.53733(图 2.4).

 说明

round(表达式[,小数位数])是取精确度的一个命令.并注意命令符后的括号应在英文状态下输入.

■ 触类旁通 —— 有趣的完全数

如果一个自然数等于除以它自身以外的各个正因子之和,这个数就叫作完全平方数.完全平方数被古人视为瑞祥的数,如 $6=1+2+3, 28=1+2+4+7+14, 496=1+2+4+8+16+31+62+124+248$,同时完全数还有一些优美的性质,如 $28=1^3+3^3, 496=1^3+3^3+5^3+7^3, 8\ 128=1^3+3^3+5^3+7^3+9^3+11^3+13^3+15^3$,迄今为止,发现的完全数都具有以下形式 $N=2^{n-1}(2^n-1)$(其中 n 与 2^n-1 都是素数),当 $n=3, n=5, n=7$ 时的完全数情形如图 2.5 所示.

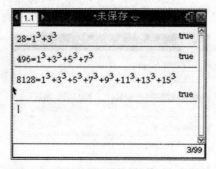

图 2.5

■ 实用技巧 1 —— 如何新建一个适当的文档

图形计算器进入开机界面后,新建文档的途径有多种途径,①可以通过按键 ≣,打开一个便签本;②按键 A 可以打开便签本中计算器页面;③按键 B 可以打开便签本中的图形页面;④按键 1 (新建文档)、enter,进入页面选择对话框,从中选择适当的文档;⑤按键 2 (我的文档)、enter,进入图形计算器的文件目录,从中选择已有的文件;⑥在图形计算器的主页面的屏幕下方的图标中选择所需要的文档类型.

图形计算器根据解决问题的对象不同设置了不同的文档,主要有:计算器文档、图形文档、几何文档、列表与电子表格文档、数据与统计、记事本文档、Vernier Data Quest(实验与收集)文档,使用图形计算器时首先要明确你要解决的是哪一类问题,如要解决有关代数计算,按键①(新建文档)、enter,出现图 2.6,选择添加计算器(或按键①),进入计算器页面就可以开始相关的计算了.为了叙述方便起见,上述操作就简述为"添加一个计算器页面",等等.

图 2.6

■ 问题解决 —— 由 1~9 组成的宝塔数

数字的计算似乎简单单调,其实不然,许多有规律的数字的运算会得出美妙无比、赏心悦目的表达式.例如:计算$11^2,111^2,\cdots,11\cdots1^2$,并找出这些数的规律.

添加一个计算器页面,输入11^2,按键 enter,得到 121,类似地输入111^2,$1111^2,\cdots,111111111^2$,得到一组阶梯形状的数阵(图 2.7,图 2.8),可以看出这些平方数组成的规律是:由 1 所组成的任意位数的平方,等于按自然数的顺序递增到相应位数,再反向递减到 1,即设 $A = \underbrace{11\cdots1}_{n\uparrow 1}$ 时,$n = 1, 2, 3, \cdots, 9$,则有

$$A^2 = (\underbrace{11\cdots1}_{n\uparrow 1})^2 = (10^{n-1} + 10^{n-2} + \cdots + 1)^2 = 1234\cdots n(n-1)\cdots 4321.$$

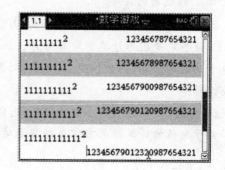

图 2.7   图 2.8

2.1.2 数制的转换

例3 将下列各数转化为不同的进位制的数:(1)二进制 101 转化为十进制的数;(2)将十进制 2 133 转化为二进制的数;(3)将十进制 4 524 转化为十六进制数;(4)将十六进制 0h1 243 转化为二进制数.

■ 操作程序

1.按键⌨(便签本切换键),选择计算器页面.

2(1)输入 0b101,按键☺、④,选择▶(实心右指,转化运算符),输入 Base10,按键(enter),得到十进制数为 5;同理可以得到(2)、(3)、(4)转化后的结果分别为 0b100001010101,0h11AC,0b1001001000011(图2.9).

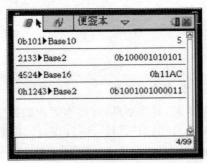

图 2.9

说明

1.在进位制的转换中,对于二进制(Binary)的数前面要加 0b,十六进制(Hexadecimal)的数前面要加 0h.

2."◀、▲、▼、▶"可通过按键☺④,在出现的对话框中进行选择.

3.便签本是图形计算器中非常方便的工具,在便签本中可以进行图形计算器所包含的数学计算、函数作图、方程求解、平面几何变换、矩阵、列表与电子表格等所有工作.

■ 触类旁通 —— 分数与小数的转化,近似表示

对于数值的计算结果常常根据需要对表示形式有一定的要求,如近似表示、精确表示、分数表示等,如要将 $\frac{1\ 257}{224\ 612}$ 转化为小数,可以输入 $\frac{1257}{224612}$ 后输入 ▶Decimal,按键(enter)即可(将分数转化为小数的快捷方式是输入 @>decimal 按键(enter)),

也可以通过 approx(表达式)进行近似计算,更为快捷的操作是:若要将计算结果用小数点的形式表示,它的快捷输入方法是,输入表达式后按键 ctrl、enter. 而将小数形式 3.233 4 表示成分数形式,可以通过输入 exact(3.2325),按键 enter 得到 3.2325＝$\frac{1293}{400}$(图 2.10).

在使用图形计算器的过程中要进行数值的转换,可将指针移动到右上角的左边第一个图标处,按键 enter、2(设置)、1(常规)(图 2.11),进入常规设置页面,对计算模式(自动、精确、近似)进行更改和选择(图 2.12).

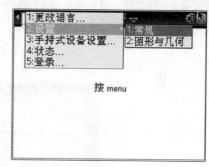

图 2.10 图 2.11

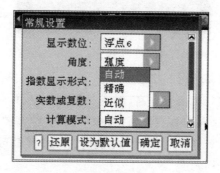

图 2.12

■ 实用技巧 2 —— 如何更改图形计算器的设置

利用图形计算器求解问题时常常要根据需要对原有默认的设置加以修改,要更改设置可以按键 on、5(设置) enter(图 2.13),出现的菜单中有多项选择,如按键 2(设置)(也可将指针移动到右上角的第一个图标处,按键 enter),则可以对常规或图形与几何的有关项目进行重新设置,只有在特定的设置下图形计算器的有关功能才能显现.如数值计算的显示数位(精确度)、角度(弧度、度数、百分数)、指数显示形式（常规、科学、工程）、实数或复数（实数、直角坐标、极坐标）等，计算模式（自动、精确、近似）（图 2.14，图 2.15），等等.

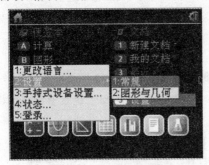

图 2.13

图 2.14

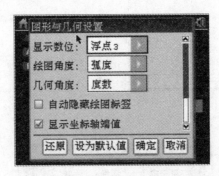

图 2.15

■ 问题解决 —— 一道高考题的快解

高考数学试题多以思想内容丰富、形式各异、多思巧算为目标设计问题，有些问题看似容易，实际上算起来颇费周折，需要一定的技巧. 图形计算器在数式化简求值方面的功能使得计算变得简单、明了、快捷、方便. 下面问题的求解便是一个很好的说明（图 2.16，图 2.17）.

问题 设 $P=\dfrac{1}{\log_2 11}+\dfrac{1}{\log_3 11}+\dfrac{1}{\log_4 11}+\dfrac{1}{\log_5 11}$，则（　　）.

A. $0<P<1$　　　　B. $1<P<2$　　　　C. $2<P<3$　　　　D. $3<P<4$

解析 添加一个计算器页面，输入 1/log（11,2）+1/log（11,3）+1/log（11,4）+1/log（11,5），按键 enter，得到 $\dfrac{1}{\log_2 11}+\dfrac{1}{\log_3 11}+\dfrac{1}{\log_4 11}+\dfrac{1}{\log_5 11}=\log_{11} 120$，输入 approx(ans)，按键 enter，得到 $1.996\,54\in(1,2)$，因此应选 B.

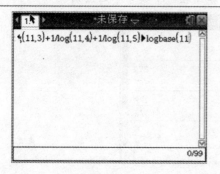

图 2.16　　　　　　　　　　图 2.17

1. 对数式的命令格式是:log(表达式1[,表达式2]),其中表达式1是对数的真数,表达式2是对数的底数.

2. ▶logbase(x)表示将数转化为以 x 为底的对数.转化符号"▶"的快捷键是@>.

2.2　分数的化简求值

关键词　分数　带分数　商数　通分

例 4　(1)求 $\frac{12}{31}+\frac{5}{12}$ 的分子,分母并将分数通分;

(2)将分数 $\frac{3\,212}{17}$ 化为带分数,并求其整数部分.

■ 操作程序

1. 添加一个计算器页面.

2. 让图形计算器设置状态为自动或精确模式.

3. (1)输入 getNum($\frac{12}{31}+\frac{5}{12}$),按键 enter,得到通分后的分数的分子为 299,输入 getDenom($\frac{12}{31}+\frac{5}{12}$),按键 enter 得到通分后的分母为 372.输入 comDenom($\frac{12}{31}+\frac{5}{12}$)按键 enter,得到通分后的分数为 $\frac{299}{372}$(图 2.18).

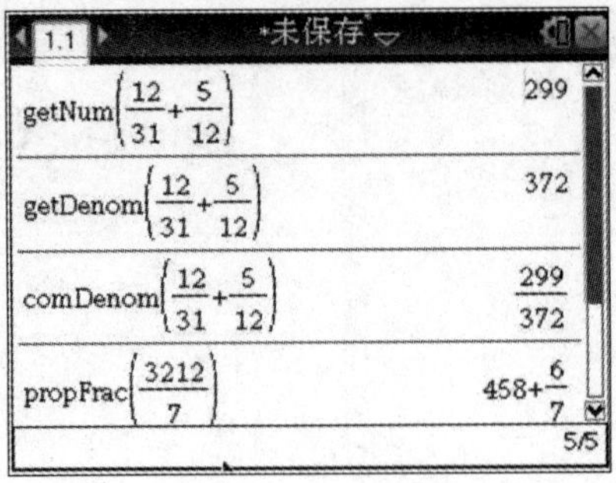

图 2.18

（2）输入 propFrac($\frac{3212}{7}$)，按键 (enter)，得到化简后的带分数为 $458\frac{6}{7}$，输入 iPart($\frac{3212}{7}$)，按键 (enter)，得到 $\frac{3212}{7}$ 化成带分数后的整数部分为 458（图 2.19）。

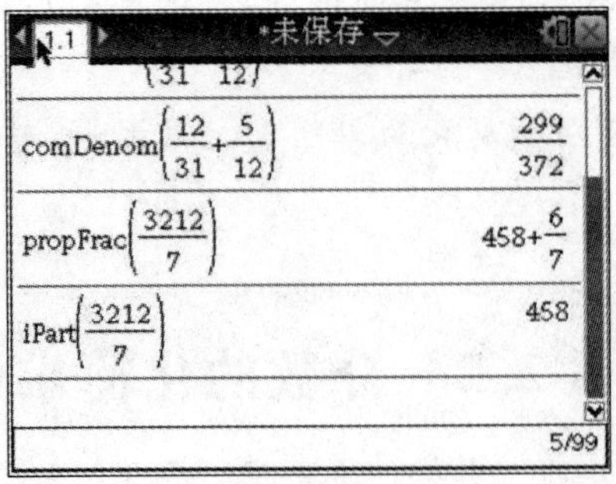

图 2.19

说明

1. 在分数的化简求值中常用的命令有以下几个，①取分式的分子：getNum(分数)；②取分数的分母 getDenom(表达式)；③分数通分：comDenom(表达式[,变量])；④假分数化为带分数：propFrac(表达式[,变量])；⑤取带分数的整数部分：iPart(数字)。注意上述括号内不能含有字母，同时括号应为英文符号。上述命令在分式运算中也同样有效。

2. 一些常用的数值也可以转化为分数，如 π 近似地转化为分数，可以输入 π ▶ approxFraction，或输入 approxRational(π)，按键 (enter)，得到 $\pi \approx \frac{5419351}{1725033}$，类似地将 $\sqrt{3}$ 近似地转化为分数也可以这么处理（图 2.20）。

第 2 章　数值计算

图 2.20

■ 实用技巧 3 —— 如何保存文件、如何输入中文

1. 在使用图形计算器后保存文件的方法是：

按键ctrl、save（快捷键ctrl、S）就会出现保存文件的选择界面（图 2.21），根据需要选择，输入文件名，按键enter，保存文档.

2. 图形计算器在输入时可以实现中英文输入法的切换，即按键（中英文切换键），这时在文档的右上方会出现"中"，表明目前图形计算器处于中文输入状态，再按键则返回英文输入状态.

图 2.21

 ## 2.3　特殊的数值化简求解

关键词　绝对值　取整数　取符号

为提高解决问题的效率，数学中命名了一些特殊的命令，如取符号（sign），绝对值（abs），开平方（sqrt），不大于某数的最大值（floor，int），不小于某数的最小值（ceiling）.

21

例5 解答下列问题：(1)求 $-3.4+\ln 23$ 的绝对值；(2)判断 $-2+\ln 3.21$ 的符号.

■ 操作程序

1. 添加一个计算器页面.

2. (1)输入 abs($-3.4+\ln(23)$)，按键 (enter)，得到计算结果 0.264506(图 2.22).

(2)输入 sign($-2+\ln(3.21)$)，按键 (enter)，得到结果 -1，即($-2+\ln 3.21$)为负数(图 2.22).

说明

1. abs(表达式)表示求括号内数的绝对值，取绝对值即可以通过输入命令 abs 形式，也可以通过模板选取│ │模块(图 2.23). sign(表达式)表示判断括号内数的符号. 上述两个命令括号内不能含有字母.

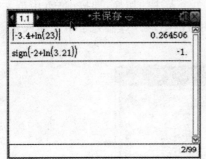

图 2.22

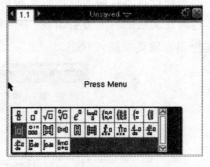

图 2.23

2. 计算自然对数值时 ln 后要加( )，否则 ln 23 只是一个数符而已，而不能得到 ln 23 的计算结果.

例6 求不大于 2.32 与 $\dfrac{701}{34}$ 的最大整数，不小于 2.32 与 $\dfrac{701}{34}$ 的最小整数.

■ 操作程序

1. 添加一个计算器页面.

2. 输入 floor(2.32) 和 floor$\left(\dfrac{701}{34}\right)$，按键 (enter)，得到不大于 2.32 和 $\dfrac{701}{34}$ 的最大整数分别为 2 和 20(图 2.24)，输入 ceiling(2.32) 和 ceiling$\left(\dfrac{701}{34}\right)$，分别得到不小于

2.32与$\frac{701}{34}$的最小整数为3,21(图2.25).

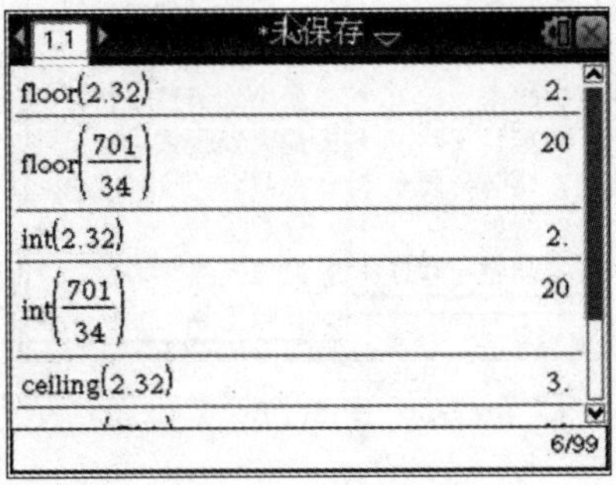

图2.24 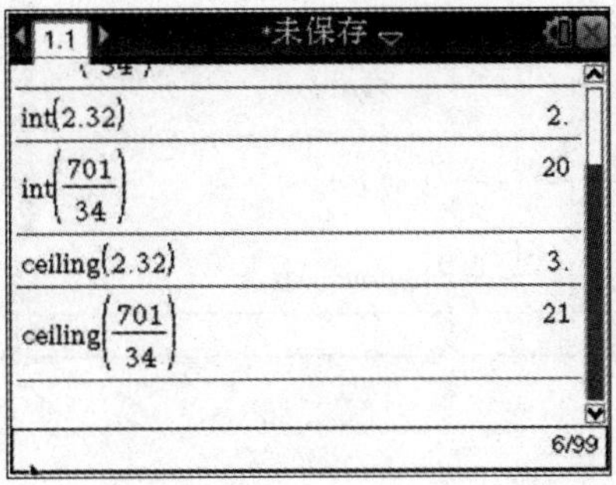　　　　　　　　　图2.25

说明

floor(x)表示求不大于x的最大整数,int(x)表示求不大于x的最大整数,ceiling(x)表示求不小于x的最小整数.上述各个函数的命令中括号内的数或数组均不能含有字母.

■ 触类旁通——绝对值的应用

　　绝对值是数学中一个常用而重要的概念,在数学中有广泛的应用,它可以与集合、函数、三角、复数、向量、矩阵等进行整合交汇.例如,求$\frac{x}{|x|}+\frac{|y|}{y}+\frac{|xy|}{xy}$的值.首先添加一个计算器页面,输入 $x/\mathrm{abs}(x)+\mathrm{abs}(y)/y+\mathrm{abs}(x\cdot y)/(x\cdot y)|x>0$ and $y>0$,按键(enter),得到计算结果为3,同理可以得到当$x>0$,$y<0$;$x<0$,$y>0$;$x<0$,$y<0$时的值均为-1,综上知原式的值为3或-1(图2.26).利用绝对值命令abs还可以解决诸如以下的问题:(1)求复数$-3+4i$的模;(2)将集合$\{-2, 1-\sqrt{2}, \pi-4\}$中的每个数取绝对值;(3)将向量$[-2, 1-\sqrt{2}, \pi-4]$中各数取绝对值;(4)将矩阵$\begin{bmatrix}-2 & -1 \\ 5 & 3\end{bmatrix}$中每个数取绝对值,等等.

■ 实用技巧4——图形计算器输入的两种方式

　　图形计算器输入方式主要有两种,一是键盘式,二是命令式.要将π转化成分数,键盘式的操作方法是,输入π后,按键(menu)、②(数值)、②(近似值转换成分数)(图2.27);命令的操作方式是在输入π后,接着输入▶approxFraction(5.e−14)(图2.27).

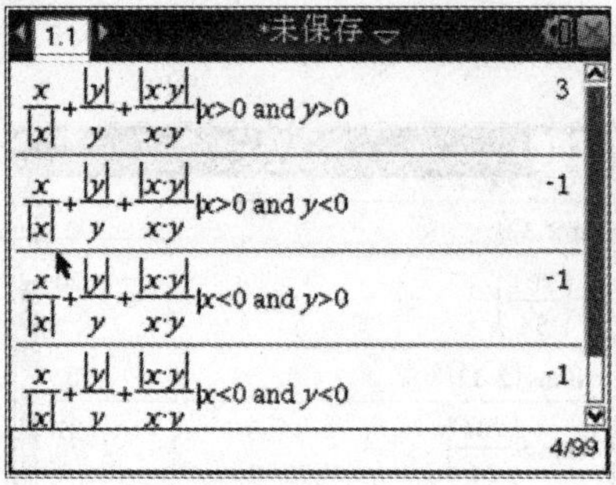

图 2.26

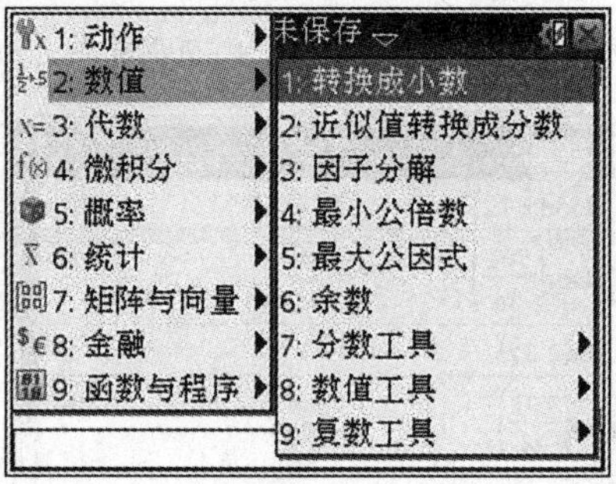

图 2.27

2.4 多个数的最大值、最小值、中位数、平均数、和、积

关键词　最大值　最小值　中位数　平均数　和　积　条件计数

例7 已知五个数 $-2, 2.1, 3, 4, \dfrac{5}{3}$。(1)求它们的最小数、最大数、中位数、平均数；(2)它们的和、积。

■ 操作程序

1. 添加一个计算器页面。

2. 输入 $\min(\{-2, 2.1, 3, 4, \dfrac{5}{3}\})$，按键 enter，得到五个数 $-2, 2.1, 3, 4, \dfrac{5}{3}$ 的最小数为 -2。同理可以得到这五个数的最大数、中位数、平均数分别为 $4, \dfrac{5}{3}$，1.35333(图 2.28)，它们的和为 8.76667，积为 -84(图 2.29)。

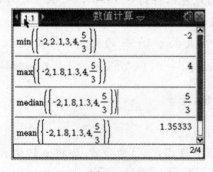

图 2.28

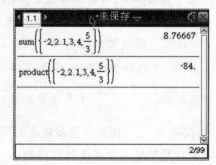

图 2.29

第 2 章　数值计算

说明

求最小数的命令格式为:min(表达式1,表达式2),求最大数的命令格式为:max(表达式1,表达式2);求中位数的命令格式为:median(数组[,频数数组]),求平均数的命令格式为:mean(数组[,频数数组]),求和的命令格式为:sum(数组[,起点[,终点]]),求积的命令格式为:product(数组[,起点[,终点]]).sum,product的命令格式中括号内的数组可以含有字母.product在使用过程中还可以有其他灵活的处理(图2.30).

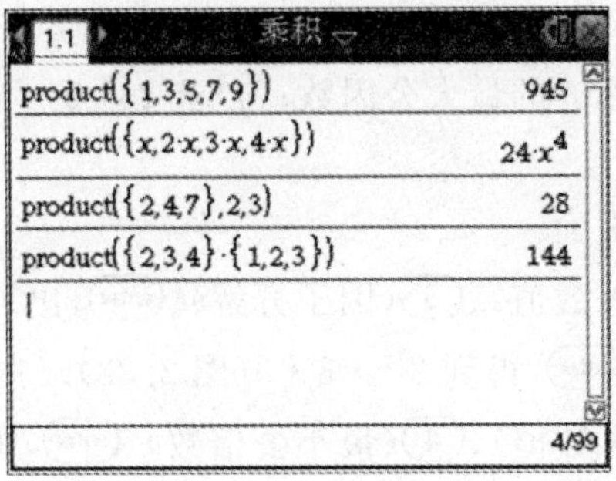

图 2.30

■ **实用技巧 5 ——** 命令 count(计数)和 countif(条件计数)的使用

命令 count(计数)和 countif(条件计数)是两个计数命令,根据特定的要求计数是数学中常见的问题,如(1)求以下各题中数的个数:①32,-1,3,4;②2,1,x;③-3,2,$x+y$.(2)求2,43,21,64,-97中奇数的个数.利用count(计数)和countif(条件计数)求解的过程如图2.31.

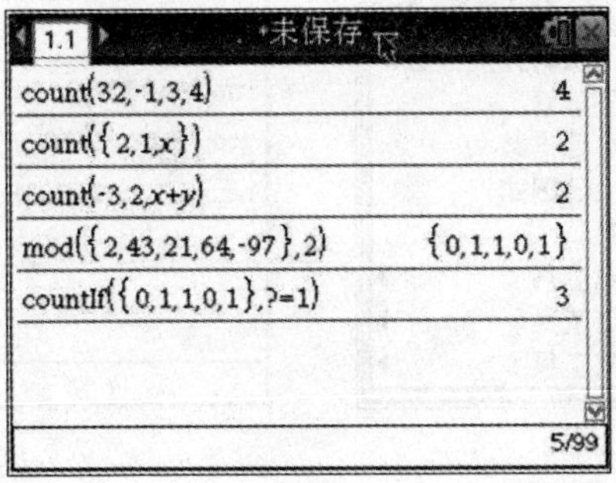

图 2.31

说明

countif(条件计数),其中条件可以是值、表达式、字符串或含有虚拟变量"?"的布尔表达式(例如?＜10).

2.5 分解因数、数的整除、最大公因数、最小公倍数问题

关键词 因数 最小公倍数 最大公因数 余数

例8 (1)将 15 360 分解成质因数的乘积;(2)求 2 130 与 3 392 的最小公倍数;(3)求 32 158 与 71 236 的最大公因数;(4)求 234 514 被 123 除的余数.

■ 操作程序

1.添加一个计算器页面.

2.(1)按键(menu)、②(数值)、③(因子分解)、(enter),出现 factor()(图 2.32),在括号内输入 15360,按键(enter),得到 $2^{10} \cdot 3 \cdot 5$(图 2.33).

3.(2)按键(menu)、②(数值)、④(最小公倍数)、(enter),出现 lcm(),在括号内输入 2130,3392 按键(enter),得到 3612480(图 2.33).

4.(3)按键(menu)、②(数值)、⑤(最大公因式)、(enter),出现 gcd(),在括号内输入 32158,71236,按键(enter),得到 2(图 2.33).

5.(4)按键(menu)、②(数值)、⑥(余数)、(enter),出现 remain(),在括号内输入 234514,123,按键(enter),得到 76(图 2.33).

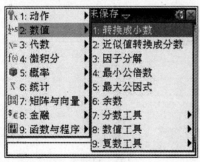

图 2.32

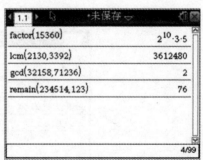

图 2.33

说明

1. 因式分解的命令是:factor(表达式[,变量]).直接在键盘上输入字母factor(15 360)也可以得到15 360分解成质因数的乘积的结果.

2. 求最小公倍数的命令是:lcm(数字1,数字2).直接在键盘上输入字母lcm(2130,3392)也可以得到2 130与3 392的最小公倍数的结果.

3. 求最大公因数的命令是:gcd(数字1,数字2).直接在键盘上输入字母gcd(32158,71236)也可以得到32 158与71 236的最大公因数的结果.

4. 直接在键盘上输入字母remain(234514,123)也可以得到234 514被123除的余数.

5. factor,lcm,gcd,remain也适合多项式的相关计算.

例9 说明$57^{58}+58^{56}$是5的倍数.

■ 操作程序

1. 添加一个计算器页面.

2. 输入$\mathrm{mod}(57^{58}+58^{56},5)$,按键(enter),得到0(图2.34).

说明

1. 求余数的命令格式为:mod(表达式1,表达式2),其中括号内不能含有字母.

2. 要求两个数相除的商数可以利用iPart(数字)求解,如求327被28除的商数,可输入$\mathrm{iPart}\left(\dfrac{327}{28}\right)$,按键(enter),得到商数为11(图2.34).

■ 触类旁通 —— 利用余数做数学游戏

余数知识在数论中有广泛的应用,例如:已知今天是星期四,问10^{10}天后是星期几?可以通过$\mathrm{mod}(10^{10},7)$得到10^{10}天后是星期四(图2.34).

■ 实用技巧6 —— 存储命令sto→的应用

按键(ctrl)、[sto→],(即sto→的应用是一个非常有用的存储命令,利用它可以将数组定义为一个变量,将任意一个表达式定义为一个函数,等等.它的操作步骤是:充分使用sto→命令可以优化操作步骤,提高解决问题的效率.例如:求1到237之间能被2或7整除的数的个数.具体操作如下:

1. 输入$(\mathrm{seq}(n^2,n,1,237)$,按键(enter),得到1到100的整数,按键(ctrl)、[sto→],输入a,将结果存储到数组a中(图2.35).

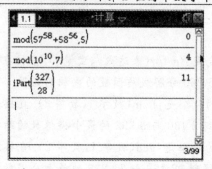

图 2.34

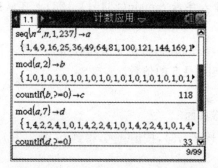

图 2.35

2. 求数组 a 中数除以 2 的余数,并将余数存储到数组 b 中($\mod(a,2) \to b$).

3. 计算 b 中余数为 0 的个数,即 a 中偶数的个数,得到 a 中被 2 整除数的个数为 118 个;同理得到 a 中被 7 整除的数的个数为 33 个,被 14 整除的数的个数为 16 个,根据 $n(A \cup B) = n(A) + n(B) - n(A \cap B)$ 得到 1 到 237 之间能被 2 或 7 整除的数的个数为 $118 + 33 - 16 = 135$(图 2.36).

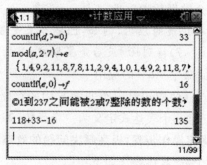

图 2.36

注 创建数列、数组的命令格式是:seq(表达式、变量、下限、上限[,步长]).

问题解决 —— 费马数总是质数吗?

质数是指在大于 1 的自然数中,除了 1 和此整数自身外,不能被其他自然数整除的数.换句话说,只有两个正因数(1 和本身)的自然数即为质数.几千年来,数学家们一直在寻找一个总能给出质数的公式.

1640 年,法国数学家费马思考一个问题:当 n 为自然数时,式子 $2^{2^n}+1$ 的值是否一定为质数? 当 n 取 $0,1,2,3,4$ 时,这个式子对应值分别为 $3,5,17,257,65\,537$,费马发现这 5 个数都是质数.由此,费马用归纳推理提出猜想:形如 $2^{2^n}+1$ 的数一定为质数.在给朋友梅森的一封信中,费马写道:"我已经发现形如 $2^{2^n}+1$ 的数永远为质数,很久以前我就向分析学家们指出了这个结论是正确的."费马同时坦白承认,他自己未能找到一个完全的证明.后人称 $F_n=2^{2^n}+1, n=0,1,2,\cdots$ 为费马数,费马数总是质数吗?

若能举出一个反例说明某个费马数不是质数,就可以推翻费马的猜想.

我们借助命令 isPrime 对费马数进行验证,添加一个计算器页面,输入 isPrime$(2^{2^1}+1)$,按键 得到 true,表明 $2^{2^1}+1$ 是一个质数,类似地,可以得到 $2^{2^2}+1$,$2^{2^3}+1,2^{2^4}+1$ 都是质数,而 $2^{2^5}+1$ 不是质数(false)(图 2.37).进一步研究还可以发现 $F_6=2^{2^6}+1=274\,177 \times 67\,280\,421\,310\,721$ 也不是质数.在对费马数的研究上,费马这位伟大的数论天才过分看重自己的直觉,轻率地做出了错误猜测.

注 判断一个数是否为素数的命令格式是:isPrime(数字).例如:isPrime$(2^{2^n}+1)|n=2$ 的输入方式在实际使用时更为实用和便捷(图 2.38).

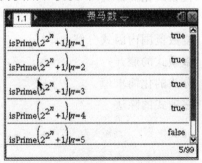

图 2.37　　　　　　　　　　图 2.38

数式化简求值

数式化简求值主要包括多项式、根式、分式、幂、指数式、对数式的化简求值等，常常要涉及多字母的化简计算，数式的变形与转换，计算量大、过程冗长、技巧繁多．图形计算器内置的丰富多彩的函数命令、特制的各种命令（如 factor，cfactor，approx，expand，polycoeffs，propfrac，comdenom，getnum 等），强大的符号运算功能、良好的中英文界面为解决问题，提高解题效率提供了强有力的工具，让数学从"计算""技巧"中解放出来．

目标

3.1 代数式化简计算

3.2 在有理数范围、实数范围和
复数范围内因式分解

3.3 多项式的展开

3.4 分式的化简求值

3.5 多项式的除法

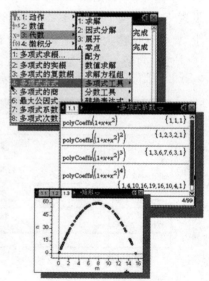

■"等幂和"问题■

数学中有许多奇妙的问题总是令人着迷,其中"等幂和"就是一个有趣和富有挑战的问题.

我们先看看下面的几组数,你或许会感到新奇

$$1+6+7+17+18+23=2+3+11+13+21+22$$
$$1^2+6^2+7^2+17^2+18^2+23^2=2^2+3^2+11^2+13^2+21^2+22^2$$
$$1^3+6^3+7^3+17^3+18^3+23^3=2^3+3^3+11^3+13^3+21^3+22^3$$

这是一种偶然还是一种必然?

著名数学家盖尔劳回答了这个问题.

原来这个问题源于对下列等式的研究:

$$a^n+(a+4b+c)^n+(a+2b+2c)^n+(a+6b+5c)^n+(a+10b+6c)^n=(a+b)^n+(a+c)^n+(a+6b+2c)^n+(a+4b+4c)^n+(a+10b+5c)^n+(a+9b+6c)^n.$$

当 $a=1,b=1,c=2,n=1,2,3$ 时便是上述的情形,如果 a,b,c 取其他的自然数就可以得到许多类似的性质了,这类问题在数学上叫作"k 次乘方幂的等和问题",简称"等幂和问题".用图形计算器可以进行验证,当 $n=1,2,3,4,5$ 时上述的等式是成立的,而当 $n=6,7$ 时结论就不成立了.图 3.1 中给出 $n=4$ 时成立,$n=6$ 时不成立的情形,更多的问题请读者借助图形计算器做进一步的研究.

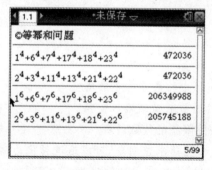

图 3.1

3.1 代数式化简计算

关键词 sto→(赋值)

例 1 (1)当 $x=3$ 时,求 $\dfrac{x-2}{x+1}+x(x-1)^2$ 的值;(2)当 $x=11,y=12,z=13$

时,求 $\dfrac{x}{y}+\dfrac{y}{z}+\dfrac{z}{x}$ 的值.

■ 操作程序

1. 添加一个计算器页面.

2. (1)输入 $\dfrac{x-2}{x+1}+x\cdot(x-1)^2$,按键 ctrl、=,选择关系框中的"|"(图 3.2),输入 $x=3$,按键 enter,得到原式等于 $\dfrac{49}{4}$(图 3.3). (2)与(1)类似,输入 $\dfrac{x}{y}+\dfrac{y}{z}+\dfrac{z}{x}$ | $x=11$ and $y=12$ and $z=13$,按键 enter,得到 $\dfrac{x}{y}+\dfrac{y}{z}+\dfrac{z}{x}=\dfrac{5185}{1716}$ (图 3.3).

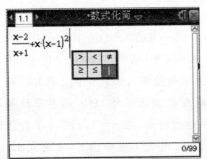

图 3.2

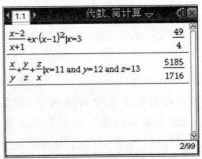

图 3.3

说明

1. 应注意 $x\cdot(x-1)$ 中的乘号·不能省略.

2. 逻辑连接词 and 的前后必须输入空格.

■ 触类旁通 —— 有条件限制的代数计算

对于一些特定的条件化简求值问题,可以通过转化为赋值问题进行求解,如已知 $2x+5y=2$,求 $4^x\cdot 32^y$ 的值.将问题转化为 $4^x\cdot 32^y|_{y=\frac{2-2\cdot x}{5}}$,解得原式的值为 4(图 3.4).

■ 实用技巧 7 —— 变量赋值的三种方法

对表达式和变量进行定义或赋值是图形计算器处理问题的一种方法,例如,当 $x=11,y=12,z=13$ 时,求 $\dfrac{x}{y}+\dfrac{y}{z}+\dfrac{z}{x}$ 的值.赋值的方法主要有三种(图 3.5):

1. 通过按键 ctrl、=,选择关系框中的"|".

2. 输入数值后,按键 ctrl、sto→、X,得到 $x=3$.

3. 通过按键 X、ctrl、:=（赋值），得到 $x=3$.

注 要将 3 赋值给 x 不能通过键盘直接输入 $x=3$. 可以通过输入 define $x=3$ 对 x 进行赋值.

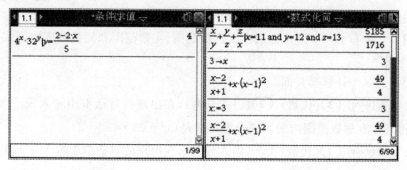

图 3.4　　　　　　　　　　　　图 3.5

▶ **问题解决** —— 利用赋值法解高考计算题

问题 若一个椭圆长轴的长度、短轴的长度和焦距成等差数列，求该椭圆的离心率.

解析 本题可以巧妙地利用因式分解（factor）和等式的性质解题. 添加一个计算器页面，依题意，输入 $2·2·b=2·a+2·c$；求出 b 关于 a,c 的表达式为 $b=\dfrac{a+c}{2}$，将 $b=\dfrac{a+c}{2}$ 代入 $a^2=b^2+c^2$，得到 $3·a^2-2·a·c-5·c^2=0$，由 factor($3·a^2-2·a·c-5·c^2=0$)，得 $(a+c)·(3·a-5·c)=0$，因为 $a>0,c>0$，因此解得 $e=\dfrac{c}{a}=\dfrac{3}{5}$（图 3.6，图 3.7）.

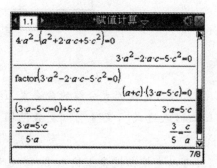

图 3.6　　　　　　　　　　　　图 3.7

3.2 在有理数范围、实数范围和复数范围内因式分解

关键词　factor(因式分解)　cFactor(复数范围内的因式分解)

例2　将 $f(x)=x^4-4$ 分别在有理数范围、实数范围和复数范围内因式分解.

■ 操作程序

1. 添加一个计算器页面.

2. 按键 (menu)、(3)(代数)、(2)(因式分解)，在出现的对话框中输入 x^4-4，按键 (enter)，得到在有理数范围内的因式分解结果是 $(x^2-2) \cdot (x^2+2)$.

3. 按键 (menu)、(3)(代数)、(2)(因式分解)，在出现的对话框中输入 x^4-4,x，按键 (enter)，得到在实数范围内的因式分解结果是 $(x+\sqrt{2}) \cdot (x-\sqrt{2}) \cdot (x^2+2)$.

4. 按键 (menu)、(3)(代数)、(3)(因式分解)，在出现的对话框中输入 x^4-4,x，按键 (enter)，得到在复数范围内的因式分解结果是 $(x+\sqrt{2}) \cdot (x-\sqrt{2}) \cdot (x+\sqrt{2} \cdot i) \cdot (x-\sqrt{2} \cdot i)$ (图 3.8).

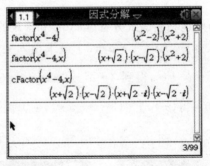

图 3.8

说明

1. 有理数范围因式分解的命令是：factor(表达式)；实数范围因式分解的命令是：factor(表达式[,变量])；复数范围因式分解的命令是：cFactor(表达式[,变量]).

2. 可以直接在键盘上输入 factor(x^4-4)，按键 (enter)，得到 $f(x)=x^4-4$ 在有理数范围内的因式分解.其他类似的操作也可得到 $f(x)=x^4-4$ 分别在实数和复数范围内的因式分解结果.要注意比较上述三种输入上的差异(图 3.8).

■ 触类旁通 —— 利用 factor 证明一个完全平方式问题

问题 证明 4 个连续整数的积加 1 是一个完全平方数.

解析 本题即证明四个连续整数的积加 1 可以分解为两个相同的因式的积, 因此利用 factor 命令可以快捷地解决. 得到 $x \cdot (x+1) \cdot (x+2) \cdot (x+3)+1 = (x^2+3 \cdot x+1)^2$（图 3.9）. factor$(x \cdot (x+1) \cdot (x+2) \cdot (x+3)+2) = x^4+6 \cdot x^3+11 \cdot x^2+6 \cdot x+2$ 表明 $x \cdot (x+1) \cdot (x+2) \cdot (x+3)+2$ 不能因式分解.

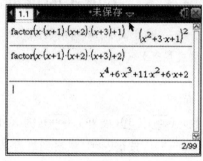

图 3.9

说明

当遇到多项式不能因式分解时，factor 将把多项式按照降幂排列展开.

■ 实用技巧 8 —— 如何利用帮助目录

在使用图形计算器过程中需要了解有关命令和操作的具体内容时，可以通过按键▦（目录）加以阅读和了解，例如，要了解 approx（近似）的使用方法，可以按键▦、A，在下拉的条目中选取 approx（近似），出现如图 3.10 的界面，在界面的下方出现 approx（表达式），这时就可以根据需要输入近似数. 勾选启用向导还可以得到该命令的具体使用方法. 当按键▦、②（③、④、⑤、⑥）就可以看到其目录下的相关命令和操作指南（图 3.10）.

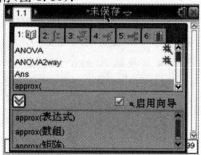

图 3.10

数学模板.包含创建二维对象的数学模板,包括乘积、求和、平方根以及积分和数学运算符.包含所有数学函数.

3.3 多项式的展开

例3 求$(2x-1)^2(x+3)^3$展开式中x^4的系数.

关键词 expand(多项式展开)

■ 操作程序

1.添加一个计算器页面.

2.按键 (menu)、(3)(代数)、(enter)、(3)(展开)、(enter)(图 3.11),出现 expand( ),在括号内输入$(2·x-1)^2·(x+3)^3$,按键 (enter),观察到展开式中x^4的系数为32(图 3.12).

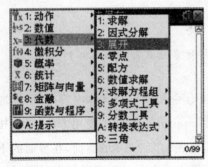

图 3.11

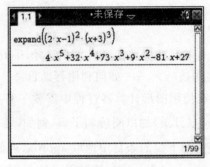

图 3.12

1.多项式展开的命令是:expand(表达式[,变量]).

2.求多项式展开式还可以直接输入 expand$((2·x-1)^2·(x+3)^3)$,按键 (enter),得到展开的结果.

3.输入的含有字母表达式的相乘式时,如$(2x-1)^2(x+3)^3$,输入时$(2·x-1)^2$和$(x+3)^3$之间应输入乘号"·".

■ 触类旁通 —— 利用 polyCoeffs 求多项式系数

利用 polyCoeffs(多项式[,变量])可以解决有关多项式的系数求解问题. 如求多项式 $(1+2x-3x^2)^2$ 展开式中 x^3 的系数. 输入 polyCoeffs$((1-2 \cdot x+3 \cdot x^2)^2,$ $x)$, 按键 (enter), 得到按照 x 的降幂排列得到的多项式的系数, x^3 的系数为 12(图 3.13), 这与利用 expand 展开多项式的结果是一样的. 而 polyCoeffs 只是列出多项式的系数, 并组成按照一定顺序排列数组.

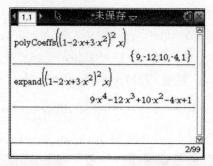

图 3.13

■ 实用技巧 9 —— 如何在文档中插入注释和输入中文

在文档中插入中文注释有助于呈现和阅读. 具体操作如下: 添加一个计算器页面, 按键 (menu)、①(动作)、⑥(插入注释)、(enter)(图 3.14), 这时在文档的左边出现注释符号 © 表明以下输入的是字符, 不进行数学运算(图 3.15). 如果要输入中文, 则必须是 ®(中英文切换键), 这时在文档的右上方会出现"中", 表明目前图形计算器处于中文输入状态, 再按键 ® 则返回英文输入状态.

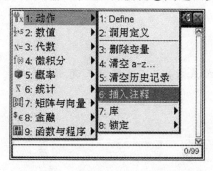

图 3.14

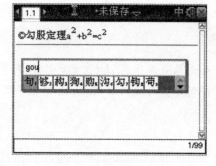

图 3.15

■ 问题解决 —— 一个多项式展开式的猜想、归纳与求解

观察下列多项式展开式：$(1+x+x^2)^1$，$(1+x+x^2)^2$，$(1+x+x^2)^3$，$(1+x+x^2)^4$. 推测：对于$n \in \mathbf{N}^*$，若$(1+x+x^2)^n = a_0 + a_1 x + a_2 x^2 + \cdots + a_{2n} x^{2n}$，则 $a_0 + a_1 + a_2 = $ _____.

解析 通过图形计算器的 expand 的展开功能能得到以下各式

$$(1+x+x^2)^1 = 1+x+x^2$$
$$(1+x+x^2)^2 = 1+2x+3x^2+2x^3+x^4$$
$$(1+x+x^2)^3 = 1+3x+6x^2+7x^3+6x^4+3x^5+x^6$$
$$(1+x+x^2)^4 = 1+4x+10x^2+16x^3+19x^4+16x^5+10x^6+4x^7+x^8$$

观察上述解析式可猜想，一般地，若$(1+x+x^2)^n = a_0 + a_1 x + a_2 x^2 + \cdots + a_{2n} x^{2n}$，$a_0 = 1, a_1 = n, a_2 = 1+2+3+\cdots+n = \dfrac{n(n+1)}{2}$，所以 $a_0 + a_1 + a_2 = \dfrac{n^2+3n+2}{2}$（图 3.16，图 3.17 中展现的为 $n=1,2,3,4$ 时 a_0, a_1, a_2 对应的具体值）.

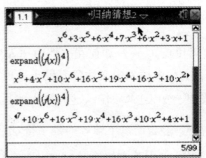

图 3.16　　　　　　　　图 3.17

说明

1. 如果将三项式$(1+x+x^2)^n$的展开式系数用"广义杨辉三角形"形式表述，可以得到许多有趣的性质，请读者自行研究.

				1					第0行
			1	1	1				第1行
		1	2	3	2	1			第2行
	1	3	6	7	6	3	1		第3行
1	4	10	16	19	16	10	4	1	第4行

2. 利用 polyCoeffs(表达式,变量)来求一元多项式的的系数,分别求出 $n=1,2,3,\cdots$ 时 $(1+x+x^2)^n$ 的展开式的系数(图 3.18),在此基础上进行猜想、归纳和求解.

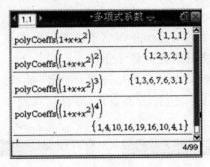

图 3.18

 3.4 分式的化简求值

关键词 propFrac()(多项式因式分解)

例 4 化简 $\dfrac{3x^2-6xy+3y^2}{2x^2-3xy+y^2} \div (x-y)$.

■ 操作程序

1. 添加一个计算器页面.

2. 按键 (menu)、③(代数)、(enter)、⑨(分数工具)、(enter)、①(真分数)、(enter)(图 3.19),在出现的 propFrac() 的括号内输入 $\dfrac{3\cdot x^2-6\cdot x\cdot y+3\cdot y^2}{2\cdot x^2-3\cdot x\cdot y+y^2} \div (x-y)$,按键 (enter),得到原式等于 $\dfrac{3}{2\cdot x-y}$(图 3.20).

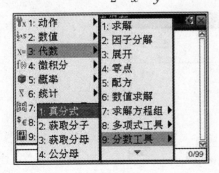

图 3.19

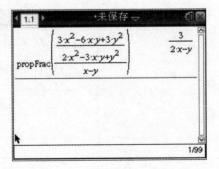

图 3.20

说明

1. 字母相乘要用乘号·。
2. 分式通分的命令格式是：propFrac（表达式[,变量]）。

■ 触类旁通 —— 如何将分式化为部分分式

在分式化简求值中经常要将分式化为部分分式（裂项），图形计算器通过命令 proFrac（分式）将假分式（分数）化为真分式（分数），通过命令 expand 将分式化为部分分式（图 3.21，图 3.22）。

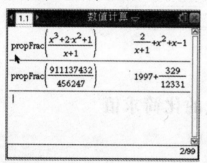

图 3.21

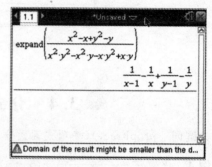

图 3.22

■ 实用技巧 10 —— 关于分式的一些常用的命令（comDenom、getNum）的使用

在分式计算中常常需要进行通分、求分式的分子、分母，如利用 comDenom（通分）可将分式 $\frac{x^2}{y} - \frac{y^2}{x}$ 通分得到 $\frac{x^3-y^3}{xy}$，利用 getNum（求分式的分子）可得到分式 $\frac{1}{x} + \frac{1}{y}$ 通分后的分子 $x+y$（图 3.23）。

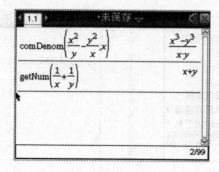

图 3.23

■ **问题解决** —— 利用赋值、因式分解方法解决有条件限制的分式求值问题

利用赋值和因式分解等工具可以解决一类有条件限制的代数式化简求解问题.(1)已知 $a+b+c=0$,求 $\dfrac{a^3+b^3+c^3}{abc}$ 的值;(2)已知 $abc=1$,求 $\dfrac{a}{ab+a+1}+\dfrac{b}{bc+b+1}+\dfrac{c}{ca+c+1}$ 的值.

解析 (1)利用自定义函数 $f(a,b,c)=a^3+b^3+c^3$,研究 $f(a,b,c)$ 的因式分解问题,得到 $f(a,b,c)=3\cdot a\cdot b\cdot c$,因此 $\dfrac{a^3+b^3+c^3}{abc}=3$.(2)重新自定义函数 $f(a,b,c)=\dfrac{a}{a\cdot b+a+1}+\dfrac{b}{b\cdot c+b+1}+\dfrac{c}{c\cdot a+c+1}$,将 $a=\dfrac{1}{b\cdot c}$ 代入得到原式等于 1(图 3.24,图 3.25).

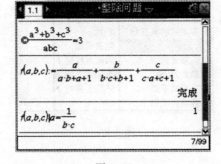

图 3.24   图 3.25

说明

在同一文档中利用同一符号,如 $f(a,b,c)$ 进行赋值时,后面的赋值就替换掉原来的赋值,$f(a,b,c)$ 的表达式以最后定义的为准.

3.5 多项式的除法

关键词 多项式工具   商式   余式

例 5 任给一个三次多项式 $f(x)$ 和一个二次多项式 $g(x)$,求 $f(x)\div g(x)$ 的余式、商式.

■ 操作程序

1. 添加一个计算器页面.

2. 输入 randPoly(x,3)，按键 ctrl、sto→、F、enter，得到 $f(x)=-5\cdot x^3+9\cdot x^2+6\cdot x-6$，同样得到 $g(x)=8\cdot x^2-9\cdot x-2$.

3. 按键 menu、③（代数）、⑧（多项式工具）、④（多项式余式）、enter，得到 polyRemainder（余式），在括号内输入 $f(x)$,$g(x)$，按键 enter，得到 $f(x)\div g(x)$ 的余式为 $-4\cdot x-40$，同样可以通过 polyRemainder($f(x)$,$g(x)$) 得到 $f(x)\div g(x)$ 的余式为 $\dfrac{821}{16}\cdot x+\dfrac{311}{16}$（图 3.26，图 3.27）.

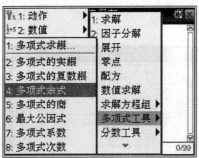

图 3.26

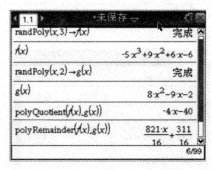

图 3.27

说明

1. 随机产生一个多项式的命令格式是：randPoly(变量,阶数)，求多项式相除后商式的命令是：polyQuotient(多项式1,多项式2[,变量])，求多项式相除后余式的命令是：求 polyRemainder(多项式1,多项式2[,变量]).

2. 本例也可以利用输入命令方式求解，即输入 polyQuotient($f(x)$,$g(x)$)，按键 enter，得到商式，输入 polyRemainder($f(x)$,$g(x)$)，按键 enter，得到余式.

■ 触类旁通 —— 巧用赋值方法解决条件求值问题

已知 $x^2+x+1=0$，求 x^4-x^2-2x-1 的值. 解决这个问题可以通过不断的赋值代入化简解决，即 $(x^2)^2-x^2-2\cdot x-1|x^2=-(x+1)$，这里要注意的是 $x^4=(x^2)^2$，并将 $x^2=-(x+1)$ 代入，最后得到原式等于 0（图 3.28）.

■ 实用技巧 11 —— 如何清空历史记录

利用图形计算器进行运算时常常会在页面上留下许多内容，给使用者带来一

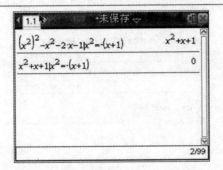

图 3.28

些不便,如果要清除页面上的内容可以一条一条地选择并删除,也可以利用清空历史记录方法一次性清除,即按键 menu 、①(动作)、⑤(清空历史记录)就可以实现清屏的目的(图 3.29)。

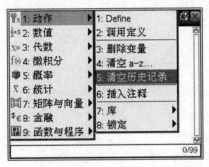

图 3.29

■ **问题解决** —— 利用 polyRemainder 解决多项式整除性问题

例如,已知多项式 $2x^4-3x^3+ax^2+7x+b$ 能被 x^2+x-2 整除,求 $\dfrac{a}{b}$ 的值.

解析 $2x^4-3x^3+ax^2+7x+b$ 能被 x^2+x-2 整除,因此 $2x^4-3x^3+ax^2+7x+b$ 除以 x^2+x-2 的余式为 $(-a-12)x+2a+b+18=0$,解方程组 $\begin{cases}-a-12=0\\2a+b+18=0\end{cases}$,得到 $\begin{cases}a=-12\\b=6\end{cases}$,综上知 $\dfrac{a}{b}=-2$(图 3.30).

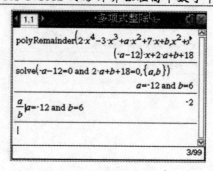

图 3.30

solve(方程,变量)是解方程的命令,具体可参见第 4 章方程与不等式.

方程与不等式

解方程与解不等式是解决数学问题中最为常用的工具,对于特殊的方程可以直接利用公式或转化为整式方程求解,但是对于稍微复杂的方程,一般的求解方法就束手无措. 图形计算器利用 linSolve, solve, nSolve, cSolve, zeros, polyroots, when 等工具实现多样化的求解方程和不等式,体现科技与数学的完美结合,为数学学习和数学探索提供了强有力的工具和方法.

目标

4.1 可化为解一元一次方程(组)

4.2 可化为解一元二次方程、二元二次方程(组)

4.3 解多元一次方程组

4.4 解多项式方程

4.5 解参数方程

4.6 解超越方程

4.7 解一元一次不等式

4.8 解不等式(组)

4.9 线性规划

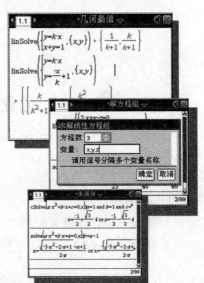

■ "鸡兔同笼"问题 ■

"鸡兔同笼"是我国古代著名趣题之一. 1500年前的《孙子算经》中有这个问题:"今有鸡兔同笼,上有三十五头,下有九十四足,问鸡兔各几只?"

这个问题实质是解二元一次方程组. 设鸡有 x 只,兔有 y 只,列方程如下

$$x+y=35 \qquad (1)$$
$$2x+4y=94 \qquad (2)$$

用图形计算器解此二元一次方程组得:$x=23$,$y=12$. 即鸡有 23 只,兔子有 12 只(图 4.1).

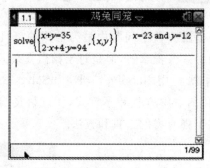

图 4.1

4.1 可化为解一元一次方程(组)

关键词 解方程(linSolve、nsolve)

例1 解方程组 $\begin{cases} 2x+3y=1 \\ x-4y=2 \end{cases}$.

■ 操作程序

1. 添加一个计算器页面.

2. 按键 menu、③(代数)、⑦(求解方程组)、②(解线性方程组)、enter(图 4.2),在出现的解方程组模板 linSolve( ) 的括号中输入方程组 $\begin{cases} 2 \cdot x+3 \cdot y=1 \\ x-4 \cdot y=2 \end{cases}$,$\{x,y\}$,按键 enter,得到原方程组的解为 $\begin{cases} x=\dfrac{10}{11} \\ y=-\dfrac{3}{11} \end{cases}$ (图 4.3).

第4章 方程与不等式

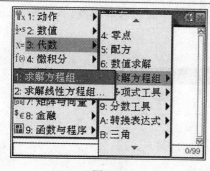

图4.2

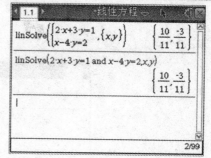

图4.3

说明

1.本题也可以直接在计算器页面上输入 linSolve($2 \cdot x + 3 \cdot y = 1$ and $x - 4 \cdot y = 2, x, y$) 求解.

2.linSolve 的命令格式是:linSolve(线性方程组,变量1,变量2,……);linSolve(线性方程1 and 线性方程2 and……,变量1,变量2,……);linSolve({线性方程1,线性方程2,……},变量1,变量2,……);linSolve(线性方程组,{变量1,变量2,……});linSolve(线性方程1 and 线性方程2 and……,{变量1,变量2,……});linSolve({线性方程1,线性方程2,……},{变量1,变量2,……}).

■ 触类旁通 —— 利用解方程和赋值法解决多项式的求值问题

问题 当 $x = 2$ 时,代数式 $ax^5 + bx^3 + cx - 1$ 的值是8,求当 $x = -2$ 时,代数式的值.

由于只有一个等式条件,因此不可能求出 a, b, c 的值,而应通过整体代入求解,由 $x = 2$ 代入原式得到关于 a, b, c 的关系式,将 a 表示为 b, c 的表达式,同时将 $x = -2$ 代入得到原式的值为 -10(图4.4).

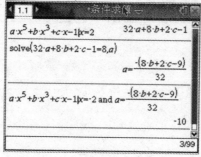

图4.4

利用解方程的方法还可以巧妙地解决有关反函数的求解问题，如已知 $f(x) = \dfrac{4 \cdot x - 1}{3 \cdot x + 2}$，求 $y = f^{-1}(x)$ 的解析式（图 4.5）.

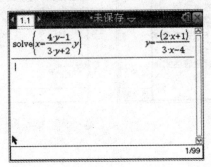

图 4.5

更为一般地还可以利用解方程的方法进行对数的换底的运算. 如已知 $\log_{18} 2 = a$，试用 a 表示 $\log_3 2$. 操作步骤如下：

1. 添加一个计算器页面.

2. 输入 $a = \log_{18} 2$，按键 (menu)、(3)（代数）、(A)（转换表达式）、(2)（转换成对数底数）、(enter)（图 4.6），输入"3"，按键 (enter)（将以 18 为底的对数转换成以 3 为底的对数，如图 4.7）.

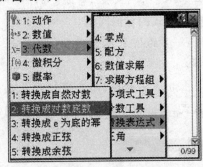

图 4.6

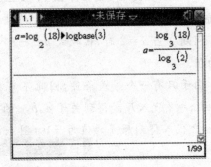

图 4.7

3. 将 $\log_3 18$ 改写为 $\log_3 2 + \log_3 9$，输入 $a = \dfrac{\log_3 2}{\log_3(2) + \log_3(9)} | \log_3(2) = b$，按键 (enter)，得到 $a = \dfrac{b}{b+2}$（图 4.8）.

4. 按键 (menu)、(3)（代数）、(1)（求解）、(enter)，在光标处输入 $a = \dfrac{b}{b+2}$（即解方程

$a=\dfrac{b}{b+2}$,未知数设定为 b),按键 enter,得到 $b=-\dfrac{2\cdot a}{a-1}$,即 $\log_3 2=-\dfrac{2a}{a-1}$(图 4.9).

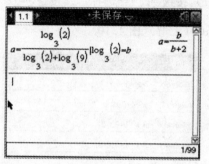

图 4.8

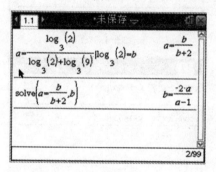

图 4.9

1.解方程是数学中常用的工具,图形计算器提供了多种操作方式,如例 1 的菜单式操作,也可以在计算器页面上直接输入命令 solve(方程,变量),或输入命令 zeros(表达式,变量),如解方程 $x^2+3x-5=0$ 就可以利用 zeros($x^2+3\cdot x-5,x$) 求解.解线性方程组则应输入 linSolve( ).

2.从图 4.6 可以看到图形计算器可以根据不同的式子和需要实现多种的转换,如转换成自然对数、转换成对数底数、转化成以 e 为底的幂、转化成正弦、转化成余弦.

3.nSolve(方程,变量[=估计值])是数值解方程的命令,求解的结果用数值表示,而不出现未知数字母(图 4.10).

■ 实用技巧 12 —— 利用解方程解决多项式的求值问题

在解方程过程中常常有条件限制,要得到有限制方程的解,例如,求方程

$2x^2+3x+1=0$ 大于－1（或大于）的解. 可以通过以下方式求解：输入 solve $(2 \cdot x^2+3 \cdot x+1=0,x)$，按键 ctrl、≠≥ 选择"|"，按键 enter，输入 $x>-1$. 按键 enter，分别得到 $x=-\dfrac{1}{2}$ 和 false（无解）（图 4.10）.

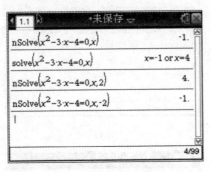

图 4.10

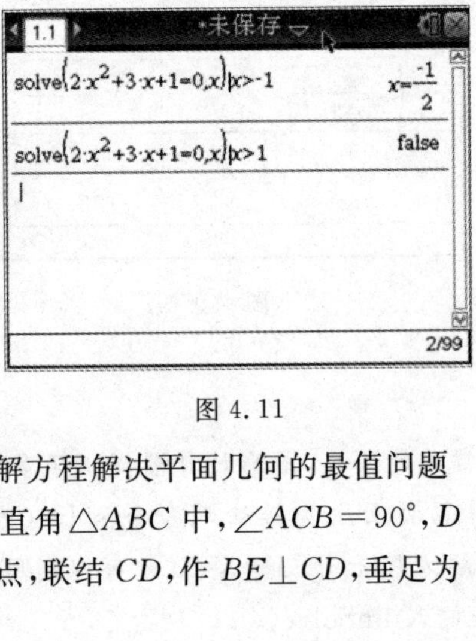

图 4.11

■ **问题解决** —— 利用解方程解决平面几何的最值问题

如图 4.12，在等腰直角 $\triangle ABC$ 中，$\angle ACB=90°$，D 为斜边 AB 上的一个动点，联结 CD，作 $BE\perp CD$，垂足为 E，求 $\dfrac{S_{\triangle ACD}}{S_{\triangle BCE}}$ 的最小值.

解析 首先建立以点 C 为原点，CB 为 x 轴的直角坐标系，设 $A(0,1)$，$B(1,0)$，则 CD 的方程为 $y=kx$，由 $BE\perp CD$，可得 BE 的方程为 $y=-\dfrac{x}{k}+1$，且 AB 的方程为 $x+y=1$. 添加一个计算器页面，输入 linSolve

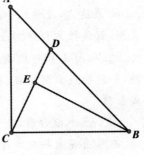

图 4.12

$\left(\begin{cases} y=kx, \\ x+y=1, \end{cases} \{x,y\}\right)$ 和 linSolve$\left(\begin{cases} y=k \cdot x, \\ y=-\dfrac{x}{k}+1, \end{cases} \{x,y\}\right)$ 得到 $D\left(\dfrac{1}{k+1}, \dfrac{k}{k+1}\right)$,

$E\left(\dfrac{k}{k^2+1}, \dfrac{k^2}{k^2+1}\right)(k\neq 0)$(图 4.13), 由 $\dfrac{S_{\triangle ACD}}{S_{\triangle BCE}} = \dfrac{\dfrac{1}{2} \cdot 1 \cdot \dfrac{k}{k+1}}{\dfrac{1}{2} \cdot 1 \cdot \dfrac{k^2}{k^2+1}} = \dfrac{k^2+1}{k^2+k}$, 利用命令

fMin$\left(\dfrac{k^2+1}{k^2+k}, k\right)|k>0$, 得 $k=\sqrt{2}+1$ 时, $\dfrac{S_{\triangle ACD}}{S_{\triangle BCE}}$ 最小, 且由 $\dfrac{k^2+1}{k^2+k}|k=\sqrt{2}+1$ 得 $\dfrac{S_{\triangle ACD}}{S_{\triangle BCE}}$

的最小值为 $2\sqrt{2}-2$(图 4.14).

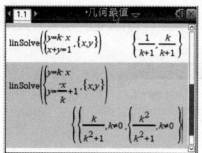

图 4.13

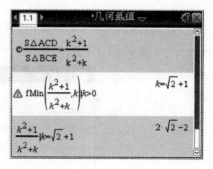

图 4.14

4.2 可化为解一元二次方程、二元二次方程(组)

关键词 解方程(cSolve) 零点(zeros)

例 2 (1)解方程 $2x^2+3x+1=0$;(2)求方程 $x^2-(3-2i)x+(5-i)=0$.

■ 操作程序

1. 添加一个计算器页面.

2.(1) 按键 menu、③(代数)、①(求解)(图 4.15),在光标处输入 solve($2 \cdot x^2+3 \cdot x+1=0, x$),按键 enter,得到方程的解为 $x=-1$ 或 $x=-\dfrac{1}{2}$(图 4.16).

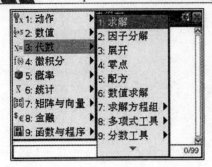
图 4.15

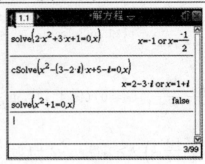
图 4.16

3.(2)输入 cSolve($x^2-(3-2\cdot i)\cdot x+5-i=0,x$),按键 (enter),得到方程的解为 $x=2-3\cdot i$ 或 $x=1+i$(图 4.17).

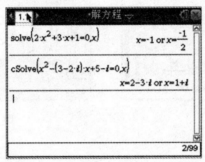
图 4.17

1.对一般的一元二次方程 $ax^2+bx+c=0$,字母之间的运算符号不能缺少.

2.当计算结果的表达式较多时,一个屏幕往往难以完整呈现结果,这时要通过移动"▶"或"◀"可以看到方程的所有解(图 4.18).

3.解方程命令 solve 默认的状态是实数范围,如果输入 solve($x^2+1=0,x$),则会提示无解.解复系数方程必须通过输入命令 cSolve(方程,变量).

4.在复数范围求解方程,利用命令 cSolve 可以解决复系数方程的求根问题.exp▶list(表达式,变量)与 solve(或 cSolve)结合使用就可以直接得到方程解的集合(图 4.19).

■ 触类旁通 —— 如何对含参数的一元二次方程进行参数赋值

解一元二次方程 $ax^2+bx+c=0$ 的过程中,常常需要对 a,b,c 赋值后求解,符

合数学解题中先一般后特殊的思想方法.操作步骤为：① 输入 cSlove$a \cdot x^2 + b \cdot x + c = 0$，按键 =≠≥ ，选择"|"，输入 $a=1$ and $b=1$ and $c=1$，按键 enter，得到方程 $x^2+x+1=0$ 的两个虚根.在赋值时也可以是字母赋值，如当 $a-b=1$ 时，解方程 $ax^2+bx+a=0$（图 4.20）.

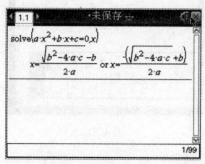

图 4.18

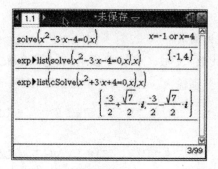

图 4.19

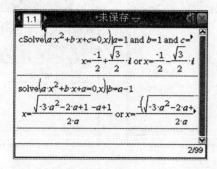

图 4.20

■ 实用技巧 13 —— 如何输入特殊的数学字符 π，i，e，θ

在数学运算中许多字符（如 π，i，e，θ 等）有特定的规定和意义，利用图形计算器输入时这些字母不能简单地通过键盘上的字母输入,而必须通过按键 π 得到 π,i,e,θ 等符号(图 4.21).

图 4.21

例 2 解方程组 $\begin{cases} y = ax + b \\ x^2 + y^2 = r^2 \end{cases}$.

■ 操作程序

1. 添加一个计算器页面.

2. 按键 menu、③(代数)、⑥、(求解方程组)、①(求解方程组)、enter,在出现的解方程组的对话框内分别输入 $y = a \cdot x + b$ 和 $x^2 + y^2 = r^2$(图 4.22),按键 enter,得到方程组的解为 $x = \dfrac{\sqrt{(a^2+1)^2 \cdot r^2 - b^2} - a \cdot b}{a^2 + 1}$,$y = \dfrac{a \cdot \sqrt{(a^2+1) \cdot r^2 - b^2} + b}{a^2 + 1}$ 或 $x = \dfrac{-\sqrt{(a^2+1)^2 \cdot r^2 - b^2} + a \cdot b}{a^2 + 1}$,$y = \dfrac{-(a \cdot \sqrt{(a^2+1) \cdot r^2 - b^2} - b)}{a^2 + 1}$(图 4.23).

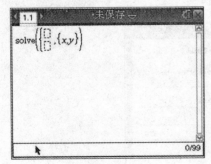

图 4.22

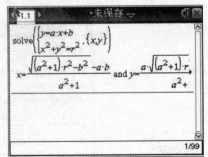

图 4.23

说明

1. 输入 $y=a \cdot x+b$ 时，a,x 之间的乘号不可缺少。

2. 有时在一个屏幕上难以完整呈现方程的解，这时可以通过按键"▶"或"◀"得到方程组的所有解。

3. 解方程组也可以通过 zeros({表达式},{变量1,变量2})求得(图4.24,图4.25)。

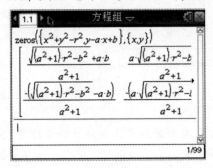 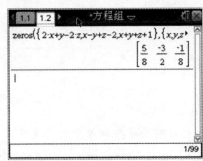

图 4.24　　　　　　　　　　　图 4.25

■ 触类旁通——巧用 zeros 作出一般二次方程的曲线图形

zeros 常用来求函数的零点，同时利用它也可以作出一般的二次曲线方程 $ax^2+bxy+cy^2+dx+ey+f(a^2+b^2+c^2\neq 0)$ 的图像，得到椭圆、双曲线、抛物线的一般形式的图形。添加一个图形页面，插入六个游标，并分别将它们的标签名改为 a,b,c,d,e,f，同时将它们的取值范围设置为 -10 到 10，在函数提示符"$f1(x)=$"后面输入 zeros($a \cdot x^2+b \cdot x \cdot y+c \cdot y^2+d \cdot x+e \cdot y+f,y$)，按键 enter，适当调整 6 个游标的数值，就会得到不同的二次曲线图形。其中 $b=0$ 时就可以得到椭圆和双曲线的标准图形，a,b 中仅有一个为 0 时就可以得到抛物线的标准图形(图 4.26～图 4.28)。

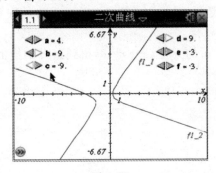 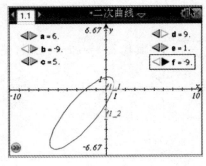

图 4.26　　　　　　　　　　　图 4.27

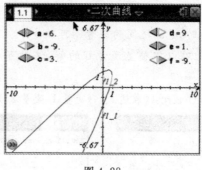

图 4.28

说明

游标在有关参数讨论中有广泛的应用.在图形页面下插入游标的方法是:按键 menu、1(动作)、enter、B(插入游标)、enter,屏幕上出现以 v1 为变量的游标对话框,根据需要可以改变变量的名称(如 a,b 等).同时还可以对游标进行各种设置(如最小化等),这时需选中游标的对话框,按键 ctrl、menu,出现 4 个选项(1.设置,2.最小化,3.动画,4.删除),按键 2,屏幕上出现游标的最小化形式.

■ **问题解决**—— 讨论两圆的位置关系

问题 如图 4.29,若圆心为原点且过点 $P(0,r)$ 的圆 O 与圆 $A:(x-1)^2+y^2=1$ 在 x 轴上方的交点为 Q,直线 PQ 与 x 轴的交点为 B,求点 B 的坐标.

解析 设直线 PQ 的方程为 $y=kx+r$,通过解关于 x,y 的方程组 $\begin{cases}(x-1)^2+y^2=1\\x^2+y^2=r^2\end{cases}$,$\{x,y\}$ 得到交点 P,Q 的坐标分别为 $(\frac{r^2}{2},\frac{r\cdot\sqrt{4-r^2}}{2})$,$(\frac{r^2}{2},-\frac{r\cdot\sqrt{4-r^2}}{2})$(图 4.30),将 P,Q 的坐标代入 $k=\frac{y-r}{x}$,得到 k 关于 r 的函数 $k=\frac{\sqrt{4-r^2}-2}{r}$,将其代入 $y=kx+r$,并解关于 x 的方程 $kx+r=0$,得到点 B 的横坐标为 $x=\frac{-r^2}{\sqrt{4-r^2}-2}$(图 4.31).

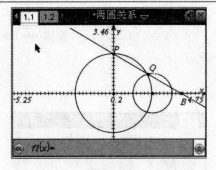

图 4.29

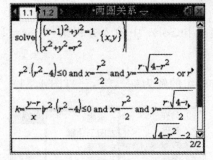

图 4.30

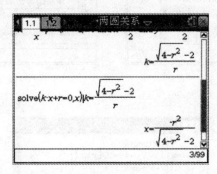

图 4.31

通过本例可以了解 solve 在解决一元一次方程、二元二次方程组中的应用,以及赋值方法的使用技巧.

 4.3 解多元一次方程组

关键词 解线性方程组(linSolve) 零点

例 3 解方程组 $\begin{cases} 2x+y+z=0 \\ 3x-2y+4z=2 \\ x+5y-z=1 \end{cases}$

■ 操作程序

1. 添加一个计算器页面.

2. 按键 menu 、③(代数)、⑦(求解方程组)、②(解线性方程组)、enter (图 4.32),在出现的对话框中的方程数栏中填入 3(图 4.33),在出现的线性解方程组

57

的模板 linSolve 中输入方程组 $\begin{cases} 2 \cdot x + y - z = 0 \\ 3 \cdot x - 2 \cdot y + 4 \cdot z = 2 \\ x + 5 \cdot y - z = 1 \end{cases}$ 和 $\{x, y, z\}$，按键 enter，得到原方程组的解为 $\{\frac{3}{23}, \frac{13}{46}, \frac{25}{46}\}$（图 4.34）.

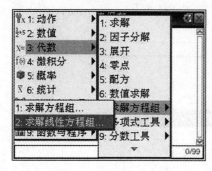

图 4.32

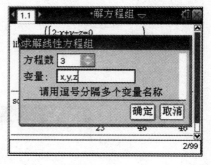

图 4.33

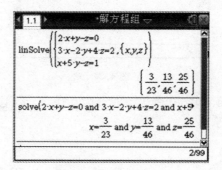

图 4.34

说明

求多元线性方程组也可以直接输入 $solve(2x+y-z=0$ and $3x-2y+4z=2$ and $x+5y-z=1\{x,y,z\})$，还可以通过矩阵方法求解，矩阵的命令格式为 simult（系数矩阵，常量向量，容许值）. 如解方程组 $\begin{cases} 2x+y-z=0 \\ 3x-2y+4z=2 \\ x+5y-z=1 \end{cases}$，其中

$\begin{bmatrix} 2 & 1 & -1 \\ 3 & -2 & 4 \\ 1 & 5 & -1 \end{bmatrix}$ 为系数矩阵,$\begin{bmatrix} 0 \\ 2 \\ 1 \end{bmatrix}$ 为常数矩阵.注意输入 -2 时应按键 $(-)2$,而不能按键 -2(图 4.35).

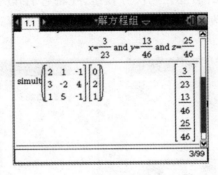

图 4.35

■ 触类旁通 ── 利用解方程证明条件等式

利用 solve 解方程的方法可以解决一系列有条件限制的代数求值问题,例如:已知 $a\sqrt{1-b^2}+b\sqrt{1-a^2}=1$,求 a^2+b^2 的值.首先将原式视为关于 b 的方程,并将解得的 b(关于 a)的解析式代入 a^2+b^2 得到 $a^2+b^2=1$(图 4.36).

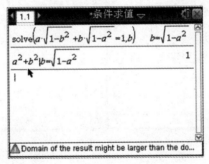

图 4.36

■ 实用技巧 14 ── 如何利用模板输入数学表达式

图形计算器提供了众多的数学模板,如分式、指数、根式、方程组、绝对值、矩阵、求和、导数、积分、极限等,以便在解题中快速地输入.操作时只需按键得到数学模板(图 4.37),根据需要选用即可.

■ 问题解决 ── 已知三点坐标求二次函数解析式

已知坐标平面上的不共线三点坐标如何求二次函数,看似是个简单的问题,但却涉及繁杂的计算,常常让人却步.图形计算器的解方程和计算功能可以快速地解决这个问题.具体操作如下:添加一个图形页面,任取三点,并测算它们的坐标,并分别保存为变量(x_1,y_1),(x_2,y_2),(x_3,y_3)(这时坐标以黑体表示)(图4.38),利用命令zeros解关于a,b,c的三元一次方程组,并将它们作为二次函数的系数(图4.39),在图形页面中,改变上述三个点的位置,函数的解析式也随之同步变化(图4.40).

图4.37

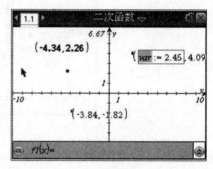

图4.38

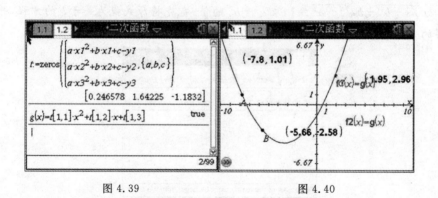

图4.39　　　　　　　　图4.40

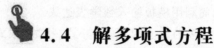

4.4　解多项式方程

关键词　解方程、多项式的根(CpolyRoots)

例4　解方程 $x^5-2x^3+x-1=0$.

■ 操作程序

1.添加一个计算器页面.

2. 按键 menu、③（代数）、⑧（多项式工具）、①（多项式求根）（图 4.41），在出现的多项式求根的对话框中填入多项式的最高次数 5，按键 enter（图 4.42）.

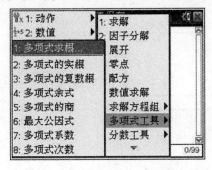

图 4.41

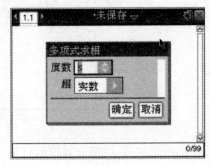

图 4.42

3. 在出现的多项式的根的对话框中填入多项式各项的系数 $1,0,-2,1,-1$（图 4.43），按键 enter，得到多项式的实根为 1.362 6（图 4.44）.

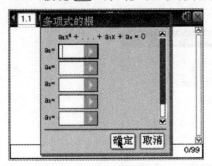

图 4.43

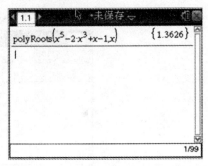

图 4.44

说明

1. 在图 4.42 中输入多项式的系数时，每输入完毕一个数，要按键 tab，而不能按键 enter.

2. 若要求出多项式的所有根，也可以直接在屏幕上输入 polyRoots$(x^5-2 \cdot x^3 + x - 1, x)$. 复数范围内多项式方程求根命令格式 cPolyRoots（多项式，变量）. 其中实数范围内的求根命令格式为 polyRoots（多项式，变量），变量只能是单变量（图 4.45）.

3. 从图 4.41 的下拉菜单中可以看出借助这一节的内容我们还可以求多项式的实根、多项式余式、多项式的商、最大公因式、多项式系数、多项式次数等.

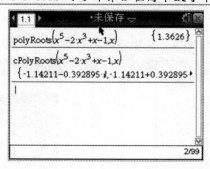

图 4.45

■ 问题解决 —— 方程组公共根的讨论

问题 p 为何值时,方程 $x^2-px-3=0$ 与方程 $x^2-4x-(p-1)=0$ 只有一个公共根,求此公共根和 p 的值.

解析 因为两个方程只有一个公共根,所以 $p\neq 4$,添加一个计算器页面,输入 solve($x^2-p\cdot x-3=0$ and $x^2-4\cdot x-(p-1)=0,x$)$|p\neq 4$,按键 enter,得到公共根为 $x=1$,p 的值为 $p=-2$.(图 4.46).

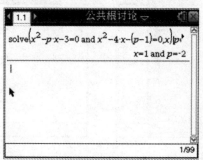

图 4.46

4.5 解参数方程

关键词 赋值 解方程 参数

例 4 若 $\begin{cases} x=3-at \\ y=a-2t \\ z=3-9t \end{cases}$ (t 为参数),求 x,y 关于 a,z 的表达式.

■ 操作程序

1. 添加一个计算器页面.

第 4 章　方程与不等式

2.输入 $x=3-a \cdot t$，按键 ctrl、sto→，输入 eq1（将方程 $x=3-a \cdot t$ 保存为变量 eq1），同样地，将方程 $y=a-2 \cdot t$，$z=5+2 \cdot t$ 保存为变量 eq2,eq3。

3.输入 solve(eq1 and eq2 and eq3)，按键 enter，得到 $x=\dfrac{-(a \cdot z-5 \cdot a-6)}{2}$，$y=-(z-a-5)$（图 4.47）。

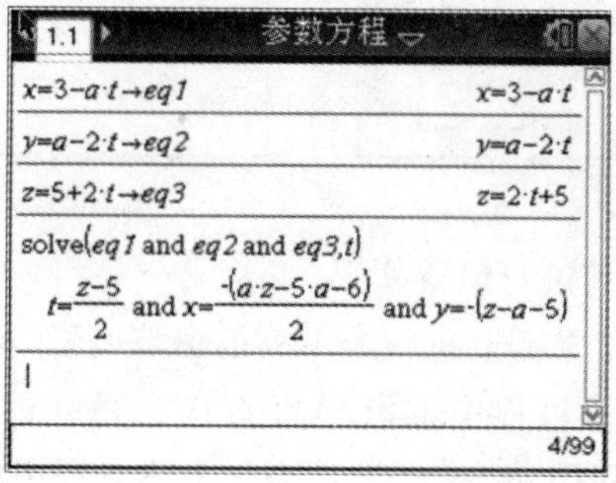

图 4.47

说明

利用 sto→ 可以简化数学解题过程。

■ 触类旁通 —— 参数方程转化为普通方程

在研究参数方程的几何意义等问题时常常需要将参数方程转化为普通方程，图形计算器的解方程和赋值工具可以快速地实现这一目的。如 $\begin{cases} x=\dfrac{t}{1+t^2} \\ y=\dfrac{1-t^2}{1+t^2} \end{cases}$（其中 t 为参数）转化为普通方程。按照下列图 4.48～图 4.51 所示进行操作得到普通方程为 $4x^2+y^2-1=0$。

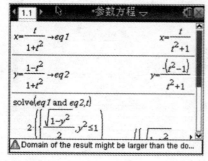

图 4.48

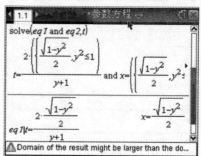

图 4.49

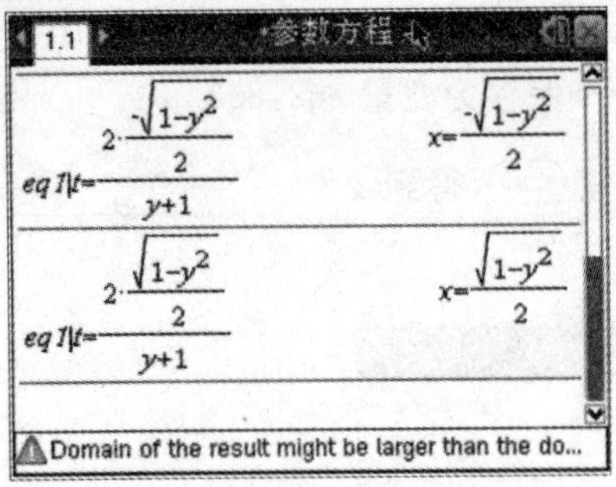

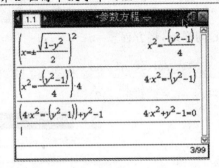

图 4.50

图 4.51

■ 实用技巧 15 —— 如何进行恒等变形

在数学运算过程中常常需要进行一系列的恒等变形,如移项、平方、通分等.图形计算器在实施恒等变形过程中的移项可直接在得到的方程中进行,如要化简 $4x^2 = -(y^2-1)$ 时可以利用 ans+y^2-1,表示上述方程中两边同时加上 y^2-1,得到 $4x^2+y^2-1=0$,其余的变形也可同样操作(图 4.51).

注 [capture]表示上述操作结果

■ 问题解决 —— 利用解方程解决求值问题

问题 设 a,b 都是正实数,$m=\dfrac{a+b}{2}$,$n=\dfrac{2}{\dfrac{1}{a}+\dfrac{1}{b}}$,若 $m+n=a-b$,求 $\dfrac{m}{n}$ 的值.

解析 将 m,n 代入 $m+n=a-b$ 后进行一系列的恒等变形和化简得到关于 a,b 的关系式(图 4.52,图 4.53),再通过换元 $t=\dfrac{a}{b}$,即利用赋值 $a=tb$,将问题转化为解关于 t 的方程问题,得到 $\dfrac{a}{b}=t=2\sqrt{3}+3$(图 4.54,图 4.55).

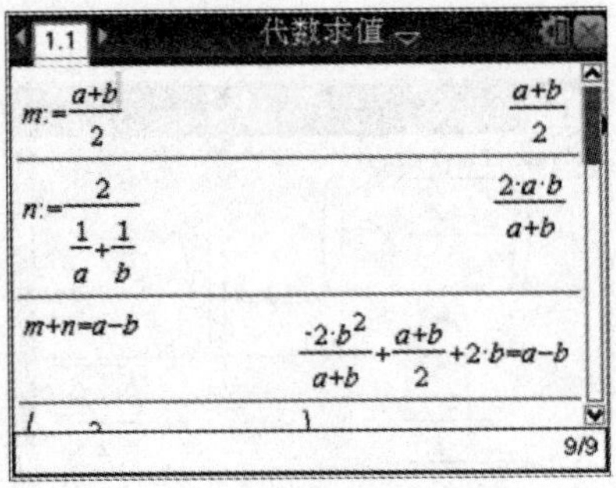

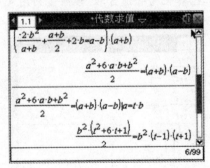

图 4.52

图 4.53

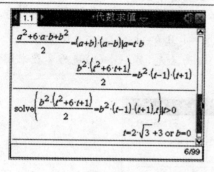

图 4.54   图 4.55

4.6 解超越方程

关键词 解方程

例 5 方程 $(x^2-x-7)^{x+3}=1$ 的整数解的个数为(   ).

A. 3   B. 2   C. 1   D. 4

■ 操作程序

1. 添加一个计算器页面.

2. 输入 solve$((x^2-x-7)^{x+3}=1,x)$,按键 (enter),得到方程的解共有 4 个,它们分别是 $-3, 3, \dfrac{-(\sqrt{33}-1)}{2}, \dfrac{\sqrt{33}+1}{2}$ 其中整数解为 $-3, 3$(图 4.56).

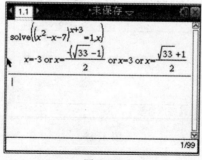

图 4.56

■ 触类旁通 —— 巧用方程方法解决对数问题

许多问题从形式上看似乎不是方程问题,但是仔细分析可以发现如果设定某个变量为主元并解方程,问题就会迎刃而解.

例如:若 $a^{\ln b}=b^{\lg a}(a>0,b>0)$,则 a,b 的值为( ).

A. $a=1$ 且 $b=1$　B. $a=1$ 或 $b=1$　C. $a\neq 1$ 且 $b\neq 1$　D. $a=1$ 且 $b\neq 1$

在两个未知数的等式中将其中一个(a)视为主元,另一个(b)视为参数求解,得到 $a=1$ 或 $b=1$(图 4.57),所以应选 B.

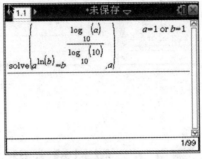

图 4.57

■ 问题解决 —— 整数方程的求解

代数中有许多方程形式美观,意义深刻. 可是要利用笔算求解却是纠结的事情,图形计算器解决代数问题可谓是举重若轻,不费吹灰之力. 例如,求出所有的正整数 n,使得 $\left[\dfrac{n}{2}\right]+\left[\dfrac{n}{3}\right]+\left[\dfrac{n}{4}\right]+\left[\dfrac{n}{5}\right]=69$,其中 $[x]$ 表示不超过 x 的最大整数. 借助命令 solve(解方程)容易解得 $x=6$ 或 $x=55$. 但是屏幕下方提示精确度可疑,所以要进行验根,发现 $x=6$ 不满足方程,因此满足方程的解为 $x=55$(图 4.58).

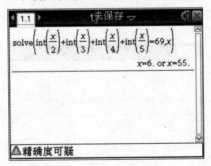

图 4.58

4.7 解一元一次不等式

关键词 [sto→](赋值)

例6 解关于 x 的不等式 $mx+2>2m$.

■ 操作程序

1. 添加一个计算器页面.

2. 输入 $solve(m·x+2>2·m,x)$, 按键 (enter), 得到不等式的解为 $x>\dfrac{2·(m-1)}{m}(m>0)$ 或 $x<\dfrac{2·(m-1)}{m}(m<0)$ (图 4.59).

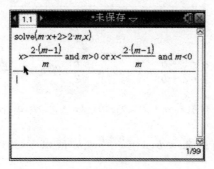

图 4.59

说明

解题中涉及字母之间的乘积运算关系时,乘号不能省略,如 $solve(mx+2>2m,x)$ 不能进行不等式求解,而应输入 $solve(m·x+2>2·m,x)$.

■ 触类旁通——不等式与方程的综合应用

把解不等式和解方程的方法结合可以有效地处理有关复杂不等式的问题.

例如:关于 x 的不等式 $(2a-b)x+a-5b>0$ 的解集是 $(-\infty,\dfrac{10}{7})$,则关于 x 的不等式 $ax>b$ 的解集是( ).

A. $(\dfrac{3}{5},+\infty)$ B. $(-\infty,\dfrac{3}{5})$ C. $(-\dfrac{3}{5},+\infty)$ D. $(-\infty,-\dfrac{3}{5})$

解析 求解的操作过程如下:

1. 解不等式:$solve((2·a-b)·x+a-5·b>0,x)$ 得到不等式的解为 $x>$

$-\frac{a-5 \cdot b}{2 \cdot a-b}(a-\frac{b}{2}>0)$ 或 $x<-\frac{a-5 \cdot b}{2 \cdot a-b}(a-\frac{b}{2}<0)$,由已知 $(2 \cdot a-b) \cdot x+a-5 \cdot b>0$ 的解集是 $(-\infty,\frac{10}{7})$,所以 $x<-\frac{a-5 \cdot b}{2 \cdot a-b}(a-\frac{b}{2}<0)$(图 4.60).

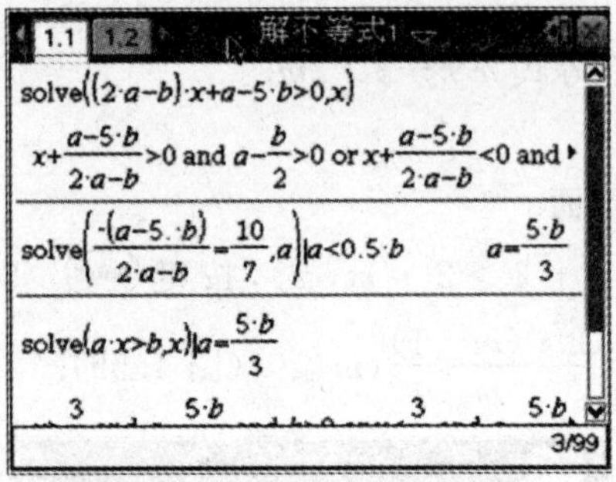

图 4.60

2. 解方程:$\text{solve}(-\frac{a-5 \cdot b}{2 \cdot a-b}=\frac{10}{7},a)|a<\frac{b}{2}$,得 $a=\frac{5 \cdot b}{3}$.

3. 当 $a=\frac{5 \cdot b}{3}$ 时解不等式 $a \cdot x<b$:$\text{solve}(a \cdot x>b,x)|a=\frac{5 \cdot b}{3}$,得 $x>\frac{3}{5}(b>0)$ 或 $x<\frac{3}{5}(b<0)$,依题意 $2a<b$,$a=\frac{5 \cdot b}{3}<b$. 所以 $b<0$,因此 $ax>b$ 的解集为 $(-\infty,\frac{3}{5})$,综上知,应选 B(图 4.61).

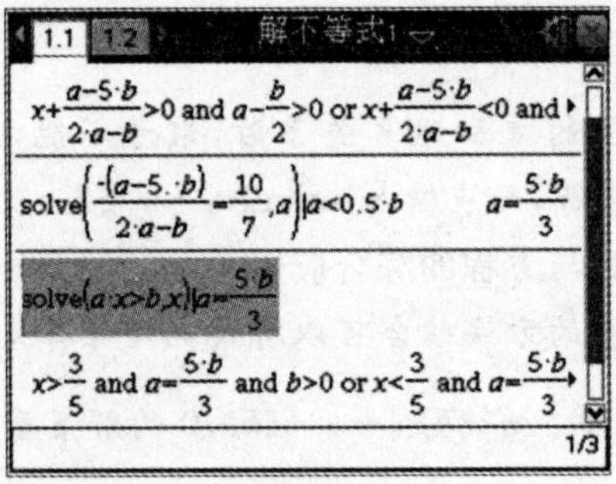

图 4.61

■ **问题解决** —— 变换主元解不等式

问题 对于满足 $0 \leqslant p \leqslant 4$ 的所有实数 p,求使不等式 $x^2+px>4x+p-3$ 恒成立的 x 的取值范围.

解析 通常情况下 x 为主变元,p 为参数,如果换个角度思考,将 p 视为主元,即将不等式转化为关于 p 的一次形式,只要在计算器页面中解一元一次不等式就可以简明地解决问题(图 4.62).当然还可以把问题转化为关于 p 的一次函数 $f(p)=(x-1) \cdot p+x^2-4 \cdot x+3$,解不等式组 $f(0)>0, f(4)>0$,得到 x 的取值范围是 $x<-1$ 或 $x>3$(图 4.63).

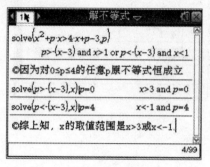

图 4.62

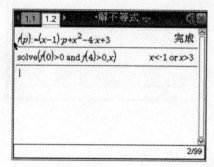

图 4.63

4.8 解不等式(组)

关键词 sto→(赋值)

例 7 解下列不等式：

1. $x^2-5x+4<0$.

2. $\begin{cases} x^2-5x+4<0 \\ x>2 \end{cases}$.

3. $\begin{cases} 3x>2(x-1) \\ \dfrac{1}{x-1}>1 \end{cases}$.

4. $\dfrac{2}{x}<\sqrt{x+2}$.

■ 操作程序

1. 添加一个计算器页面.

2. 输入 solve($x^2-5 \cdot x+4<0, x$),按键 enter,得到不等式的解为 $1<x<4$(图 4.64).

3. 以此类推,可以得到不等式(组) $\begin{cases} x^2-5x+4<0 \\ x>2 \end{cases}$, $\begin{cases} 3x>2(x-1) \\ \dfrac{1}{x-1}>1 \end{cases}$, $\dfrac{2}{x}<$

$\sqrt{x+2}$ 的解分别为 $2<x<4, 1<x<2$ 以及 $-2\leqslant x<0$ 或 $x>1.1304$（图 4.65）.

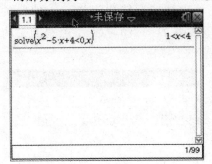

图 4.64

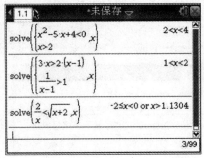

图 4.65

说明

输入特殊符号的快捷键如下：π——pi，θ——theta，∞——infinity，≤——<=，≥——>=，√——sqrt，| |——abs，i(虚数单位)——@i，e(自然对数底数)——@e，°——@d.

■ 触类旁通 —— 不等式与方程的综合应用

问题 设 $a, b \in \mathbf{R}, a>0, b>0$，且 $a+b=2$，求证：$\dfrac{a^2}{2-a}+\dfrac{b^2}{2-b}\geqslant 2$.

解析 依题意知 $0<a<2$，将 $\dfrac{a^2}{2-a}+\dfrac{b^2}{2-b}\geqslant 2$ 整理成关于 a 的不等式，得到 $f(a)=\dfrac{-8}{a(a-2)}-8\geqslant 0$，利用解不等式 solve($f(a)\geqslant 0$ and $0<a<2, a$)，得到 $0<a<2$，说明不等式 $\dfrac{a^2}{2-a}+\dfrac{b^2}{2-b}\geqslant 2$ 成立.

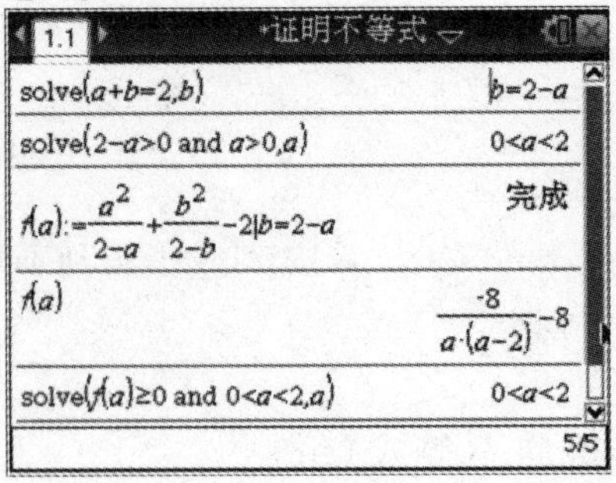

图 4.66

第 4 章 方程与不等式

■ 实用技巧 16 —— 如何作出不等式区域

在解决不等式、线性规划等问题时常常涉及平面区域的作图,利用图形计算器作出不等式区域时可通过如下步骤完成,①添加一个图形页面,②在函数提示符"$f1(x)=$"后面的光标处按键,出现图 4.67 的情况,选取需要的关系符<,按键(enter),在出现的光标提示处输入 $x^2-5 \cdot x+4$,按键(enter),得到 $y < x^2 - 5 \cdot x + 4$ 的区域图(图4.68).若边界不能取到,则图形出现虚线的边界,若边界能够取到,则出现实线的边界.若涉及不等式组所组成的区域,以此类推,不难作出相应的不等式区域.

同时也可以根据需要改变区域的颜色.具体操作如下:将指针指向区域的边界,当屏幕上出现"图形"两字时,按键(ctrl)、(menu)、(B)(颜色)、(enter),在出现的对话框中单击线条颜色或填充颜色,选择所需要的颜色即可.

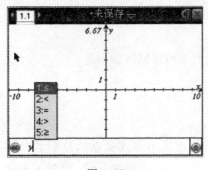

图 4.67

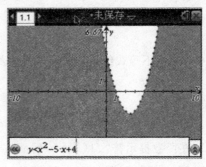

图 4.68

■ 问题解决——条件不等式的求解

问题 已知 $a,b,t \in \mathbf{R}, a>0, b>0, t>0$,且 $\dfrac{1}{a}+\dfrac{9}{b}=1$,求使 $a+b \geqslant t$ 恒成立的 t 的取值范围.

解析 本题利用均值不等式也可以求解,需要一定的技巧.利用图形计算器则是利用方程求解命令和求最小值的命令结合起来,首先通过解方程得到 $b=\dfrac{9 \cdot a}{a-1}$,且 $a>1$,代入 $a+b$,并求关于 a 的函数 $a+\dfrac{9a}{a-1}$ 的最小值.具体解题过程如图 4.69 所示,即 $a+b \geqslant 16$,因此要使 $a+b \geqslant t$ 恒成立,必须 $t \leqslant 16$(图 4.70).

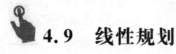

图 4.69　　　　　　　　　　图 4.70

4.9 线性规划

关键词　[sto→]（赋值）

例8　由不等式组 $\begin{cases} x+y+1\geqslant 0 \\ x-y+1\geqslant 0 \\ 2x-y\leqslant 0 \end{cases}$ 所表示的平面区域的面积是_____.

■ 操作程序

1. 添加一个图形页面.

2. 在函数提示符"$f1(x)=$"后面按键 del（进入不等式关系），这时自动出现 y 以及不等式关系符（图4.71），选择"$\geqslant$"，输入 $-1-x$，按键 enter，得到不等式 $x+y+1\geqslant 0$ 的区域（图4.72）.

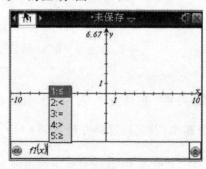
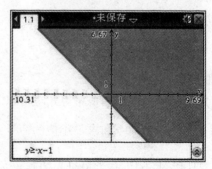

图 4.71　　　　　　　　　　图 4.72

3. 同理，可以得到不等式 $x-y+1\geqslant 0, 2x-y\leqslant 0$ 的区域（图4.73），适当放大窗口得到所求的平面区域（图4.74）.

4. 按键 (menu)、⑧(几何)、②(形状)、②(三角形),在平面上分别取三条直线的交点得到三角形,按键(menu)、⑧(几何)、③(测量)、②(面积),在屏幕上单击上述已选定的三角形,按键(menu),屏幕上就会出现测量得到的三角形面积为 $1.33u^2$(即平面区域(三角形)的面积为 1.33 平方单位(u 为单位))(图 4.74).

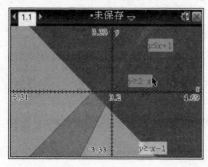

图 4.73

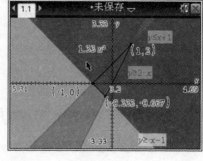

图 4.74

■ 触类旁通 —— 巧用 linSolve 解决线性规划问题

下面是一道全国高中数学联赛的试题:已知 6 枝玫瑰与 3 枝康乃馨的价格之和大于 24 元,而 4 枝玫瑰与 5 枝康乃馨的价格之和小于 22 元,则 2 枝玫瑰的价格和 3 枝康乃馨的价格比较结果是(　　).

A.2 枝玫瑰价格高　　B.3 枝康乃馨价格高　　C.价格相同　　D.不确定

解析　依题意,设每枝玫瑰的价格为 x 元,每枝康乃馨的价格为 y 元,得 $\begin{cases} 6x+3y>24 \\ 4x+5y<22 \end{cases}$,先解关于 x,y 的方程组 $\begin{cases} 6x+3y=a \\ 4x+5y=b \end{cases}$,然后反解出 a,b 关于 x,y 的表达式,利用 $a>24,b<22$ 确定 $2x-3y$ 的大小,利用 linSolve 命令等知识可以得到 $2x-3y>0$(图 4.75,图 4.76),因此应选 A,即 2 枝玫瑰价格高于 3 枝康乃馨的价格.

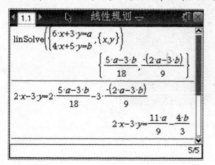

图 4.75

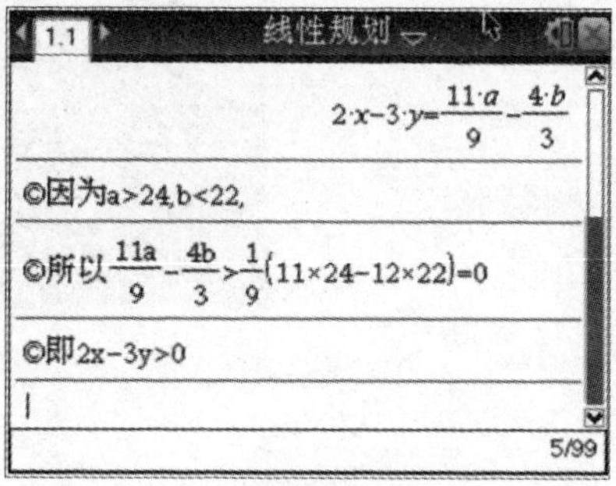

图 4.76

■ 实用技巧 17 —— 如何利用 when 命令分析线性规划中的最值问题

图形计算器中的 when 命令在解决问题中有广泛的应用. when 命令格式为 when(条件,真值[,假值][,未知值]),通过 when 的使用可以让我们动态地观察分析线性规划中点的位置与目标函数取值范围之间的动态关系. 例如:已知实数 x,y 满足 $\begin{cases} y \leqslant \frac{1}{2}x+1 \\ y \geqslant |x-1| \end{cases}$,求 $x+2y$ 的最大值.

操作的主要步骤如下:

1. 添加一个图形页面.

2. 在函数提示符"$f1(x)=$"的后面按键 ⓓ̲ᵉ̲ˡ̲,并输入 $y \leqslant \frac{1}{2}x+1$,在函数输入提示符"$f2(x)=$"的后面按键 ⓓ̲ᵉ̲ˡ̲,并输入 $y \geqslant |x-1|$,按键 ⓔⁿᵗᵉʳ,得到线性规划的可行域(图4.77).

3. 按键 ⓜᵉⁿᵘ、①(动作)、ⓔⁿᵗᵉʳ、⑦(文本),输入 when$(b \leqslant 0.5 \cdot a+1$ and $b \geqslant |a-1|,a+2b)$,按键 ⓔⁿᵗᵉʳ.

4. 在坐标平面上任取一点 P,测算其坐标与方程,得到点 P 的坐标,并将点 P 的横坐标,纵坐标分别保存为变量 a,b.

5. 按键 ⓜᵉⁿᵘ、①(动作)、⑨(计算)、ⓔⁿᵗᵉʳ,出现变量选择的对话框"选择 a(L 用于变量 a),分别单击点 P 的横坐标,纵坐标作为 a,b 的值,当点 P 落在可行域内时屏幕上会出现 $a+2 \cdot b$ 的计算结果,否则屏幕上会出现 undef(图 4.78,图 4.79).

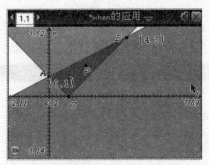

图 4.77

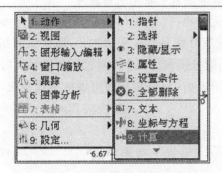

图 4.78

图 4.79

6. 作出可行域的顶点,并分别标签为 A,B,C,文本点 P 的坐标,输入文本:目标函数 $x+2 \cdot y$ 的值,并将它们放置在适当的位置. 隐藏一些不必要的文本,得到图 4.80.

7. 移动点 P 的位置,这时点 P 的坐标,目标函数 $x+2y$ 的值都随之变化,通过观察可以看出当 $P(4,3)$ 时目标函数 $x+2y$ 的最大值为 10(图 4.81).

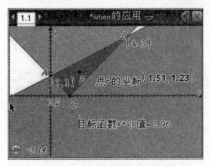

图 4.80

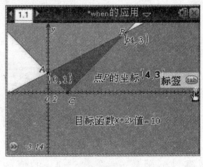

图 4.81

1. when 命令的格式是:when(条件,真值[,假值][,未知值]),其中条件可以有多个条件,真值可以是目标表达式或数据).

2. 本例也可以利用游标观察线性规划的目标函数的取值情况.

■ 问题解决 —— 一个最优化应用问题的研究

问题 某营养师要为某个儿童预定午餐和晚餐. 已知一个单位的午餐含 12 个单位的碳水化合物,6 个单位的蛋白质和 6 个单位的维生素;一个单位的晚餐含 8 个单位的碳水化合物,6 个单位的蛋白质和 10 个单位的维生素. 另外,该儿童这两餐需要的营养中至少含 64 个单位的碳水化合物,42 个单位的蛋白质和 54 个单位的维生素.如果一个单位的午餐、晚餐的费用分别是 2.5 元和 4 元,那么要满足上述的营养要求,并且花费最少,应当为该儿童分别预订多少个单位的午餐和晚餐?

解析 求解时要添加一个列表和电子表格,将已知条件用表格形式呈现(图 4.82),添加一个计算器页面,列出用不等式组表示约束条件 $\begin{cases} 12x+8y \geq 64 \\ 6x+6y \geq 42 \\ 6x+10y \geq 54 \\ x > 0 \\ y > 0 \end{cases}$ (图 4.83),求出可行域构成的多边形的边界顶点 A 的坐标 $(4,3)$ (图 4.84).

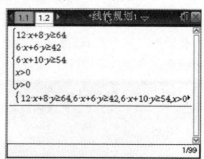

图 4.82　　　　　　　图 4.83

通过插入游标,将标签更名为 z,作出直线 $z = 2.5x + 4y$,改变游标 z 值的大小,观察目标函数 $z = 2.5x + 4y$ 的值的变化,可知当目标函数过直线 $6x + 6y = 42$ 与 $6x + 10y = 54$ 的交点 $(4,3)$ 时,F 取得最小值 22(图 4.85).即要满足营养要求,并且花费最少,应当为儿童分别预订 4 个单位的午餐和 3 个单位的晚餐.

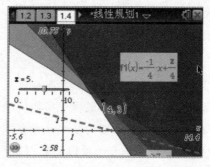

图 4.84　　　　　　　图 4.85

函数及其性质

函数是数学的重要内容,函数及其图像涉及面广,内容丰富,问题形式多样,是数学学习的重要"门槛".函数图像、最值、零点、单调性、奇偶性、周期性等具有鲜明的数形关系、图形计算器的计算、作图、表格"联袂"应用可以展现数学的无限精彩和魅力,自定义函数、拟合函数、游标、变量赋值、列表与电子表格、when 命令等独特的功能为全面呈现数学、理解数学和应用数学提供了一个大舞台.

目标

5.1 函数的图像

5.2 分段函数

5.3 特殊的数值化简求解

5.4 含参数函数的讨论

5.5 函数的零点

5.6 函数图像的交点

5.7 自定义函数

5.8 迭代函数

5.9 拟合函数

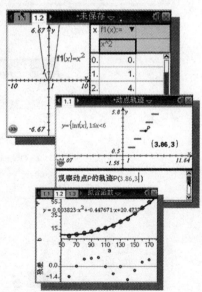

■ 斜抛运动的研究 ■

　　斜抛运动是将物体以一定的初速度和与水平方向成一定角度抛出,在重力作用下,物体作匀变速曲线运动,它的运动轨迹是抛物线,这种运动叫作"斜抛运动". 斜抛运动作为一种匀变速运动,它的运动轨迹方程的研究是一个经典的物理和数学问题,它的研究充满了挑战性和趣味性,融合了物理和数学知识. 图形计算器良好的数据收集和拟合功能、数据收集和处理以及代数的优越功能使得斜抛运动的函数模型的研究更为丰富和深刻(图 5.1~图 5.3).

图 5.1　　　　　　　　　　图 5.2

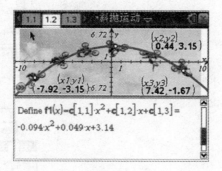

图 5.3

 5.1　函数的图像

关键词　图形页面　函数提示符

例 1　作出函数 $f(x)=e^x \cdot \ln x$ 的图像.

■ 操作程序

1. 添加一个图形页面.

2.在函数提示符"$f1(x)=$"后面输入 $e^x \cdot \ln(x)$,按键 enter,得到函数图像(图 5.4).

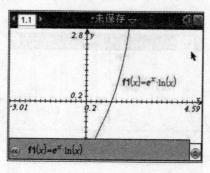

图 5.4

1.利用图形计算器输入数学中一些特殊符号,如 e, π, i, θ 等应通过按键,从中选取相应的符号.

2.表达式之间的相乘关系应输入乘法符号"·".

3.通过指针操作可以改变函数图像的形态(平移、伸缩等)并随之改变函数的表达式.即按键 menu、①(动作)、①(指针),移动指针到要操作的图形,当指针悬停在已绘制函数上时,指针图标会发生变化,移动指针时函数图像及其表达式将同时发生变化.

4.在图形页面上利用文本也可以绘制函数图像.即按键 menu、①(动作)、⑦(文本).在文本框内输入要绘制的函数(如 $y=x^2$),将文本框拖动到坐标轴并放下,此时页面上将绘制出该函数图像.

■ 触类旁通 —— 一次性作出多个函数的图像

要一次性作出多个函数图像,图形计算器的函数作图方式有多种灵活的方式.如 $y=|\sin x|, y=|\tan x|$,可以在屏幕下方的函数提示符"$f1(x)=$"的后面分别输入函数 $f_1(x), f_2(x), \cdots$ 的表达式,就能在一个坐标系中同时出现上述函数的图像.更为快捷的作法是直接在函数提示符"$f1(x)=$"的后面输入 abs($\{\sin(x),\tan(x)\}$),按键 enter,得到函数的图像(图 5.5).

还可以按照如下方式作图,如在函数提示符"$f1(x)=$"的后面输入 $(x^2-2)\{2,3,4\}$则表示一次性作出函数 $f(x)=2(x^2-2), f(x)=3(x^2-2), f(x)=4(x^2-2)$,若在命令行"$f1(x)=$"后面输入 abs($\{x, x^3, 2x-1\}$),则表示一次性作

出 $f(x)=x, f(x)=x^3, f(x)=2x-1$ 取绝对值后的函数图像. 在函数提示符 "$f1(x)=$" 后面输入 $x^2|x=a$(其中 a 为自定义的数组, 如 $a=\{1,2,3\}$), 则可以画出的函数 $y=1, y=4, y=9, \cdots$ 的图像.

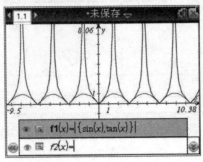

图 5.5

说明

为了辨别一个屏幕的多个函数图像,可以对函数图像的颜色加以设置,首先将指针移动到函数图像上(这时屏幕上出现图形 $f1$), 按键 ctrl、menu、1 (动作)、enter(图 5.6), 在出现的菜单中单击颜色选项. 在图 5.7 中选择颜色. 利用类似的方法可以对几何图形进行颜色填充,修改文本的颜色.

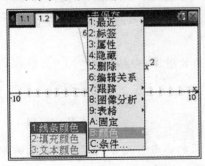

图 5.6

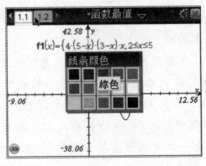

图 5.7

■ 实用技巧 18 —— 如何实现图形显示方式的改变

根据显示需要可以变窗口的设置,如隐藏坐标轴,对窗口进行一系列的设置(图 5.8)等. 操作步骤是: 按键 menu、4(窗口/放缩)、enter, 出现图 5.8, 根据需要单击菜单中的某项. 也可按键 ctrl、▤、4. 其中 2(缩放一方框)在使用中尤为好用,可以对局部进行放大. 当然还可以自行对横坐标、纵坐标、比例尺等重新进行定义(图 5.9).

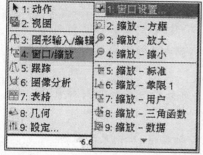

图 5.8

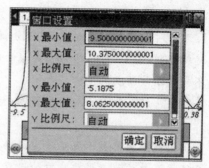

图 5.9

■ **问题解决** —— 三次函数的应用题

问题 取一张长 10 cm、宽 8 cm 的长方形硬纸板,在其四个角上各剪去一块 $x \times x$ 的正方形,折成一个无盖的盒子,写出该盒子的体积关于 x 的函数解析式,并作出函数的图像.

解析 依题意,得到体积 y 与 x 的函数关系 $y=(10-2x)(8-2x)x=4(5-x)(4-x)x$.

添加一个几何页面,作出正方形以及四个角上截去小正方形图形,按键 menu、② (视图)、④ (显示分析窗口),按键 enter,在原来的几何页面中添加了一个图形页面,在图形页面上插入游标并标签为变量 x,在函数提示符"$f1(x)=$"后面输入 $4 \cdot (5-x) \cdot (4-x) \cdot x$ $0<x<4$,按键 enter,适当调整函数图像窗口,并作出一个与 x 同步变化的向量,得到函数 $f(x)$ 的图像(图 5.10,图 5.11).

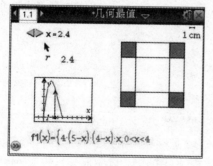

图 5.10

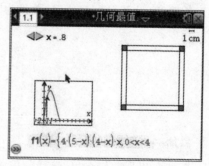

图 5.11

说明

1. 几何对象移动到图形页面(即分析窗口)时,该对象仍为几何对象,并且不会与坐标轴关联.例如,可以移动三角形的顶点,但由于该对象没有绑定到坐标平面,因此不会显示该顶点的坐标.

2. 使用几何页面中插入图形页面的方法可处理分析和几何对象.可以执行以下操作:

①使用视图菜单显示或隐藏坐标轴、坐标轴端值、比例尺和网格.

②使用窗口缩放可调整窗口的设置.

③捕捉屏幕的空白区域并拖动它在工作区中平移.

④单击隐藏分析窗口即可从工作区中删除分析窗口.

5.2 分段函数

关键词　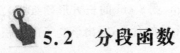　when　piecewise

例 2　某市"招手即停"公共汽车的票价按下列规则制定:

(1)5公里内(含5公里),票价为2元;(2)5公里以上,每增加5公里,票价增加1元(不足5公里的按5公里计算).

如果某条线路的总里数为20公里,请根据题意,写出票价与里程之间的函数解析式,并画出函数的图像.

■ 操作程序

1. 依题意,设里程为 x 公里,票价为 y 元,则 $x \in (0, 20]$,票价与里程之间的函数解析式为

$$y = \begin{cases} 2, & 0 < x \leqslant 5 \\ 3, & 5 < x \leqslant 10 \\ 4, & 10 < x \leqslant 15 \\ 5, & 15 < x \leqslant 20 \end{cases}$$

2. 添加一个图形页面.

3. 按键 出现模块菜单,选择分段函数模块(图5.12显亮部分),按键 enter.

4. 将函数的分段数3(默认值)改为4(图5.13),按键 enter,得到分段函数输入模板(图5.14).

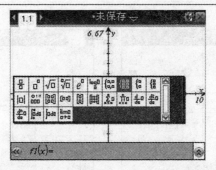

图 5.12

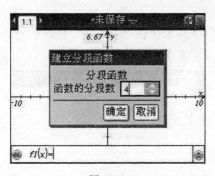

图 5.13

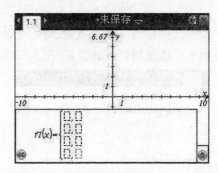

图 5.14

5. 依次输入各段函数解析式及对应的自变量的取值范围(图 5.15),其中按键 ctrl、≠≥>,可以调出不等号模板,配合按键 ◀ ▶ ▲ ▼ 及 enter 进行选择. 按键 enter,就得到函数的解析式及其图像(图 5.16).

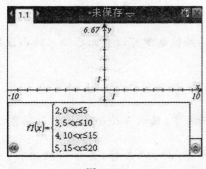

图 5.15

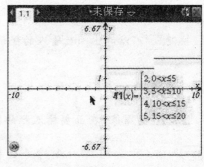

图 5.16

6. 将光标移到屏幕空白处,按键 ctrl、，将屏幕抓住(图 5.17),轻触触摸板,将屏幕移动到合适的位置(如图 5.18),用同样的方法也可以将函数解析式移动到合适的位置.

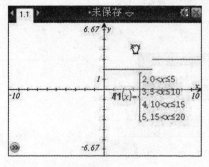
图 5.17

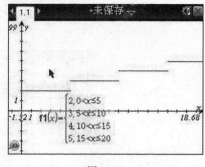
图 5.18

7. 将光标移到 x 轴上方，按键 ctrl、，将坐标轴抓住（图 5.19），轻触触摸板，将坐标轴单位移动到合适的位置（图 5.20），显示整个函数的图像.

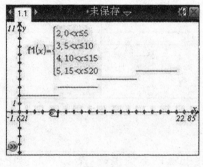
图 5.19

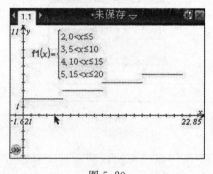
图 5.20

说明

1. 按键 tab 可以调出函数输入的提示符，按键 ▲▼ 可以查阅已输入的函数解析式.

2. 只有两段的分段函数可以用 when 命令输入，如绘制函数 $f(x)=\begin{cases}x+2,x\leqslant-1\\x^2,x>-1\end{cases}$ 的图像，在函数输入栏的提示符下，输入 when$(x\leqslant-1,x+2,x^2)$，按键 enter 即可（图 5.21），when 命令的格式是：when(条件，真值[，假值][，未知值]).

3. 通过按键 后再选择分段函数模块等同于直接输入命令 piecewise，如绘制

分段函数 $f(x)=\begin{cases} x+2, x\leqslant -1 \\ x^2, -1<x<1 \\ 1, x\geqslant 1 \end{cases}$ 的图像,在输入函数的提示符下,输入 piecewise $(x+2,x\leqslant -1,x^2,-1<x<1,1,x\geqslant 1)$(图 5.22),按键 enter,得到分段函数图像以及函数表达式(图 5.23).

注 分段函数 piecewise 命令格式是:piecewise(表达式 1[,条件 1[,表达式 2[,条件 2[,…]]]]).

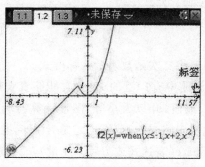

图 5.21

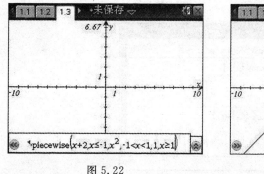

图 5.22

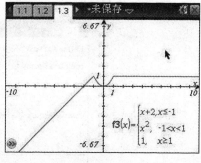

图 5.23

■ **触类旁通 —— 丰富多彩的函数图像**

数学中有许多著名的函数,如傅里叶函数,整数函数等,用图形计算器可以非常简明直观地加以描绘.以下两个图像分别为余弦的泰勒三阶展开函数(图5.24)和向上取整函数(图5.25)的图像.

注 floor(x)表示不超过 x 的最大整数,如 floor(3.4)=3.

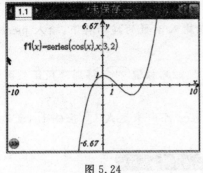

图 5.24   图 5.25

■ 实用技巧 19 —— 如何将二次函数表示为标准式

二次函数标准式在解题中有广泛的应用，它能够直观形象地呈现出二次函数所对应的抛物线的顶点、最值、开口大小等，图形计算器利用命令 completeSquare($f(x),x$) 就可以快速地实现将二次函数 $f(x)$ 表示成标准形式（图 5.26），配方的命令格式为：completeSquare(表达式或方程，变量)，completeSquare(表达式或方程，变量^幂)，completeSquare(表达式或方程，变量 1，变量 2［，…］)，completeSquare(表达式，变量)或 completeSquare(方程，变量).

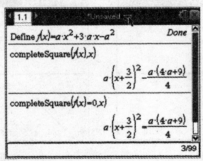

图 5.26

■ 问题解决 —— 周期函数的研究

问题 已知函数 $f(x)=f(x+2)$，$f(x)=xe^x(-1\leqslant x\leqslant 1)$.

(1) 求 $f(2.3)$，$f(-3.4)$ 的值；

(2) 说明 $f(x)$ 在 $[3,4]$ 上的单调性.

解析 首先添加一个计算器页面，根据题意 $f(x)$ 为周期为 2 的函数，所以自定义函数 $g(x)=f(x+2\text{int}(k))$（$\text{int}(k)$ 是一个整数），添加一个图形页面通过插入游标，并将其标签为变量 k，随着 k 的变化可以得到不同区间上的函数表达式，进而解决函数的求值和单调性问题. 得到 $f(2.3)=0.404958, f(-3.4)=1.09327$, 在区间 $[3,4]$ 上 $f(x)$ 为减函数 (图 5.27, 图 5.28, 图 5.29, 图 5.30).

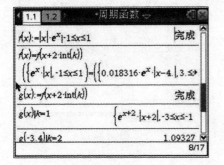

图 5.27　　　　　　　　　图 5.28

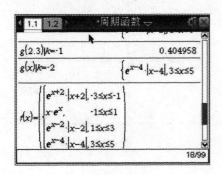
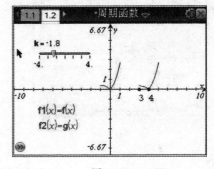

图 5.29　　　　　　　　　图 5.30

5.3　特殊的数值化简求解

关键词　fmax fmin 窗口/缩放

例 3　求函数 $f(x)=4(5-x)(3-x)x$ 在给定区间上的最大值、最小值.

■ 操作程序

1. 添加一个图形页面.

2. 作出函数 $y=4(5-x)(3-x)x$ 的图像 (图 5.31), 如果这时的显示效果不尽理想, 可以通过调整窗口实现理想的效果. 即按键 menu、④（窗口/缩放）、enter、①（窗口设置, 图 5.32）、enter, 在出现的框中填入适当的数据 (图 5.33), 按键 enter, 得到图 5.34.

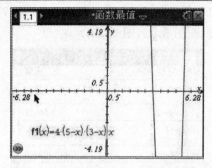

图 5.31

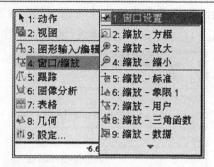

图 5.32

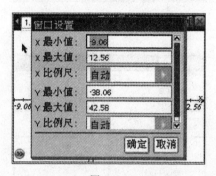

图 5.33

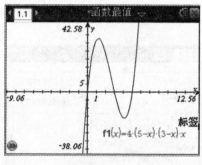

图 5.34

3. 按键 menu、B（图像分析）、enter、3（最大值）、enter，根据屏幕提示对所求区间的上界、下界作出估计，并按键 enter，得到图 5.35，从图 5.36 中可以看到当 $x=1.47$，$y_{max}=52.5$。类似的方法可以求得函数的最小值。

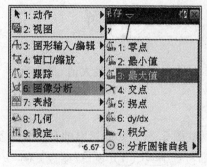

图 5.35

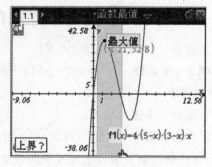

图 5.36

说明

1. 要求特定区间上的函数最值问题还可以借助命令作出特定区间上的函数图像,并利用"图像分析"的功能求解. 操作如下:在函数提示符"$f1(x)=$"后面输入 $4 \cdot (5-x) \cdot (3-x) \cdot x | x \geqslant 2 \text{ and } x \leqslant 5$ 或输入 $4 \cdot (5-x) \cdot (3-x) \cdot x | 2 \leqslant x \leqslant 5$,按键 enter,得到函数图像(图 5.37),按键 menu,⑥(图像分析),在下拉的菜单中选取求最大值命令即可.

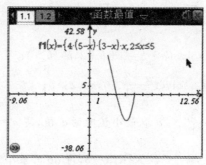

图 5.37

2. 求函数的最值除了利用函数图像和分析图的方式之外还可以直接输入命令求解,如:求 $y=4(5-x)(3-x)x$ 在区间 $[2,5]$ 上最大值、最小值. 这时可在计算器页面状态下定义函数 $f(x)=4 \cdot (5-x) \cdot (3-x) \cdot x | 2 \leqslant x \leqslant 5$,输入 fMin $(f(x),x)$,按键 enter,输入 $fMax(f(x),x)$,按键 enter,得到函数取最小值和最大值时的自变量值,并利用得到的自变量值求出函数的最小值和最大值(图 5.38,图 5.39).

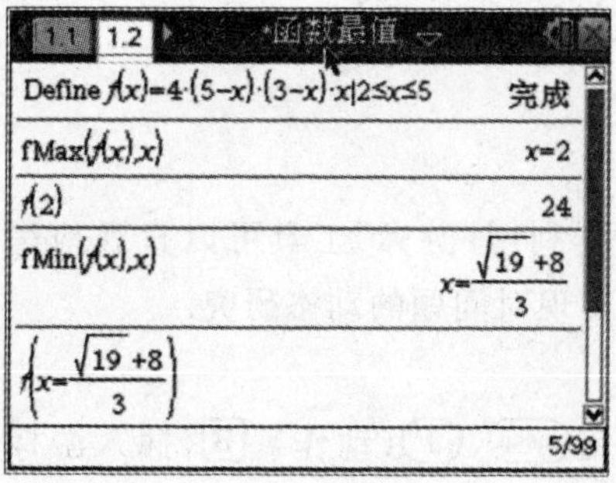

图 5.38 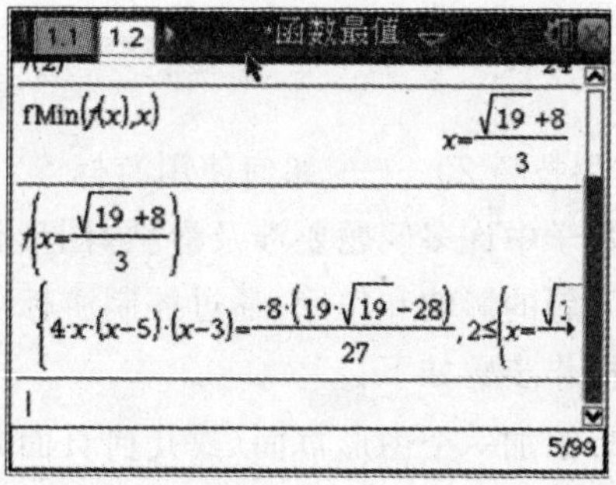　　　　　图 5.39

3. 求数值最大值的命令 nfmax 的命令格式是:nfMax(表达式,变量),nfMax

(表达式,变量,下界),nfMax(表达式,变量,下界,上界),nfMax(表达式,变量)|下界＜变量＜上界,nfmax(表达式,变量)也是求函数最大值时自变量取值的一个命令,它与 fmax(表达式,变量)分别表示函数取得最大值时的自变量取值,差异在于结果的呈现形式,如 nfmax(x^2+1,x) 得到 0,而 fmax(x^2+1,x) 得到 $x=0$。nfmin,fmin 命令也会产生类似的结果.

■ 触类旁通 —— 有条件限制的函数最值问题

利用图形计算器解决有条件限制的函数最值问题要通过解方程、解不等式、求函数最大值或最小值的工具. 例如,若正数 a,b 满足 $ab=a+b=3$,求 ab 的最小值. 求解的过程如下:

1. 解关于 b 的方程:solve($a·b=a+b+3,b$)|$b>0$；

2. 解关于 a 的不等式:solve($\frac{a+3}{a-1}>0,a$)|$a>0$；

3. 求函数 $f(a)=\frac{a+3}{a-1}$ " × " a 取最小值时的 a 值,得 $a=3$；

求 $a=3$ 时的函数值,即 $\frac{a+3}{a-1}$ " × " $a|a=3$,得 ab 的最小值为 9.(图 5.40).

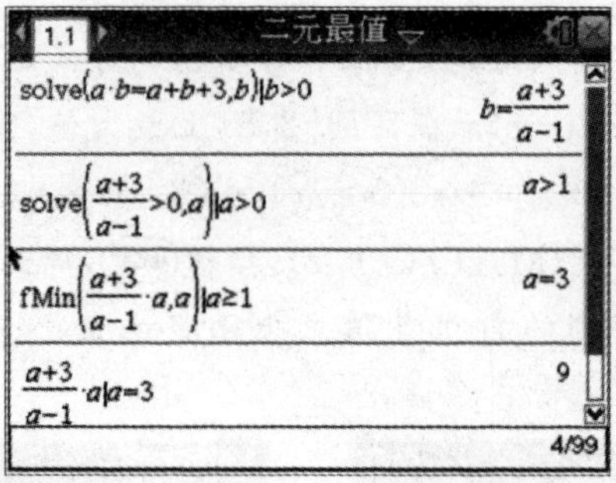

图 5.40

■ 实用技巧 20 —— 如何使用游标

数学中许多问题要涉及参数,图形计算器利用"游标"工具可以直观地呈现参数对问题的影响和作用,通过控制游标可以实现对问题的动态研究.

操作步骤如下:

1. 添加一个图形页面(或几何页面),按键 (menu)、①(动作)、Ⓑ(插入游标)(图 5.41)、(enter),得到图 5.42,

第 5 章 函数及其性质

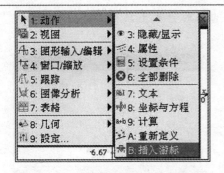

图 5.41

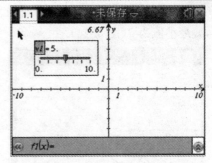

图 5.42

2. 这时游标标注的默认参数为 v1,可根据需要将其标签为其他字母,同时还可以对游标进行大小设置、最小化、最大化、步长、样式、动画、删除、显示变量等新的设置(图 5.43,图 5.44).

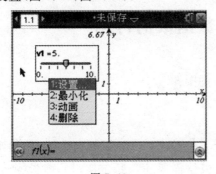

图 5.43

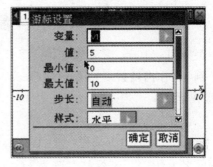

图 5.44

■ 问题解决 —— 利用最值证明不等式

问题 设 $a,b\in \mathbf{R}$,且 $a+b=2$,求证:$\dfrac{a^2}{2-a}+\dfrac{b^2}{2-b}\geqslant 2$.

解析 本题的证明方法有多种,比如可以利用柯西不等式证明. 如果将问题转化为求函数 $f(a,b)$ 的最小值,也是独辟蹊径的方法. 首先在计算器页面中定义二元函数 $f(a,b)=\dfrac{a^2}{2-a}+\dfrac{b^2}{2-b}$,并将 $b=2-a$ 代入,得到函数 $f(x)=\dfrac{-2(3x^2-6x+4)}{x(x-2)}$ 的图像,利用图形计算器的 fMin 命令,求得当 $x=1$ 时 $f(a,b)$ 最小值为 2. 因此 $\dfrac{a^2}{2-a}+\dfrac{b^2}{2-b}\geqslant 2$(图 5.45). 还可以然后插入一个图形页面,在函数提示符"$f1(x)=$"后面输入 $f(x,b)$,借助的图形分析工具得到当且仅当 $x=1$ 时 $f(a,b)$ 最小值为 2(图 5.46).

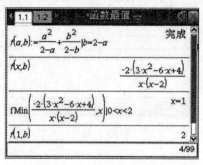
图 5.45

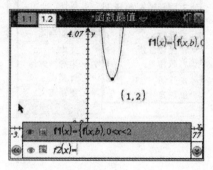
图 5.46

5.4 含参数函数的讨论

关键词 游标 抓手图标

例 4 作出函数 $y=4(5-x)(a-x)x$ 的图像.

■ 操作程序

1. 添加一个图形页面.

2. 按键 menu、①(动作)、Ⓑ(插入游标)、enter(图 5.48),这时左上角框内默认的标签名为 v1,将 v1 标签名改为 a(可以根据需要输入特定字母),按键 enter(图 5.48).

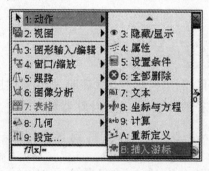
图 5.47

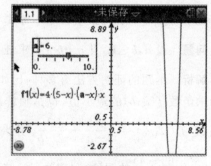
图 5.48

3. 将指针放置在矩形框内的游标处,按键 (光标移动键、选择或确认键.)出现抓手图标,按键(enter),按键◀▶(光标或命令移动键),函数图像随着参数 a 的变化而变化(图 5.49).要删去游标,按键、(ctrl)、(del).

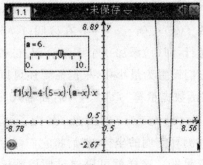

图 5.49

■ 触类旁通 —— 含多参数的函数性质的作图

含参数的函数性质的作图和研究是函数学习中的一个重点问题,借助图形计算器的游标功能可以作出函数的动态图像,如讨论 a,b,c 对函数 $f(x)=ax^2+bx+c$ 的图像变化的影响(图 5.50).再借助列表和电子表格可以动态地观察函数的变化情况.以下几个问题都可以借助游标制作动态的函数图像.

1. $f(x)=a|x-b|+c$;
2. $f(x)=|x-a|+|x-b|$;
3. $f(x)=a^{x-b}+c$.

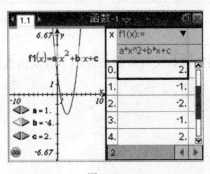

图 5.50

说明

函数的表示法之一——列表法是了解函数性质的一种有效方式,在图形页面中按键(ctrl)、T,就会出现左右两栏形式的页面布局,左边是图形页面,右边是列表与电子表格页面，通过右边的表格就可以了解函数的一些具体情况．

■ **实用技巧 21** —— 如何制作可调控的定长区间的函数图像

在函数的性质讨论中常常要涉及定长区间限制问题，利用游标可以直观地表现此类问题．如讨论函数 $f(x)=(x-a)^2+b$ 在区间 $[t,t+3]$ 上的单调性、最值性质等．制作方法也简单易行，即（1）添加一个图形页面；（2）分别插入游标 a,b,t（图 5.51），为美观起见，将它们设置为最小化，根据需要还可以对 a,b,c 的取值范围给予限制（图 5.52）；（3）在函数提示符"$f1(x)=$"后面输入 $(x-a)^2+b\,|\,t\leqslant x\leqslant t+3$，在屏幕上出现函数 $f(x)=(x-a)^2+b$ 的图像；（4）为了更直观简明地调控函数，不妨在 x 轴上任取三点，并测算它们的坐标，然后将它们保存为变量 a,b,t，隐藏这三点的坐标（为了屏幕简洁起见），这样就可以通过调控游标的数值或 x 轴上 a,b,t 对应点的位置研究函数了．

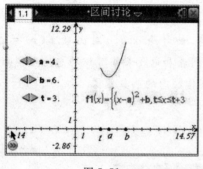

图 5.51   图 5.52

■ **问题解决** —— 利用图像解决有限制条件的参数取值范围问题

问题 若不等式 $x^2+ax+1\geqslant 0$ 对于一切 $x\in(0,\dfrac{1}{2}]$ 成立，则 a 的最小值是（　　）

A．0   B．-2 C．$-\dfrac{5}{2}$ D．-3

解析 此类问题可以通过分离系数法或转化为二次函数性质的讨论，如用分离系数法求解，由 $x\in(0,\dfrac{1}{2}]$，所以 $a\geqslant\dfrac{-x^2-1}{x}=-x-\dfrac{1}{x}$，因为 $y=x+\dfrac{1}{x}$ 在 $(0,\dfrac{1}{2}]$ 上单调递减，且在 $x=\dfrac{1}{2}$ 处取得最小值 $\dfrac{5}{2}$，所以 a 的取值范围是 $a\geqslant-\dfrac{5}{2}$，因此应选 C．

借助图形计算器可以直接对函数 $f(x)=x^2+ax+1$ 的图像进行研究,利用游标建立变量 a,通过调控游标的数值进行观察和分析,得到结果是 $a \geqslant -\dfrac{5}{2}$(图5.53).

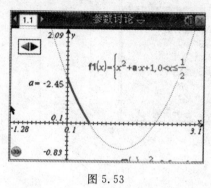

图 5.53

5.5 函数的零点

关键词 零点 图像分析

例5 求函数 $f(x)=x\lg x+x-3$ 的零点.

■ **操作程序**

1. 添加一个图形页面.

2. 在函数提示符"$f1(x)=$"后面输入 $\dfrac{x \cdot \log_{10}(x)}{\log_{10}(10)}+x-3$,按键 enter,得到函数图像(图5.54).

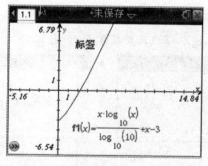

图 5.54

3. 按键 menu、6(图像分析)、enter、1(零点)、enter,出现图 5.55,估计零点所在区间,移动手型图标,选择区间的上界和下界,按键 enter,得到零点为 1.30,

同理可以求得另一个零点为 8.95（图 5.56）.

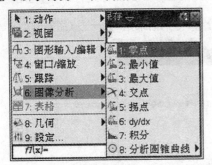

图 5.55　　　　　　　　　　　图 5.56

1. 函数的零点也可以通过函数的交点求得，详见第 5 章函数的相关内容.

2. 零点的命令格式是：zeros(表达式，变量)，zeros(表达式，变量＝估计值)，zeros({Expr1,Expr2},{变量或估计值1,变量或估计值2[,…]})zeros(表达式，变量).

■ 触类旁通 —— 方程整数解的求解

方程、函数是数学两个关系密切的内容，两者的相互转化是解决问题常用的解题技巧. 例如，当 $0<x\leqslant 20$ 时，求方程 $\left[\dfrac{x}{2}\right]+\left[\dfrac{x}{3}\right]+\left[\dfrac{x}{5}\right]+\left[\dfrac{x}{7}\right]+\left[\dfrac{x}{9}\right]=x$ 的正整数解.

解析　作出函数 $f(x)=\text{int}(x/2)+\text{int}(x/3)+\text{int}(x/5)+\text{int}(x/7)+\text{int}(x/9)-x(x>0 \text{ and } x\leqslant 20)$（图 5.57），按键 menu、6（图像分析）、4（交点），按键 enter，逐一求出正整数零点分别为 $x=6, x=7, x=8$，同时还可以通过页面设置（或按键 ctrl、T）借助数表观察方程的正整数零点，如图 5.58.

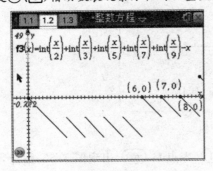 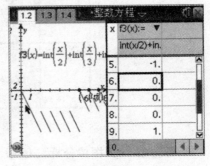

图 5.57　　　　　　　　　　　图 5.58

说明

当屏幕以多栏的页面形式呈现时,可按键 ctrl、tab 进行不同页面的切换.

■ 实用技巧 22 —— 如何对函数图像的显示方式进行设置

为区分在同一坐标系中不同函数的图像常常需要利用函数图像的线条的粗细、颜色等加以区别,图形计算器解决这个问题主要通过屏幕下方的工具栏,选取右下方的圆状指示图标,这时工具栏会显示相关函数的表达式(图 5.59),如 $f1(x)=x^2$,将光标移动到第二个图标,按键 enter,这时可以根据需要选用不同的线条粗细等属性进行更改(图 5.60). 也可以通过按键 ctrl、menu、3(属性)、enter 进行选择. 处理线条的粗细,可以对函数的的连续性、标签样式、步长、点数等进行设置.

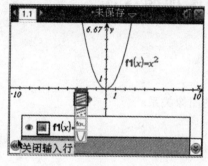

图 5.59

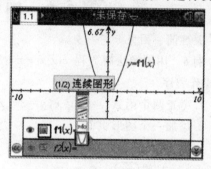

图 5.60

■ 问题解决 —— 巧用图像法求解高考题

问题 若方程 $|x^2-4x+3|-x=a$ 有三个不相等的实数根,求 a 的取值范围.

解析 这是一道高考题,对于这个问题有多种解法. 用图形计算器直接作出函数 $f1(x)=|x^2-4x+3|-x$,$f2(x)=a$,其中利用游标,通过改变游标的值,或通过游标的自动播放方式观察两个图像之间的位置关系,得到原方程有三个不相等的实数根时的 a 值分别为 -1 或 $-\dfrac{3}{4}$(图 5.61,图 5.62).

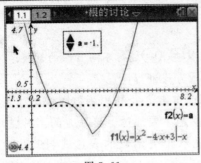 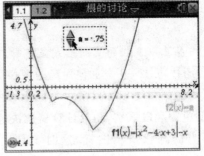

图 5.61　　　　　　　　　　　图 5.62

5.6　函数图像的交点

关键词　图像分析　交点

例 6　用图像法解方程 $x\lg x + x - 3 = 0$.

■ 操作程序

1. 考查两个函数 $y = x\lg x, y = 3 - x$ 的图像关系.

2. 添加一个图形页面.

3. 在函数提示符"$f1(x)=$"后面输入 $x \cdot \ln(x)$，在函数提示符"$f2(x)=$"后面输入 $3-x$，按键 ⒠ⁿᵗᵉʳ.

4. 按键 ⓜᵉⁿᵘ、⑥（图像分析）、④（交点）、⒠ⁿᵗᵉʳ（图 5.63）.

5. 根据图像，移动手型图标，选择交点所在区间的上界和下界，按键 ⒠ⁿᵗᵉʳ，得到图 5.64，从中可以看到交点的横坐标为 1.85，即原方程的解为 $x = 1.85$（图 5.65）.

 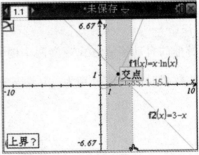

图 5.63　　　　　　　　　　　图 5.64

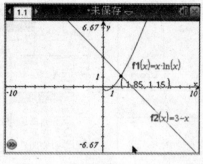

图 5.65

■ 触类旁通——利用函数图像法求解超越方程

问题 方程$(x^2-x-1)^{x+2}=1$的整数解的个数是(　　)

A. 2　　　　B. 3　　　　C. 4　　　　D. 5

本题可以通过$x+2=0,x+2\neq0$分类讨论进行求解,有一定的思维深度.用图形计算器分别作出函数$f(x)=(x^2-x-1)^{x+2}$与$f(x)=1$的图像,利用图形计算器的图像分析工具研究它们的交点.但要注意的是其中图中点M直观上看似乎是函数$f(x)=(x^2-x-1)^{x+2}$与$f(x)=1$的一个交点,事实上在利用图像分析的交点命令时会出现没有交点的提示(这与严格的证明得出的结论是一致的),所以得到原方程的解为$x=-2,-1,0,2$,共4个(图5.66),因此应选 C.

■ 实用技巧 23 —— 如何设置页面布局

使用图形计算器过程有时为了在一个屏幕中显示该文档的多个页面(如计算器页面、几何页面、图形页面等),可以通过更改默认的单一页面的设置为形式多样的分布形式(共有八种页面形式).

具体操作程序如下:按键 doc·、5(页面布局)、2(选择布局)、4、enter(图5.67),得到上方一栏,下方两栏的页面布局,这时在每一栏上添加适当页面(如计算器、几何、图形等)就可以进行一系列的数学操作了(图5.67). 按键 ctrl、tab 可在不同的页面之间进行切换.

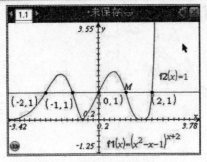
图 5.66

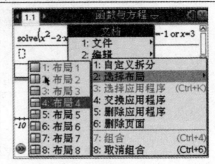
图 5.67

■ **问题解决** —— 函数 $f(x)=a^x$ 与 $g(x)=\log_a x(a>0,a\neq1)$ 的交点个数的讨论

或许有不少人认为 $f(x)=a^x$ 与 $g(x)=\log_a x(a>0,a\neq1)$ 的交点个数是一个简单的问题,传统的作图方法常使人误入歧途,误认为有一个交点或没有交点.我们用图形计算器解决下列问题:函数 $y=a^x$ 与函数 $y=\log_a x(a>0,a\neq1)$ 的交点个数为( )

A.0 　　　　B.0 或 1 　　　　C.1 或 2 　　　　D.0 或 1 或 2

解析 添加一个图形页面,插入游标并更名为 a,分别作出函数 $y=a^x$ 与函数 $y=\log_a x(a>0,a\neq1)$ 的图像,根据图 5.68,图 5.69,图 5.70,可知当 $a=1.7$ 时,两个函数的交点个数为 0,当 $a=1.45$ 时,两个函数的交点个数为 1,当 $a=1.3$ 时,两个函数的交点个数为 2,因此应选 D.

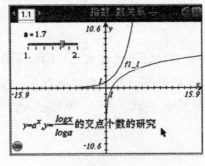
图 5.68

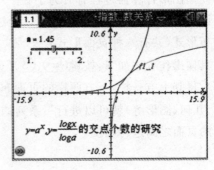
图 5.69

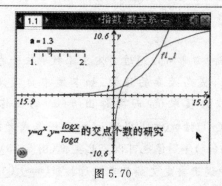

图 5.70

5.7 自定义函数

关键词 自定义函数 fMax fMin

例 7 求函数 $f(x)=\sqrt{x^2+9}+\sqrt{x^2-8x+17}$ 的最小值、最大值.

■ 操作程序

1. 添加一个计算器页面.

2. 按键 menu、①(动作)、enter、①(define)(图 5.71),输入自定义函数 $h(x)=\sqrt{x^2+9}+\sqrt{x^2-8 \cdot x+17}$,按键 enter.

3. 输入 $f\text{Max}((h(x),x)$,按键 enter,得到 $x=\infty$ 或 $x=-\infty$,即 $f(x)$ 没有最大值;输入 $f\text{Min}((h(x),x)$,按键 enter,得到 $x=3$ 时 $f(x)$ 有最小值.

4. 输入 $h(3)$,按键 enter,得到 $h(3)=4 \cdot \sqrt{2}$,即为 $h(x)$ 的最小值.

5. 按键 menu、②(转化为小数)、enter,将 $4\sqrt{2}$ 转化为小数 5.65685(图5.72).

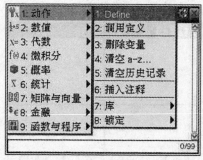

图 5.71

说明

1. 在问题解决过程中常常可以通过自定义函数解决一系列的函数求值、作图等问题，达到简化过程，提高效率的目的。如本题中自定义函数 $h(x)$ 后，输入 $h(-x),h(x+2)$ 可以直接求值。而要作出 $h(x)$ 的图像只需在函数提示符"$f1(x)=$"后面输入 $h(x)$，按键 (enter)，得到 $h(x)$ 的图像或者按键 (var)（图 5.72）。如果要求作函数 $h(x^2),h(e^x)$ 等图像也可以以此类推（图 5.73）。

2. 在计算器页面中调用自定义函数可通过按键 (menu)、①（动作）、②（调用定义），(enter)，选取已定义的函数（图 5.75）。也可以直接输入自定义函数名。

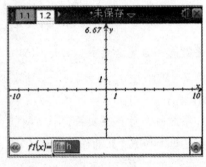

图 5.72　　　　　　　　图 5.73

3. 在图形页面中要随时作出函数图像还可以通过文本方式，例如：插入文本 $y=x^2+\sin(x)$，如图 5.74，退出文本编辑状态，按键 (ctrl)、⌘，拖住文本 $x^2+\sin(x)$ 至坐标轴，出现手形 图标，在页面上就会出现函数 $y=x^2+\sin x$ 的虚线图像（图 5.74），按键 (enter) 就得到 $y=x^2+\sin x$ 的图像。

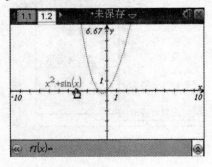

图 5.74

■ 触类旁通 —— 双曲函数恒等式的性质

在高中数学教材中有这样的习题：设 $f(x)=\dfrac{e^x-e^{-x}}{2}$，$g(x)=\dfrac{e^x+e^{-x}}{2}$，求证：(1) $[g(x)]^2-[f(x)]^2=1$；(2) $f(2x)=2 \cdot f(x) \cdot g(x)$. 利用自定义函数可以简明地得到证明，当出现 true 时表明等式是成立（图 5.75）.

注 在数学中，$f(x)$，$g(x)$ 被称为双曲函数，也记作双曲正弦"sinh"，双曲余弦"cosh"，双曲函数还有许多性质，读者可以类比三角函数 $\sin x$，$\cos x$ 的性质利用图形计算器加以探索.

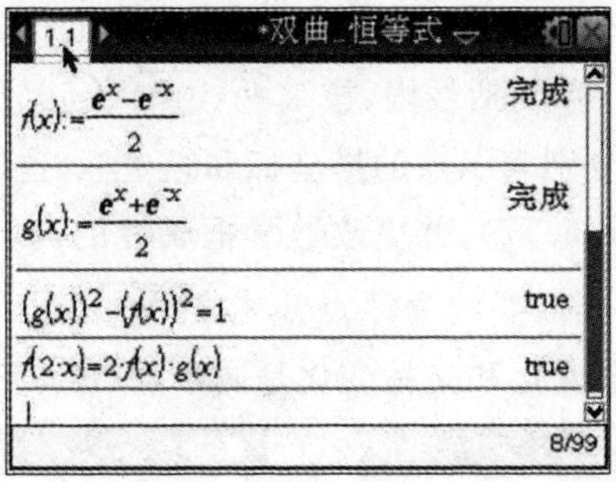

图 5.75

■ 实用技巧 24 —— 如何制作分栏式的互动页面

在教学过程中有时需要将页面设置为分栏式的屏幕，以便更为方便地刻画数学关系和变化. 以上下分栏的页面为例说明如何对 $f(x)$ 上的点坐标进行跟踪并实时呈现该点的坐标. 具体操作如下：

1. 设置页面布局为上下分栏（也可以有其他形式的分栏），在上方页面中添加一个图形页面，输入函数 $f(x)=\text{int}(x)(1\leqslant x<6)$.（注：int($x$) 为取整函数）.

2. 单击 $f(x)$ 的图像，按键 (menu)、⑧（几何）、①（点/线）、①对象点、(enter)，得到 $f(x)$ 的图像上一个点，将指针↖指向该点，这时指针变为"抓手"图标，按键 (menu)、①（动作）、⑦（文本）、(enter)，在出现的对话框中输入 P，按键 (enter)，则该点标签为 P.

3. 将指针↖指向点 P，指针↖变为"抓手"，按键 (menu)、①（动作）、(enter)、⑧（坐标与方程），这时"抓手"图标变成"手型"图标，按键 (enter)，测算曲线上该点 P 的坐标，再将点 P 的横坐标和纵坐标分别保存为变量 a，b（图 5.76），这时点 P 的坐标以黑体字呈现.

3. 按键 (ctrl)、(tab)，进入下方页面，添加记事本，输入文本"输入中文"观察动点 P

数学桥——用图形计算器学数学
TI-Nspire CX-C CAS 图形计算器在高中数学中的应用

图 5.78

的运动轨迹 $P(\ )$",将指针移到括号内,按键 (ctrl)、(menu)、(6)(插入数学框),(enter),在出现的对话框中输入 a、b,分别表示点的横坐标和纵坐标(这时 a、b 为黑体字,即这时 a、b 为变量,如图 5.76,图 5.77),并更改数学框属性的内容,将其中输入和输出改为隐藏输入,显示数位根据需要改为浮点 3,按键 (enter)(图 5.78),这时拖动点 P 就可以发现上下两栏的图形变化和坐标变化是同步的(图 5.79)。

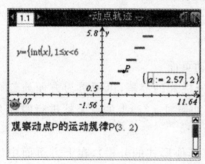

图 5.76

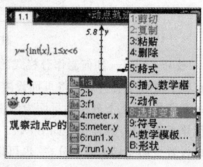

图 5.77

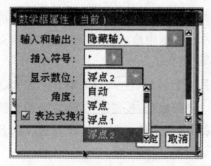

图 5.78

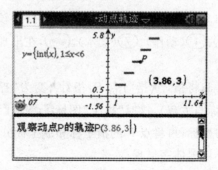

图 5.79

■ 问题解决 —— 利用自定义函数解决轮换对称的代数式化简

问题 已知 $x+y+z=0$,且 $xyz\neq 0$,求 $x(\frac{1}{y}+\frac{1}{z})+y(\frac{1}{x}+\frac{1}{z})+z(\frac{1}{x}+\frac{1}{y})$ 的值.

解析 自定义函数不仅在解决函数问题时非常好用,而且对一类代数式的化简也非常方便.本题原式是轮换对称代数式,求解时可以自定义多元函数 $f(a,b,c)=a \cdot (\frac{1}{b}+\frac{1}{c})$,并输入 $f(x,y,z)+f(y,z,x)+f(z,x,y)|x=-y-z$,按键 (enter),得到原式化简的结果为 -3(图 5.80).

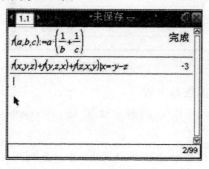

图 5.80

5.8 迭代函数

关键词 迭代函数

设 f 是 $D \to D$ 的函数,对任意 $x \in D$,记 $f^{(0)}(x)=x$,定义 $f^{(n+1)}(x)=f(f^{(n)}(x))$,$n \in \mathbf{N}^*$,则称函数 $f^{(n)}(x)$ 为 $f(x)$ 的 n 次迭代.

例 8 若 $f(x)=\dfrac{x}{1+ax}$,请写出 $f^{(2)}(x),f^{(3)}(x),f^{(4)}(x)$ 的解析式,并归纳出一般性结论.

■ 操作程序

1. 添加一个计算器页面.

2. 按键 (menu)、①(动作)、①(define)、(enter),在屏幕上出现的提示符后面输入 $f(x)=\dfrac{x}{1+a \cdot x}$,按键 (enter),得到自定义函数 $f(x)$.

3. 输入 $f(f(x))$,按键 (enter),得到 $f(f(x))=\dfrac{x}{2 \cdot a \cdot x+1}$,即 $f^{(2)}(x)=$

$\dfrac{x}{2ax+1}$，同理得到 $f^{(3)}(x)=\dfrac{x}{3\cdot a\cdot x+1}$；$f^{(4)}(x)=\dfrac{x}{4\cdot a\cdot x+1}$（图 5.81），一般地可以归纳得到 $f^{(n)}(x)=\dfrac{x}{n\cdot a\cdot x+1}$（图 5.81）．

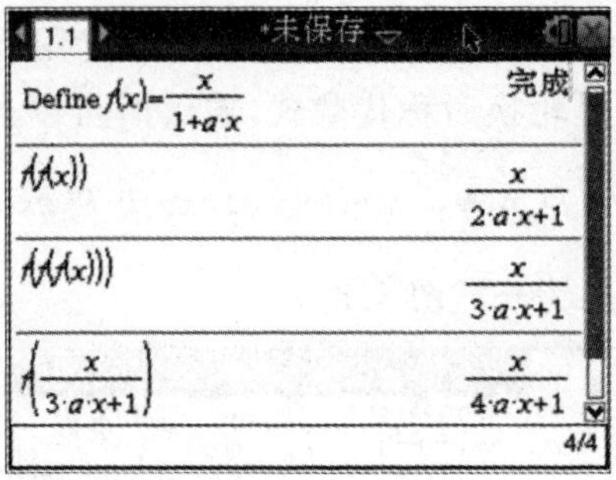

图 5.81

■ 触类旁通 —— 迭代函数与方程

问题 已知 $f(x)=3-\ln x$，判断方程 $f^n(x)=x(n=1,2,3,4,5)$ 是否有公共根．

解析 本题可以通过两种途径加以解决，其一是利用解方程，添加一个计算器页面，自定义函数 $f(x)=3-\ln x$，输入 solve($f(x)=x,x$)，解得 $x=2.2079400315693$，同理解得方程 $f(f(x))=x$，$f(f(f(x)))=x$，$f(f(f(f(x))))=x$，$f(f(f(f(f(x)))))=x$ 均有根 $x=2.2079400315693$，因此方程 $f^n(x)=x(n=1,2,3,4,5)$ 均有公共根 $x=2.2079400315693$（图 5.82）．其二是添加一个图形页面，在函数提示符"$f1(x)=$"后面输入 $\{f(x),f(f(x)),f(f(f(x))),f(f(f(f(x)))),f(f(f(f(f(x)))))\}$，得到函数 $y=f(x)$，$y=f(f(x))$，$y=f(f(f(x)))$，$y=f(f(f(f(x))))$，$y=f(f(f(f(f(x)))))$ 的图像，在函数提示符"$f1(x)=$"后面输入 x，得到函数 $g(x)=x$，利用图像分析菜单下的求交点工具，得到 $y=f^n(x)(n=1,2,3,4,5)$ 与 $y=g(x)$ 的交点横坐标均为 2.21．因此方程 $f^n(x)=x(n=1,2,3,4,5)$ 均有公共根 $x=2.21$（图 5.83）．

第 5 章　函数及其性质

图 5.82

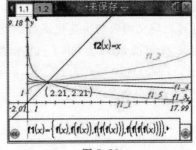

图 5.83

■ 实用技巧 25 —— 命令 ans(答案)在迭代运算中的应用

在迭代运算中常常要了解每次迭代的结果,这时可以借助命令 ans 进行重复和不断的计算得到结果.例如,设 $f(x)=\dfrac{1+x}{1-x}$,又记 $f_1(x)=f(x)$,$f_{k+1}(x)=f(f_k(x))$,$k=1,2,\cdots$,则 $f_{2\,012}(x)=(\quad)$

A. $\dfrac{1+x}{1-x}$　　B. $\dfrac{x-1}{x+1}$　　C. x　　D. $-\dfrac{1}{x}$

解析　首先自定义函数 $f(x):=\dfrac{1+x}{1-x}$,按键 enter,得到 $f(x)=\dfrac{-(x+1)}{x-1}$(注:这个步骤不可缺少,否则由于上一次计算未进行,ans 不能执行)如图 5.84,输入 f(ans),按键 enter,得到 $f(f(x))=f(\dfrac{-(x+1)}{x-1})=-\dfrac{1}{x}$,如此操作,得到 $f(f(f(x)))=f(\dfrac{-1}{x})=\dfrac{x-1}{x+1}$,$f(f(f(f(x))))=f(\dfrac{x-1}{x+1})=x$,$f(f(f(f(f(x)))))=f(x)=\dfrac{-(x+1)}{x-1}$(图 5.85),由此可知 $f_n(x)$ 的结果呈现周期性规律,且周期为 4,由于 $2\,012=503\times 4$,因此 $f_{2\,012}(x)=\dfrac{1+x}{1-x}$,即选 A.

图 5.84

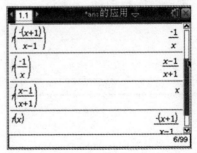

图 5.85

107

■ 问题解决 —— 迭代函数应用举例

通过自定义函数解决迭代函数的有关化简求值问题,直观、简明、易行.例如:对于定义域和值域均为$[0,1]$的函数$f(x)$,定义$f_1(x)=f(x)$,$f_2(x)=f(f_1(x)),\cdots,f_n(x)=f(f_{n-1}(x))$,$n=1,2,3,\cdots$.满足$f_n(x)=x$的点$x\in[0,1]$称为$f$的$n$阶周期点.设

$$f(x)=\begin{cases}2x,0\leqslant x\leqslant\dfrac{1}{2}\\ 2-2x,\dfrac{1}{2}<x\leqslant 1\end{cases}$$

则f的n阶周期点的个数是(　　)

A. $2n$　　　　B. $2(2n-1)$　　　　C. 2^n　　　　D. $2n^2$

解析　如图 5.86,添加一个计算器页面,输入 Define $f(x)=\begin{cases}2\cdot x,0\leqslant x\leqslant\dfrac{1}{2}\\ 2-2\cdot x,\dfrac{1}{2}<x\leqslant 1\end{cases}$,添加一个图形页面,按键(menu)、(4)(窗口/缩放)、(1)(窗口设置)、(enter),设置x最小值为-0.15,x最大值为1.2,y最小值为-0.5,y最大值为1.5,按键(enter),在函数提示符"$f1(x)=$"后面输入$f(x)$,按键(enter),得到函数$f(x)$图像(图 5.87 中细黑线);类似地,可以得到$f2(x)=f(f1(x))$图像(图 5.87 中粗线);$f3(x)=f(f2(x))$图像(图 5.87 中虚线);$f4(x)=x$图像(图 5.87 中点虚线).从图中不难发现$f4(x)=x$与$f1(x)$,$f2(x)$,$f3(x)$的交点个数分别为 2,4,8,$\cdots$(图 5.87).依此类推,猜想f的n阶周期点的个数为2^n个,因此应选 C.

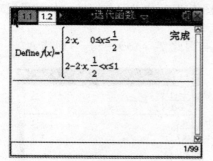

图 5.86

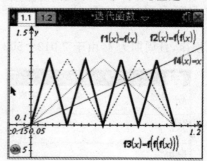

图 5.87

5.9 拟合函数

关键词 回归 变量

例9 下表是弹簧伸长的长度 x 与拉力 F 的相关数据.

x/cm	14.2	28.8	41.3	57.5	70.2
F/N	1	2	3	4	5

描点画出弹簧伸长长度随拉力变化的图像,并写出一个能基本反映这一变化现象的函数解析式.

■ 操作程序

1. 添加一个列表与电子表格页面.

2. 分别在 A,B 列中依次填入弹簧伸长的长度 x 与拉力 F 的数据,并分别将这两列数据保存为变量名 x 和 f(图 5.88).

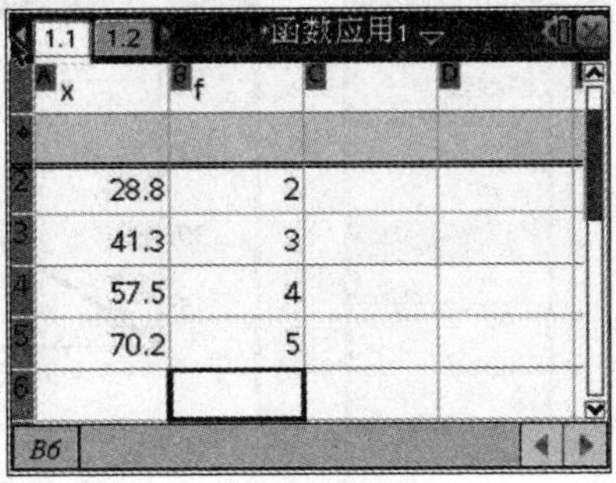

图 5.88

3. 按键 menu、④(统计)、①(统计计算)、③(线性回归 $mx+b$)、enter,在对话框中输入相关数据(图 5.89).

4. 添加一个数据与统计页面,将指针移到屏幕下方中央(单击添加变量),按键 enter,弹出对话框,选中变量 f 后按键 enter;将指针移到屏幕左侧边缘中央(单击添加变量),按键 enter,弹出对话框,选中变量 x 后按键 enter,得到散点图(图 5.90).

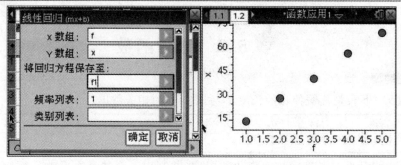

图 5.89　　　　　　　　　　图 5.90

5. 根据散点图的特征,选择线性函数作模型,按键 (menu)、(4)(分析)、(6)(回归)、(enter)、(1)(显示线性回归 $mx+b$)、(enter),得到回归直线为 $y=14.07 \cdot x+0.19$ (图 5.91,图 5.92).

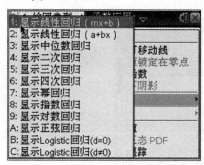
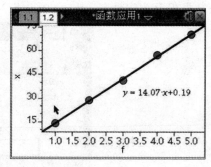

图 5.91　　　　　　　　　　图 5.92

■ **触类旁通** —— 身高与体重的拟合函数关系

实际生活中有大量的问题需要通过拟合函数加以研究和解决.如:某地区不同身高的未成年男性的体重平均值如下表:

身高/cm	60	70	80	90	100	110	120	130	140	150	160	170
体重/kg	6.13	7.90	9.99	12.15	15.02	17.50	20.92	26.86	31.11	38.85	47.25	55.05

(Ⅰ)根据上表中各组对应的数据,试寻找一个拟合函数,使它比较近似地反映该地未成年男性体重关于身高的函数关系,并写出这个函数的解析式.

(Ⅱ)若体重超过相同身高男性平均值的 1.2 倍为偏胖,低于 0.8 倍为偏瘦,那么该地区一男生身高 175 cm,体重 78 kg,他的体重是否正常?

解析　利用列表与电子表格、数据与统计页面求解,具体操作程序如下:

1. 添加一个列表与电子表格页面,输入上表中的数据,按键 menu、④(统计)、①(统计计算)、⑥(二次回归)、enter,得到二次拟合函数为 $f(x)=ax^2+bx+c$,其中 $a=0.003\,823$,$b=-0.447\,671$,$c=20.473\,7$(图 5.93,图 5.94).

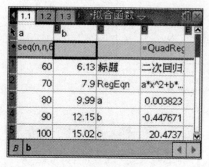

图 5.93　　　　　　　　　图 5.94

2. 添加一个数据与统计页面,按键 enter,得到图 5.95,图 5.96,

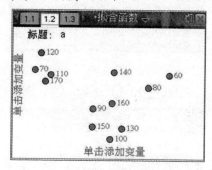

图 5.95　　　　　　　　　图 5.96

3. 将指针移到屏幕下方中央(单击添加变量),按键 enter,弹出对话框,选中变量 a 后按键 enter,将指针移到屏幕左侧边缘中央(单击添加变量),按键 enter,弹出对话框,选中变量 b 后按键 enter,得到散点图(图 5.97).

4. 按键 menu、④(分析)、⑥(回归)、④(显示二次回归)、enter,得到二次拟合函数 $y=0.003823 \cdot x^2+0.447671 \cdot x+20.4737$(图 5.98,图 5.99).

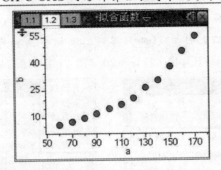

图 5.97

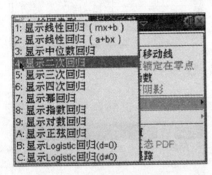

图 5.98

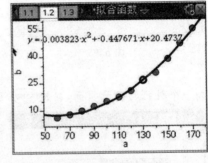

图 5.99

5. 按键(menu)、④(分析)、⑦(残差)、②(显示残差图)(图 5.100,图 5.101)

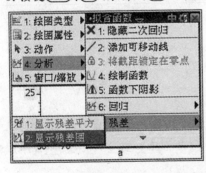

图 5.100

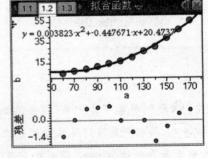

图 5.101

6. 以下利用指数函数拟合,按键(menu)、④(分析)、⑥(回归)、⑧(显示指数回归)、(menu),得到指数型拟合函数 $y=1.99624\times1.01995^x$. 按键(menu)、④(分析)、⑦(残差)、②(显示残差图)(图 5.102).

7. 比较二次函数和指数函数的两个残差图,可以直观得到指数型函数模型的残差图更集中在平衡位置附近,所以指数函数拟合效果更优。

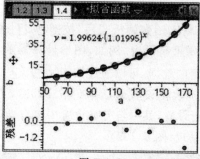

图 5.102

说明

要定量比较函数模型的优劣,应该用到相关系数,相关系数越靠近1,表明函数拟合程度越高. 添加一个计算器页面,按键 menu、6 (统计)、1 (统计计算),选择二次回归,并在对话框中分别将 X 数组、Y 数组对应的变量设定为 a,b,将回归方程保存至 $f1$(图 5.103). 按确定获得计算结果,其中相关系数 $r_1{}^2 = 0.996849$(图 5.104). 类似的可以得到指数回归的相关系数 $r_2^2 = 0.998149, r_2{}^2 > r_1{}^2$(图 5.105),说明指数回归拟合效果更好.

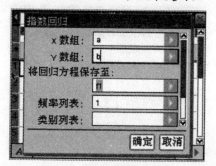

图 5.103

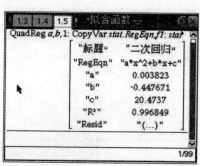

图 5.104

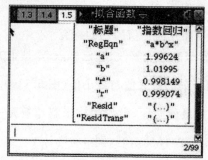

图 5.105

■ 实用技巧 26 —— 如何设置表格的属性

添加一个图形页面,输入函数解析式后,按键 ctrl、T 进入表格页面(图5.106),表格的属性可以根据需要重新设置.例如,图形计算器默认的自变量的步长为1,如果要将步长设定为特定的数据,可以通过按键 menu、②(表格)、⑤(编辑表格设置)、enter (图5.107),出现表格设置对话框(图5.108),可以对表格的起始值、步长、自变量 x、变量 y 进行设置,其中自变量设置中将自动改为询问时,表格设置的相关数据将以对话形式呈现(图5.109).

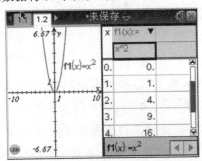

图 5.106

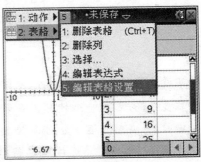

图 5.107

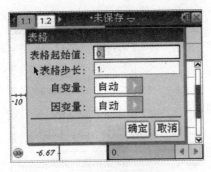

图 5.108

图 5.109

■ 问题解决 —— 一个平面几何最值问题的探究

问题 (TI杯高二年级数学竞赛改编)已知点 M 是正方形 $ABCD$ 的边 CD 所在直线上的一个动点,求 $\dfrac{MA}{MB}$ 的最大值与最小值(图5.110).

解析 这是一个几何最值问题,设元列式求解作答是一种常规的程式化解决模式.即设 $A(-1,2)$, $B(1,2)$, $M(x,0)$,则 $u=\left(\dfrac{MA}{MB}\right)^2=1+\dfrac{4x}{x^2-2x+5}(x>0)$,以

下要利用导数等知识求解. 数组方法的解决方法是, 以 D 为原点, DC 为 x 轴建立适当的直角坐标系(图 5.111), 收集动点 M 的数据并转化为数组 $x\mathrm{list}$(作为自变量), 建立 $\triangle ABM$ 面积的数学模型并转化为数组 $y\mathrm{list}$(目标函数)(图 5.112), 作出以 $x\mathrm{list}$ 为自变量、以 $y\mathrm{list}$ 为函数的散点图, 观察数表和散点图(图 5.111, 图 5.112), 并计算数组 $y\mathrm{list}$ 中的最大值 $\max(y\mathrm{list})$ 和最小值 $\min(y\mathrm{list})$, 分别得到最大值为 1.61802 和 0.633505, 还可以计算出某项的数值, 如 $y\mathrm{list}[13]=1.4147$(图 5.111).

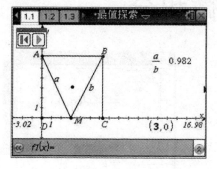

图 5.110

图 5.111

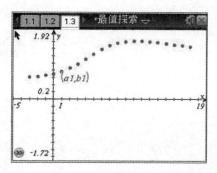

图 5.112

说明

要计算表格中某列的数值, 例如: 求变量名为 $y\mathrm{list}$ 的这一列的第 13 个数值, 您可以输入 $=y\mathrm{list}[13]$, 按键 (enter), 便得到 $y\mathrm{list}[13]$ 的数值为 1.414 7, 要计算 $x\mathrm{list}[12]\times y\mathrm{list}[5]$, 您可以输入 $=x\mathrm{list}[12]\times y\mathrm{list}[5]$, 按键 (enter), 等等.

微积分

目标

6.1 极限

6.2 导数的概念

6.3 求函数的导函数

6.4 曲线上任意一点处的切线与法线

6.5 求曲线的弧长

6.6 函数的定积分

6.7 微分方程

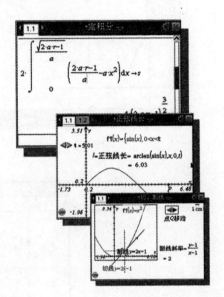

第6章 微积分及其应用

■ 导数在边际经济分析中的应用 ■

  导数是高等数学基本概念之一,它反映了一个变量对另一个变量的转变率.导数在现实生活中有广泛的应用.其中边际剖析就是导数在经济剖析中的主要应用之一.边际成本、边际收入和边际利润的研究和应用都与导数的应用密切相关.例如,设某产品 Q 单位总成本为 $C(Q)=1\,100+\dfrac{Q^2}{1\,200}$,求生产 900 单位时的总成本、平均成本及边际成本,并解释边际成本的经济意义.如图 6.1 所示,总成本为 1775 元,平均成本为 $\dfrac{71}{36}$,边际成本为 $\dfrac{3}{2}$,边际成本的经济意义是,当产量为 900 单位时,再增加(或减产)一单位,需增加(或减少)1.5 单位的成本(图 6.1,图 6.2).

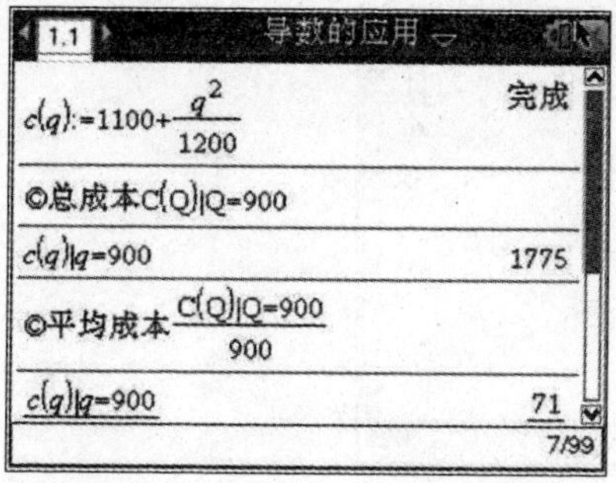

图 6.1

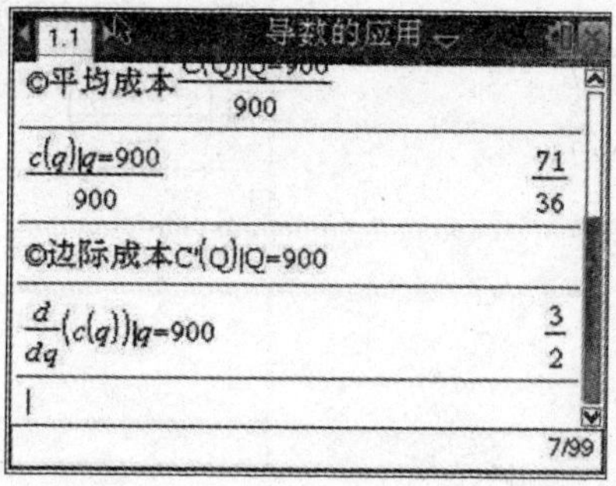

图 6.2

6.1 极限

关键词 微积分 极限

例 1 求 $\lim\limits_{x\to 2}\dfrac{x^2+2x+3}{x+4}$.

■ 操作程序

  1.添加一个计算器页面.

  2.按键 menu、④(微积分)、④(极限)、enter,出现极限模板(图 6.3,图 6.4),在相应位置输入有关符号和数据,按键 enter,得到 $\lim\limits_{x\to 2}\dfrac{x^2+2\cdot x+3}{x+4}=\dfrac{11}{6}$(图 6.5).

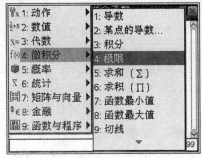

图 6.3

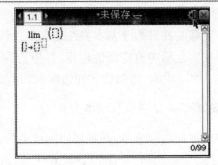

图 6.4

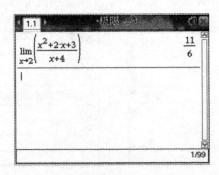

图 6.5

说明

求函数或数列的极限也可以通过输入命令的形式求解，极限的命令格式是：lim(表达式，变量，界点（方向）) 或 limit(表达式，变量，界点（方向）)，如 $\lim(\frac{x^2+2x+3}{x+4}, x, 2)$.

■ **触类旁通 —— 数列的极限**

问题 求 $\lim\limits_{n\to\infty}\frac{1}{n}[(1-\frac{1}{n})^2+(1-\frac{2}{n})^2+\cdots+(1-\frac{n-1}{n})^2]$.

解析 求数列的极限可以参照求函数的极限. 添加一个计算器页面，将问题分解为两个部分，一是数列求和，二是求数列极限，先求数列 $a_n=(1-\frac{k}{n})^2$ ($n=1$, $2,\cdots,n-1$) 的前 n 项和，得到 $a_n=\frac{2\cdot n^2-3\cdot n+1}{6\cdot n}$，再求数列 $\{a_n\}$ 前 $n-1$ 项和极

限 $\frac{1}{3}$（图 6.6）.

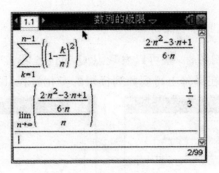

图 6.6

说明

对于有条件限制的数列极限问题，求解时要在输入极限符号后利用"|"附加限制条件，如当 $a>1$ 时，求 $\lim\limits_{n\to\infty}\dfrac{a^n+a^{n-1}+\cdots+a+1}{a^{n+1}}$ 的值，这时的求解过程如图 6.7，得到原式的值为 $\dfrac{1}{a-1}$.

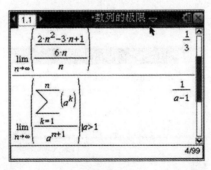

图 6.7

■ 实用技巧 27 —— 如何制作动态数列极限的小课件

数列极限的动态过程是学习中一个生动的案例. 其制作过程主要步骤如下：

1. 添加一个图形页面.

2. 在 x 轴上任取一点 P，测算该点的坐标方程，并将其保存为变量 n，插入游标，将其取值范围设置为 $0\sim30$（范围可以根据需要进行适当调整），并将其命名为 n.

3. 在函数命令提示符" $f1(x)=$ "后面输入 $\dfrac{1}{n}$，得到函数 $f(x)=\dfrac{1}{n}$ 的图像.

4. 过点 P 作 x 轴的垂线 a，交函数 $f(x)=\dfrac{1}{n}$ 于一点 Q（图 6.8），隐藏直线 $x=a$ 和 $f(x)=\dfrac{1}{n}$ 的图像，屏幕上保留点 Q.

5. 利用抓手控制游标，就可以发现点 Q 的位置随着 n 的变化而变化. 如果借助跟踪功能，还可以在屏幕上得到数列极限的变化过程（图 6.9）.

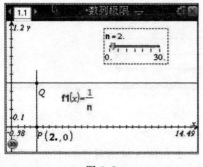

图 6.8

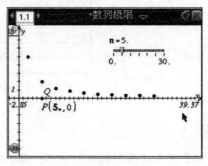

图 6.9

6. 插入文本 $\dfrac{1}{n}$，利用计算功能将变量 n 赋值给 $\dfrac{1}{n}$，这时随着 n 的变化 $\dfrac{1}{n}$ 也随之变化. 这样数列 $\dfrac{1}{n}$ 的极限过程就可以直观地表现出来了（图 6.10）.

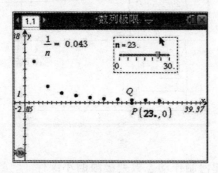

图 6.10

■ 问题解决 —— 莱布尼茨三角形中的数列极限

问题 将杨辉三角中的每一个数 C_n^r 都换成分数 $\dfrac{1}{(n+1)C_n^r}$，就得到一个分数三角形，称为莱布尼茨三角形，从莱布尼茨三角形的前七行可以发现都有性质

$\frac{1}{(n+1)C_n^r} + \frac{1}{(n+1)C_n^{r+1}} = \frac{1}{nC_{n-1}^r} (r=0,1,2,\cdots,6)$,请用图形计算器验证当 $0 \leqslant r \leqslant n$ 时等式均成立,并求 $a_n = \frac{1}{2} + \frac{1}{6} + \frac{1}{12} + \cdots + \frac{1}{2C_{n+1}^2}$ 的极限 $\lim\limits_{n\to\infty} a_n$.

解析 根据莱布尼茨三角形第一行到第七行的特征可以发现每个三角形的底角上两个数之和等于顶角上的数,即 $\frac{1}{(n+1)C_n^r} + \frac{1}{(n+1)C_n^{r+1}} = \frac{1}{nC_{n-1}^r}$,利用图形计算器可验证知对于 $0 \leqslant r \leqslant n$ 时命题也是成立的(图 6.11),而莱布尼茨三角形从左向右的右斜第二列的数列之和 $a_n = \frac{1}{2} + \frac{1}{6} + \frac{1}{12} + \cdots + \frac{1}{2C_{n+1}^2}$ 的极限 $\lim\limits_{n\to\infty} a_n$ 等于 $\frac{1}{2}$ (图 6.12,图 6.13).

说明

求组合数的命令格式是:$n\text{Cr}$(表达式 1、表达式 2),求排列数的命令格式是: $n\text{Pr}$(表达式 1、表达式 2).

图 6.11

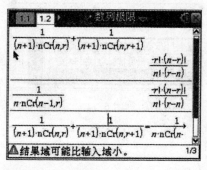

图 6.12

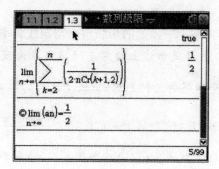

图 6.13

6.2 导数的概念

关键词 差分 极限

例 2 从定义出发理解 $f(x)=\cos x$ 的导数意义.

■ 操作程序

1. 添加一个计算器页面.

2. 输入 centralDiff($\cos(x),x,h$)，按键 enter，得到 $\dfrac{-\cos(x-h)-\cos(x+h)}{2\cdot h}$.

3. 按键（调出数学模板），选择求极限模板（图 6.14），按键 enter，得到 $f(x)=\cos x$ 的导数为 $f'(x)=-\sin(x)$（图 6.15）.

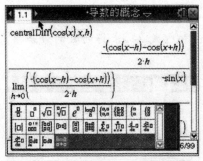

图 6.14

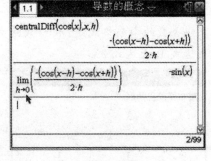

图 6.15

说明

求差分比 $\dfrac{\Delta y}{\Delta x}$ 的命令格式是：centralDiff(表达式，变量[=值][,步长])，centralDiff(表达式，变量[,步长])|变量=值.

■ 触类旁通 —— 制作曲线上一点处的切线斜率与割线斜率的关系图课件

设函数 $f(x)=x^2$，点 P 是曲线上的定点 $(1,1)$，在曲线 $y=f(x)$ 上任取一点 $Q(1+\Delta x,1+\Delta y)$，由平面解析几何知识，割线 PQ 的斜率为 $\dfrac{f(1+\Delta x)-f(1)}{(1+\Delta x)-1}=\dfrac{f(1+\Delta x)-f(1)}{\Delta x}$，当 $Q\to P$ 时，即 $\Delta x\to 0$. 则 $\lim\limits_{\Delta x\to 0}\dfrac{f(1+\Delta x)-f(1)}{\Delta x}$ 表示 $f(x)$ 在 $x=1$ 处的导数，记为 $f'(x)$，过点 $P(1,1)$ 以导数 $f'(1)$ 为斜率的直线就是曲线 $f(x)$ 在点 $P(1,1)$ 处的切线. 利用图形计算器制作上述小课件时可以通过添加一个几

第 6 章 微积分及其应用

何页面,以及一个分析窗口,利用测算坐标与方程,计算、保存变量、最小化游标、文本就可以制作成功一个小课件,移动点 Q 到点 P 的位置上时,割线与斜线的斜率相同(图 6.16,图 6.17)。

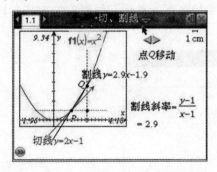

图 6.16   图 6.17

说明

分析窗口大小可以进行调整,首先将指针放置在坐标轴的端点处,按键 tab (这时可以准确将指针定位在坐标轴上),按键 ctrl、，这时出现抓手 图标,将分析窗口的边框进行拉动窗口大小也随之变化。

■ 实用技巧 28 —— 差分比 centralDiff 的几种应用

差分比 centralDiff 的其他用法也可以用 avgRC(表达式,变量,步长)实现求函数差分比的相似效果(图 6.18,图 6.19)。

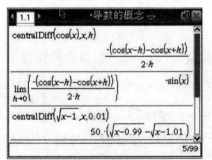 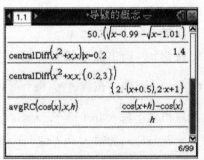

图 6.18   图 6.19

■ 问题解决——利用导数定义求曲线上一点处的切线斜率

问题 已知曲线 $y=2x^3$ 上一点 $A(1,2)$,则点 A 处的切线斜率为(　　)

A. 6   B. 4   C. $6+\Delta x+2(\Delta x)^2$ D. 2

解析 利用 centralDiff(表达式，变量[,步长])|变量＝值和极限工具解决问题，设 $h=\Delta x$，输入 centralDiff$(2 \cdot x^3,x,h)|x=1$，按键 (enter)，得到 $\dfrac{\Delta y}{\Delta x}=2 \cdot (h^2+3)$，输入 $\lim\limits_{h \to 0}(2 \cdot (h^2+3))$，按键 (enter)，得到曲线在点 A 处的切线斜率为 6(图 6.20)，因此应选 A．

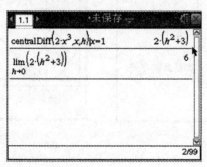

图 6.20

 6.3 求函数的导函数

关键词 导数 分析图 手型图标

例 3 求函数 $f(x)=\ln x+x\sin x$ 的导函数以及当 $x=3$ 和 $x=a$ 时的导数值．

■ 操作程序

1．添加一个计算器页面．

2．按键 (模板)（调出数学模板），选择导数模板（图 6.21）在相应的位置上输入 $\ln(x)+x \cdot \sin(x)$，按键 (enter)，得到导函数为 $x \cdot \cos(x)+\sin(x)+\dfrac{1}{x}$，若导数模板的相应位置上输入 $\ln(x)+x \cdot \sin(x)|x=3$，按键 (enter)，得到 $f(x)$ 在 $x=3$ 处的导数值 -2.49552，若输入 $\ln(x)+x \cdot \sin(x)|x=a$ 按键 (enter)，得到 $f(x)$ 在 $x=a$ 处的导数值为 $a \cdot \cos(a)+\sin(a)+\dfrac{1}{a}$（图 6.22）．

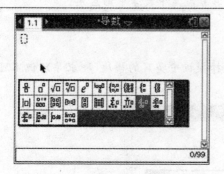

图 6.21

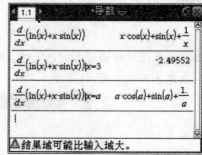

图 6.22

例 4 求 $y = \dfrac{(5-x)(4-x)}{x}$ 在任意点处的导数值.

■ 操作程序

1. 添加一个图形页面.

2. 在函数提示符"$f1(x)=$"后面输入 $\dfrac{(5-x)\cdot(4-x)}{x}$,按键 enter,得到 $y = \dfrac{(5-x)\cdot(4-x)}{x}$ 的图像.

3. 按键 menu、6(图像分析)、enter、6($\dfrac{\mathrm{d}y}{\mathrm{d}x}$)、enter,出现手型图标,可以随着点的移动,导数值的也随之变化,按键 enter,屏幕上出现函数在该点处的导数值为 7.76(图 6.24).

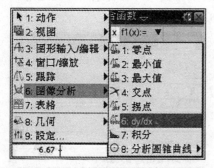

图 6.23

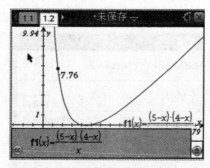

图 6.24

说明

求导函数还可以通过按键 ctrl 、 $\infty\beta°$ ，选择模板中亮黑的模块（即求导），但不可以直接从键盘上输入字母 d（如图 6.25）.

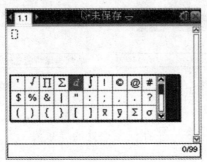

图 6.25

■ **触类旁通 —— 利用导数研究函数的单调性**

利用导数研究函数的单调性是导数的应用之一，图形计算器可以通过数与形的两个角度对函数的单调性进行直观形象的表述和刻画. 如已知 $f(x) = -\dfrac{1}{2}x^2 + b\ln(x+2)$ 在 $(-1, +\infty)$ 上是减函数，则 b 的取值范围是（　　）

A. $[-1, +\infty)$ 　　B. $(-1, +\infty)$ 　　C. $(-\infty, -1]$ 　　D. $(-\infty, -1)$.

解析 解题思路是先求 $f'(x) < 0$，其次利用分离系数法求出 $b = g(x)$，再利用 x 的取值范围 $(-1, +\infty)$ 求出 b 的取值范围. 利用图形计算器求解课通过添加计算器页面进行函数、不等式、导数的求解（图 6.26，图 6.27）.

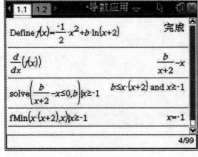

图 6.26

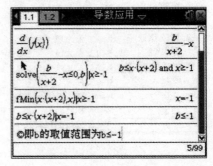

图 6.27

再添加图形页面,设置游标等工具加以直观分析,两种方法都可以得到 b 的取值范围是 $b\leqslant -1$,因此应选 C(图 6.28,图 6.29).

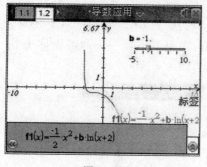

图 6.28

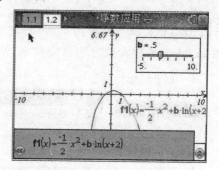

图 6.29

■ **实用技巧 29 —— 利用 impDif 命令求导**

求导的命令格式 impDif(表达式,变量 1,变量 2,阶数)得到变量 2 对变量 1 的导数值,利用 impDif 求隐函数的导数尤其方便. 例如求过椭圆或双曲线上任意一点的切线的斜率等,如已知 $x^2+2 \cdot y^2=1$,求 $\dfrac{\mathrm{d}y}{\mathrm{d}x}$. 输入 impDif($x^2+2 \cdot y^2=1,x,y$),得到 $\dfrac{\mathrm{d}y}{\mathrm{d}x}=-\dfrac{x}{2y}$(图 6.30).

图 6.30

■ **问题解决——导数中参数的讨论**

问题 已知函数 $f(x)=(x+1)\ln x-x+1$. 若 $xf'(x)\leqslant x^2+ax+1$,求 a 的取值范围.

解析 解答问题的思路是:先求导函数 $f'(x)$,解不等式 $xf'(x)\leqslant x^2+ax+1$,用 x 表示 a,利用 x 的范围求 a 的取值范围.

根据上述的分析,利用图形计算器的求解主要步骤为:自定义函数 $f(x)=(x+1)\cdot \ln x-x+1$;求 $f'(x)$ 并赋值于 $g(x)$:$\dfrac{\mathrm{d}}{\mathrm{d}x}(f(x))\to g(x)$;解关于 a 的不等式 $xg(x)\leqslant x^2+ax+1$;得到 $a\geqslant \ln(x)-x(x>0)$ 或 $a\leqslant \ln(x)-x(x<0)$(舍),求函数 $\ln x-x$ 取最大值时的自变量 x_0 的值;求函数 $\ln x-x$ 的最大值为 $\ln x_0-x_0=-1$(图 6.31).

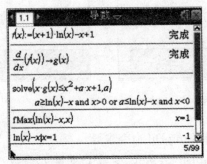

图 6.31

6.4 曲线上任意一点处的切线与法线

关键词 [sto→](赋值)

例 5 求作过抛物线 $y=x^2$ 上任意一点的切线方程.

■ 操作程序

1. 添加一个图形页面.

2. 在函数提示符"$f1(x)=$"后面输入 x^2,按键 (enter).得到函数 $f(x)=x^2$ 的图像.

3. 按键 (menu)、(8)(几何)、(1)(点/线)、(7)(切线)、(enter),将指针移到函数曲线上,单击 $f(x)=x^2$ 上一点,按键 (enter),得到曲线在该点处的切线(图 6.32,图 6.33).

第6章 微积分及其应用

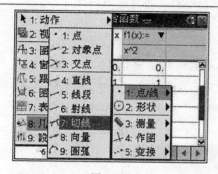

图 6.32

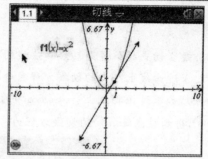

图 6.33

4. 将指针移到切线处,这时指针图标变为"抓手"图标,按键(menu)、①(动作)、⑧(坐标与方程)、(enter),得到切线方程为 $y=1.69x-0.71$(图 6.34,图 6.35).

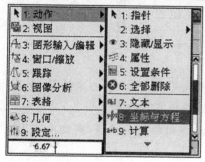

图 6.34

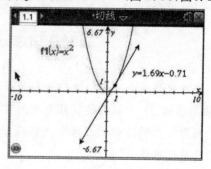

图 6.35

5. 按键(menu)、⑧(几何)、④(作图)、①(垂线),按键(enter),在切点处单击得到法线图形,按键(menu)、①(动作)、⑧(坐标与方程),在切线 $y=1.51x-0.57$ 上点击鼠标,得到法线方程为 $y=-0.66x+1.07$(图 6.36,图 6.37).

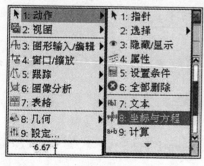

图 6.36

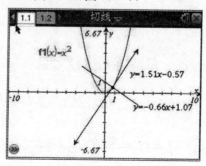

图 6.37

说明

1. 改变切点的位置则切线和法线的表达式也随之动态变化.

2. 求过曲线上一点的切线方程的命令格式是：tangentLine(表达式、变量、曲线上的点)，如求过抛物线上一点(a,a^2)的切线方程. 输入 tangentLine(x^2,x,a)，按键 (enter)，得到过点(a,a^2)的切线方程为 $y=2 \cdot a \cdot x-a^2$（图 6.39）.

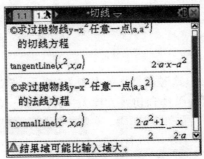

图 6.39

3. 求过曲线上一点的法线方程的命令格式是：normalLine(表达式,变量,点).

■ 触类旁通 —— 与曲线切线有关的三角形面积问题

问题 证明过抛物线焦点弦的两个端点作抛物线的切线，则这两条切线必交于抛物线的准线上.

解析 用代数方法求解的过程主要是：

1. 添加一个计算器页面，解方程组 $\begin{cases} x^2=2py \\ y-\dfrac{p}{2}=kx \end{cases}$，得交点为

$\begin{cases} x=-(\sqrt{k^2+1}-k)p \\ y=\dfrac{-(2k\sqrt{k^2+1}-2k^2-1)p}{2} \end{cases}$ 或 $\begin{cases} x=(\sqrt{k^2+1}+k)p \\ y=\dfrac{(2k\sqrt{k^2+1}+2k^2+1)p}{2} \end{cases}$（图 6.40）.

2. 输入 tangentLine$\left(\dfrac{x^2}{2p},x,-(\sqrt{k^2+1}-k)p\right)$，按键 (enter)，得到过切点 $\left(-(\sqrt{k^2+1}-k)p, \dfrac{-(2k\sqrt{k^2+1}-2k^2-1)p}{2}\right)$ 的切线方程为 $y=-(\sqrt{k^2+1}-k)x-\dfrac{(\sqrt{k^2+1}-k)^2 p}{2}$，输入 tangentLine$\left(\dfrac{x^2}{2p},x,(\sqrt{k^2+1}+k)p\right)$，按

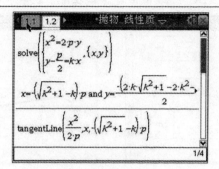

图 6.40

键 (enter),得到过切点 $((\sqrt{k^2+1}+k)p, \dfrac{(2k\sqrt{k^2+1}+2k^2+1)p}{2})$ 的切线方程为 $y=(\sqrt{k^2+1}+k)x-\dfrac{(\sqrt{k^2+1}+k)^2 p}{2}$(图 6.41,图 6.42).

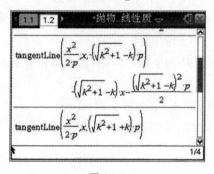

图 6.41

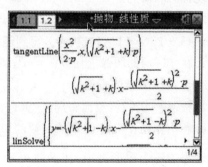

图 6.42

3.解关于 x,y 的线性解方程组 $\begin{cases} y=-(\sqrt{k^2+1}-k)x-\dfrac{(\sqrt{k^2+1}-k)^2 p}{2} \\ y=(\sqrt{k^2+1}+k)x-\dfrac{(\sqrt{k^2+1}+k)^2 p}{2} \end{cases}$ 得到

两条切线的交点坐标为 $\{kp, -\dfrac{p}{2}\}$,即两条切线的交点必在抛物线 $x^2=2py$ 的准线 $y=-\dfrac{p}{2}$ 上(图 6.43),在图形页面上作图也可以得到同样的结论(图 6.44).

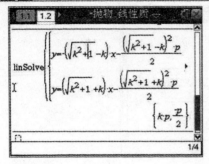
图 6.43

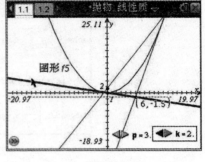
图 6.44

■ 实用技巧 29 —— 如何制作函数与导函数的互动关系图

函数与其导函数图像之间的关系可以借助图形计算器的页面布局等工具直观地表现,例如,研究函数 $f(x)=0.5x(x-2)(x+2)$ 与其导函数在任意点处的变化关系. 具体操作如下:1. 添加一个图形页面,在函数提示符"$f1(x)=$"后面输入 $0.5x \cdot (x-2)(x+2)$,按键 (enter),得到函数 $f1(x)$ 的图像.

2. 在 $f1(x)$ 的图像上任取一点 P,测算点 P 的坐标,并将其横坐标保存为变量 t,并过点 P 作 x 轴的垂线.

3. 按键 (docv)、(2)(页面布局)(2)(选择布局)、(3)(上下分栏)、(enter).

4. 利用作图作出过点 P 的函数的切线,并测算切线斜率.

5. 添加一个图形页面,在函数提示符"$f2(x)=$"后面输入 $\frac{\mathrm{d}}{\mathrm{d}x}(f1(x))$,按键 (enter),得到 $f1(x)$ 的导函数图像.

6. 在 x 轴上任取一点,测算其坐标与方程,得到点 Q 的坐标,将其横坐标保存为变量 t,过点 Q 作 x 轴的垂线,这时上下页面的两条过点 P、点 Q 的垂线是在一条直线,再作出这条垂线与函数的交点,测算其点坐标,⑦利用抓手 图标控制点 P 或点 Q,观察原函数的切线斜率与导函数的关系(图 6.45).

■ 问题解决 —— 三次函数切线性质的探究

问题 已知函数 $f(x)=(x-a)(x-b)(x-c)$,过点 $(a,0)$,$(b,0)$ 的中点作 x 轴的垂线交 $f(x)$ 于点 P,验证过点 P 的切线是否过点 $(c,0)$.

解析 利用图形计算器验证这个问题主要是三个步骤:一是自定义函数 $f(x)=(x-a) \cdot (x-b) \cdot (x-c)$,插入游标 a、b、c,二是利用命令 tangentline(表达式,变量,界点)求出过点 $(\frac{a+b}{2}, f(\frac{a+b}{2}))$ 的 $f(x)$ 的切线方程 l,三是验证点

$(c,0)$ 在 $f(x)$ 的切线 l 上(图 6.46,图 6.47,图 6.48).

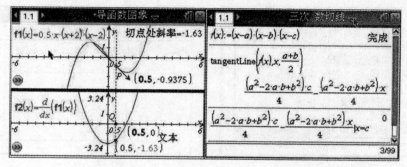

图 6.45   图 6.46

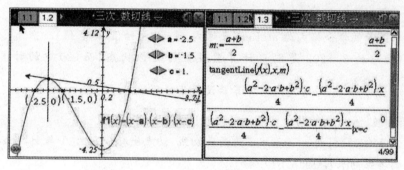

图 6.47   图 6.48

 6.5 求曲线的弧长

关键词 [sto→](赋值)

例 5 (1)求函数 $f(x)=\sin x$ 在 $0 \leqslant x \leqslant \pi$ 上的弧长.(2)求 $f(x)=|x|x|-1|$ 在 $[-2,2]$ 上的弧长.

■ 操作程序

1.添加一个计算器页面.

2.(1)按键 (menu)、(4)(微积分)、(T)(弧长)、(enter),输入 arcLen$(\sin(x),x,0,\pi)$,按键 (enter),得到计算结果为 3.8202.

(2)与(1)的操作相同,得到计算结果为 $\dfrac{\ln(\sqrt{17}+4)+4\cdot\sqrt{17}}{2}$(图 6.49,

图 6.50).

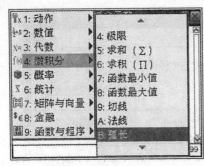

图 6.49

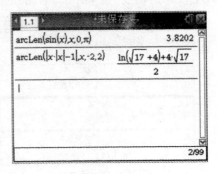

图 6.50

说明

1. 求弧长的命令格式为 arcLen(表达式,变量、初始值、终点值).

2.(1)中的 3.8202 是图形计算器设置为近似状态,而(2)中的计算结果 $\dfrac{\ln(\sqrt{17}+4)+4\cdot\sqrt{17}}{2}$ 则是图形计算器设置为精确状态.

 触类旁通 —— 圆的两个切点间的弧长问题

自点 $M(3,2)$ 引圆 $x^2+y^2=3$ 的两条切线,切点坐标分别为 A 与 B,求以 A,B 为端点的劣弧的长度(图 6.51).

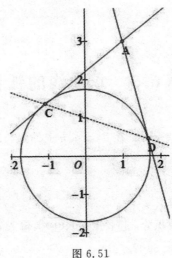

图 6.51

传统的解法可以通过添加辅助线 OC、OD 以及圆的性质求解,利用图形计算器主要通过解方程组和求弧长命令 arcLen 求解,其主要思路和操作过程是:求出过点 $(1,3)$ 的圆的切点弦方程,通过联立直线与圆的方程求出两个切点的坐标,利用求弧长工具求出介于两切点的圆弧的长约为 3.43347(图 6.52,图 6.53).

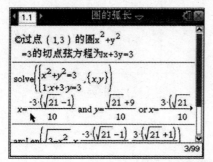

图 6.52

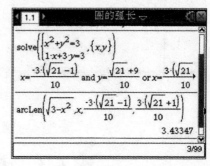

图 6.53

■ 实用技巧 31 —— 如何制作弧长与定义域同步变化的效果

动态显示问题的变化是图形计算器的一个特点和优势.如要计算 $f(x)=\sin x, x\in(0,t]$ 时的曲线长,随着 t 的变化曲线的长也随之变化,制作的要点是:

1. 添加一个图形页面.

2. 在函数提示符"$f1(x)=$"后面输入 $\sin(x)|0<x<t$.

3. 在 x 轴上任取一定点 P,测算其坐标,并将其保存为变量 t,这时得到 $f(x)=\sin x, x\in(0,t]$ 的图像.

4. 插入文本"$l=$正弦长=","arclen($\sin(x),x,0,t$)","=",并将 t 赋值给 arclen($\sin(x),x,0,t$)中的 t.

5. 作出直线 $m:y=\sin t$,过点 P 作 m 的垂线,过点 P 作向量垂直于直线 m,联结点 P 和垂足 H.调控点 P 的位置,这时正弦曲线及其长度和向量 $\overrightarrow{PH}$ 会同步变化(图 6.54,图 6.55).

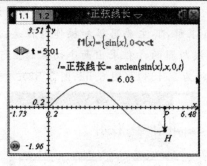

图 6.54

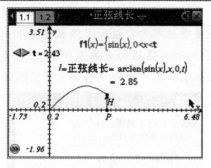

图 6.55

6.6 函数的定积分

关键词 `sto→`（赋值）

例 6 求 $y=4(5-x)(4-x)x$ 在某一区间上的定积分.

■ 操作程序

1. 添加一个图形页面.

2. 在函数提示符"$f1(x)=$"后面输入 $4·(5-x)·(4-x)·x$，并调整窗口大小为横坐标为 -2 到 6，纵坐标为 -11 到 80.

3. 按键 `menu`、`6`（图像分析、）`enter`、`7`（积分）、`enter`，出现手形图标 （指示手型，控制游标左右移动，如图 6.56），按键 `enter`，按键 ▶、`9` 确定定积分的下界，按键 `enter`，得到曲线与 x 轴围成的阴影部分的面积为 61.6（图 6.57）.

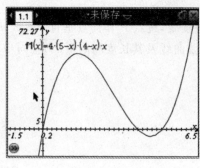

图 6.56

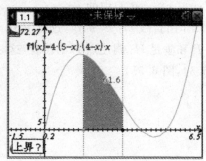

图 6.57

说明

求给定上界、下界的定积分也可以通过命令格式是:integral(表达式,变量,下限,上限). 如求 $\int_{\frac{\pi}{4}}^{7\pi} \sin(2x+\frac{\pi}{3})dx$ 和 $\int_{a}^{b} \sin(2x+\frac{\pi}{3})dx$,求不定积分也可以参照上述的方式操作(图 6.58,图 6.59).

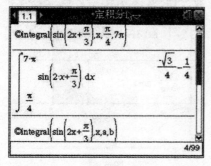 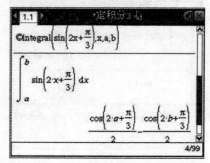

图 6.58　　　　　　　　　　图 6.59

■ 触类旁通 —— 图解积分中值定理

积分中值定理:设函数 $f(x)$ 在闭区间 $[a,b]$ 上连续,则在区间 $[a,b]$ 上至少存在一点 ξ 使得 $\int_a^b f(x)dx = f(\xi)(b-a)$, $a \leqslant \xi \leqslant b$,或 $f(\xi) = \dfrac{\int_a^b f(x)dx}{b-a}$. 利用图形计算器可以直观加以说明. 积分中值定理的几何意义是:设函数 $f(x)$ 在闭区间 $[a,b]$ 上连续,且 $f(x) \geqslant 0$,则由 $x=a, x=b, x$ 轴,$y=f(x)$ 所围成的曲边梯形面积一定同某个同底边而高为 $f(\xi), \xi \in [a,b]$ 的矩形面积相等. 以 $f(x) = x^2, x \in [a,b]$ 为例说明积分中值定理. 其中 $a = 3.26, b = 4.4$,求 $\xi \in [a,b]$,使得 $f(\xi) = \dfrac{\int_a^b f(x)dx}{b-a}$.

任取 x 轴上两点,测量其坐标,并将其横坐标分别保存为变量 a、b,利用定积分工具求得 $s = \int_a^b f(x)dx = 1.25$,并保存为变量 s,输入文本 $\dfrac{s}{b-a}$ 通过按键 (menu)、① (动作)、⑨ (计算)选择上述规定的变量 a、b、s,计算 $\dfrac{\int_a^b f(x)dx}{b-a}$,按键 (enter),得到 1.1,并将其保存为变量 m,作出函数 $f3(x) = m$,过点 $A(3.26, 0), B(4.4, 0)$ 分别

作 x 轴的垂线，交直线 $f3(x)=m$ 与两点 C、D，构造四边形 $ABCD$，按键 ⓜⓔⓝⓤ、⑧（几何）、③（测量）、②（面积）、ⓔⓝⓣⓔⓡ，测得矩形 $ABCD$ 面积为 $1.25u^2$，利用求交点工具求出函数 $f(x)=x^2$ 与 $f3(x)=m$ 的交点，得到交点坐标为 $(3.88,1.1)$，即 $\xi=3.88$。改变点 A、B 的位置，上述的相关定积分、ξ 的值也随之变化（图 6.60，图 6.61）。

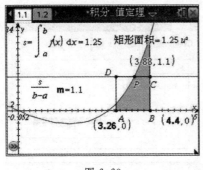

图 6.60　　　　　　　　　　图 6.61

■ 实用技巧 32 —— 如何快速求解数值定积分

图形计算器求定积分有多种途径，例如求 $\int_0^1 \sqrt{1-x^2}\,dx$ 的值，由于上限、下限均为数值，因此问题属于数值积分求解，在计算器页面上直接输入 nInt$((1-x^2)^{0.5},x,0,1)$，按键 ⓔⓝⓣⓔⓡ，得到 $\int_0^1 \sqrt{1-x^2}\,dx = 0.78539816339745$（图 6.62），也可以按键 ⓜⓔⓝⓤ、④（微积分）、Ｆ（数值计算）、③（数值积分）、ⓓⓔⓛ（图 6.63）。

注 数值积分的命令格式是：nInt(表达式，变量，下限，上限).

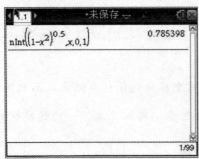 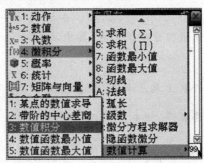

图 6.62　　　　　　　　　　图 6.63

问题解决 —— 求曲边形面积的最大值

问题 已知圆方程 $x^2+y^2-2ry=0$ 与抛物线方程 $y=ax^2$ 且 $ra>\dfrac{1}{2}$,$r>0$,$a>0$. (1)若圆与抛物线相交于 P,Q,求点 P,Q 的坐标;(2)求抛物线上方与直线 PQ 下方围成的面积 $S(a)$;(3)求面积 S 的最大值(其中 r 为常数).

解析 解答问题的主要思路和步骤是:

1. 添加一个图形页面,作出圆和抛物线的图像(图 6.64).

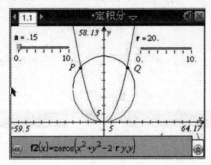

图 6.64

2. 添加一个计算器页面,解方程组 $\begin{cases} x^2+y^2-2ry=0 \\ y=ax^2 \end{cases}$,得到圆与抛物线的交点坐标为 $P\left(\dfrac{-\sqrt{2ar-1}}{a}, \dfrac{2ar-1}{a}\right)$, $Q\left(\dfrac{\sqrt{2ar-1}}{a}, \dfrac{2ar-1}{a}\right)$(图 6.65,图 6.66).

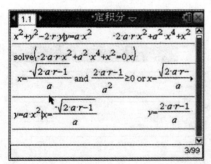

图 6.65

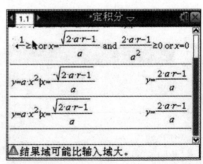

图 6.66

3. 求定积分 $2\displaystyle\int_0^{\frac{\sqrt{2ar-1}}{a}}\left(\dfrac{2ar-1}{a}-ax^2\right)\mathrm{d}x$ 得到抛物线上方与直线 PQ 下方围成的面积 $S(a)=\dfrac{4\cdot(2\cdot a\cdot r-1)^{\frac{3}{2}}}{3\cdot a^2}$(图 6.67).

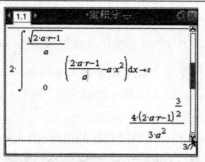

图 6.67

4. 利用导数方法求出 $S(a) = \dfrac{4 \cdot (2 \cdot a \cdot r - 1)^{\frac{3}{2}}}{3 \cdot a^2}$ 的导函数等于极值点,并用赋值法求得最大值为 $\sqrt{3} \cdot r^2$ (图 6.68～图 6.71).

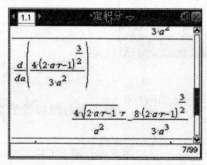

图 6.68

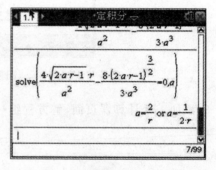

图 6.69

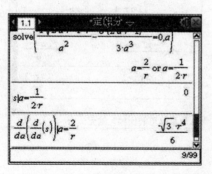

图 6.70

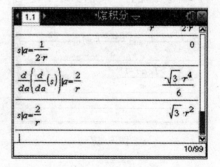

图 6.71

6.7 微分方程

关键词 `sto→`(赋值)

例 解方程 $y' = x(\sin y)^2$.

■ 操作程序

1. 添加一个计算器页面.

2. 按键 `menu`、`4`(微积分)、`D`(微分方程求解器)、`enter`(图 6.72),在出现 deSolve 的对话框内输入 $y' = x \cdot (\sin(y))^2, x, y$,按键 `enter`,得到 $\dfrac{-1}{\tan(y)} = \dfrac{x^2}{2} + c5$.

3. 输入 $\mathrm{solve}(\dfrac{-1}{\tan(y)} = \dfrac{x^2}{2} + c5, y)$ 解得关于 y 的方程的解为: $y = n1\pi - \tan^{-1}(\dfrac{2}{x^2 + 2 \cdot c5})$ (图 6.73).

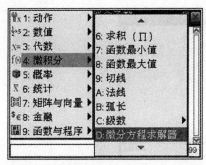

图 6.72

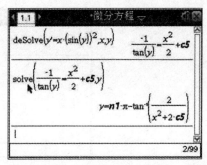

图 6.73

注 本书中出现的 $\tan^{-1}$ 为 arctan.

■ 触类旁通 —— 微分方程图赏析

微分方程论是数学的重要分支之一.大致和微积分同时产生,并随实际需要而发展.含自变量、未知函数和它的微商(或偏微商)的方程称为常(或偏)微分方程.利用微分方程的图像多彩多姿、韵味无穷,是数学美的写照.图 6.74 作出的是 $y' = \dfrac{x}{y}, x_0 = 1, y_0 = 3$ 的微分方程图形.

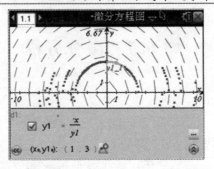

图 6.74

■ **实用技巧 33** —— 如何进行隐函数(微分)求导

　　隐函数求导在实际解题中有广泛的应用,如求椭圆(双曲线)上任意一点的切线的斜率等,求隐函数的微分的命令格式是:impDif(方程,变量,因变量[,阶数]),如求椭圆 $x^2+2y^2=1$ 上任意一点处的斜率,输入 impDif($x^2+2\cdot y^2-1=0,x,y$),得到椭圆上任意一点处关于 x 求导的结果 $-\dfrac{x}{2y}$(图 6.75)。

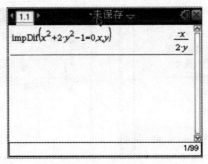

图 6.75

■ **问题解决** —— 利用微分方程解决解析几何问题

　　问题　求过定点 $A(0,a)$ 的曲线,使它的切线 MT 与 x 轴的交点 T 到切点 M 的距离等于切线在 x 轴上的截距 OT 的长.

　　解析　设曲线上任意一点为 $M(n,m)$,作出过点 M 的切线方程 $n-y=k(m-x)$,根据 $|MT|=|OT|$ 得到微分方程 $\sqrt{\left(\dfrac{y}{y'}\right)^2+y^2}=\left|x-\dfrac{y}{y'}\right|$,解微分方程得到曲线方程为 $x^2+y^2=ay$(图 6.76～图 6.78).

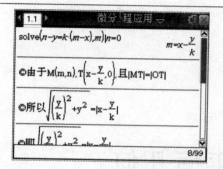

图 6.76

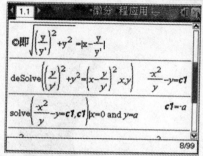

图 6.77

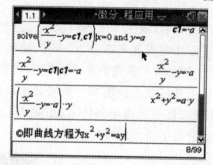

图 6.78

平面几何

平面几何是数学中最为古老、最为基础的知识,也是数学中最美,最赏心悦目的部分.由点、线构成的平面几何内容丰富、形式多样、趣味无穷;图形计算器作为一种数学的专用工具,对平面几何的研究更是举重若轻.作图工具将经典的几何问题生动、精致地呈现,测量工具将优美的图形与数据紧密联系,变换工具给了图形运动和生命力,尤其是作图工具中的测量值传递,加深了几何与代数的联系,这些都让平面几何在新技术的背景下焕发出时代的光彩.

目标

7.1 几何基本作图

7.2 几何形状

7.3 几何测量

7.4 几何变换

7.5 几何中的最值

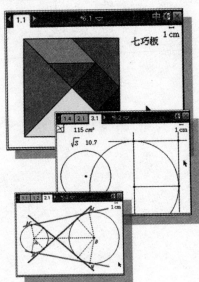

■ 分形与谢尔宾斯基三角形 ■

伽利略曾经说过,自然界的语言是数学,其书写的符号是三角形、圆和其它图形.但是,大自然是异常复杂、丰富多彩的,它的随机性常常产生出无法用欧几里得几何描述的对象,比如树皮、云和海岸线.分形理论的创始人、美国科学家曼德布罗特(Mandelprot)曾说过:"浮云不呈球形,山峰不呈锥体,海岸线不是圆圈,树干不是光溜溜的,闪电永不会沿直线行进",就是说实际中的事物比欧几里得几何描述的对象要复杂得多,但同时,又应注意到,许多形状不规则的物体,可能存在不同程度上的相似性(称为自相似性).例如,在考察海岸线时发现,不管是漫步在海岸边看到的厘米量级的海岸线长度,还是从人造卫星上观察到的数千米跨度,海岸线的弯曲的复杂程度可能是相同的,这就形成分形的概念.

分形的出现,使人们认识到世界是非线性的,分形不仅展示了数学之美,也揭示了世界的本质,还改变了人们理解自然奥秘的方式,对它的研究也极大地拓展了人类的认知疆域.

谢尔宾斯基三角形就是一种分形,由波兰数学家谢尔宾斯基在1915年提出,这种分形结构展示了貌似复杂性的简单性和貌似简单性的复杂性,用 TI-Nspire CX-C CAS 可以表现谢尔宾斯基三角形的大致形状(图 7.1～图 7.4).

图 7.1

图 7.2

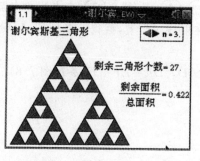

图 7.3

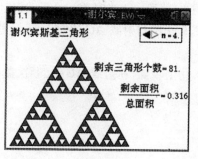

图 7.4

7.1　几何基本作图

关键词　点/线　动作　作图　隐藏/显示　颜色

例1　作出线段 AB，并将线段 AB 四等分.

■ 操作程序

1. 添加一个几何页面.

2. 按键 menu、④（点/线）、⑤（线段），两次单击页面确定线段的两个端点位置，作出一条线段，并标签为 AB（图7.5）.

3. 按键 menu、④（点/线）、⑥（射线），以 A 为起点，在适当的位置上作一条射线 AC（图7.6）.

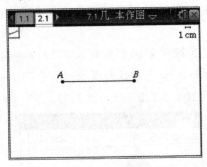
图7.5

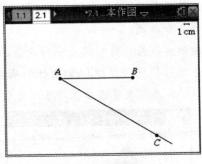
图7.6

4. 按键 menu、④（点/线）、⑤（线段），在页面上作一条长度适当的线段（用标签工具记为 r）.

5. 按键 menu、⑦（作图）、⑦（圆），单击点 A（圆心），再单击线段 r（半径），以点 A 为圆心，线段 r 为半径作一个圆. 按键 menu、④（点/线）、③（交点），单击圆和射线 AC，作出圆与射线 AC 的交点 D，这样在射线 AC 上，截得一条线段 $AD=r$（图7.7）.

6. 仿上步骤，在射线 AC 上，顺次截取 $AD=DE=EF=FG=r$（图7.8）.

第7章 平面几何

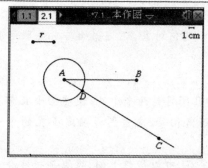

图 7.7　　　　　　　　　　　　图 7.8

7. 按键 (menu)、①(动作)、③(隐藏/显示)，单击圆，将辅助线隐藏. 按键 (menu)、④(点/线)、⑤(线段)，单击点 B,G，作出线段 BG(图 7.9).

8. 按键 (menu)、⑦(作图)、②(平行)，过点 F,E,D 分别作 GB 的平行线 FR, EQ,DP，分别交 AB 于点 R,Q,P，则点 R,Q,P 就是中间三个小孔的中心位置(图 7.10).

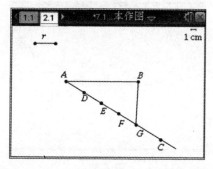 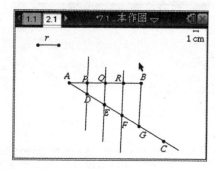

图 7.9　　　　　　　　　　　　图 7.10

1. 快捷实用文本标记工具标签点和线，可以直接将光标指向要标记的对象，按键 (ctrl) (menu)，选择标签，用标签工具标记. 在放置一个点后，立即输入所需的标签(例如"A")，即可快速标记所创建的点.

2. 本例可以直接重复使用中点工具作出四等分点.

3. 改变线段 r 的长度，发现点 R,Q,P 的位置没有改变，说明确定的四等分点的位置与线段 r 的长度没有关系.

4.隐藏与删除是不同的,隐藏起来的几何对象还在页面中,只是没有显示而已,但删除的几何对象就不存在了,删除一个几何对象,还将影响与它关联的其他几何对象.

■ 触类旁通——钢板孔位的确定

问题 要在一块钢板上的 A,B 两个小孔间再钻两个小孔,使这些小孔都在直线 AB 上,并且每两个相邻的小孔之间的距离相等,应当怎样确定小孔的中心位置?

解析 本例实际上就是将线段 AB 三等分,可以仿照上例,根据平行线分线段成比例性质,将线段 AB 三等分,这里再介绍两种方法.方法一步骤如下:

1.添加一个几何页面.

2.作出线段 AB,按键 menu 、④(点/线)、①(点),在线段 AB 外作一个点 C(图7.11).

3.作出线段 AC 和 BC,按键 menu 、⑦(作图)、②(平行),单击线段 AC,再单击点 B,得到经过点 B 且与 AC 平行的直线(图7.12).

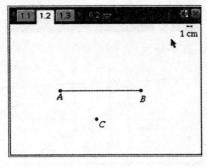

图 7.11

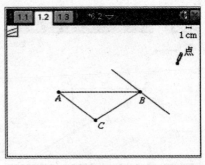

图 7.12

4.用上述方法,过点 A 作 BC 的平行直线,两条线的交点记为点 D(图7.13).

5.将相应辅助线隐藏,并作出线段 AD 和 BD,得到平行四边形 $ACBD$(图7.14).

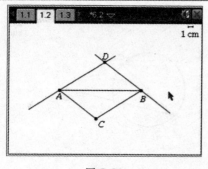

图 7.13

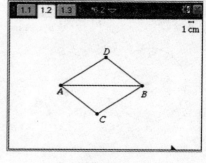

图 7.14

6. 作出线段 AD 的中点 M 和线段 BC 的中点 N(图 7.15).

7. 作出线段 MC 和 ND,线段 MC 和 AB 的交点就是线段 AB 的一个三等分点,线段 ND 和 AB 的交点就是线段 AB 的另一个三等分点(图 7.16).

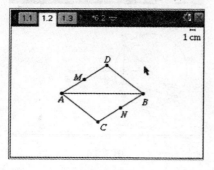

图 7.15

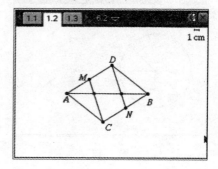

图 7.16

方法二步骤如下:

1. 添加一个几何页面.

2. 作出线段 AB,并以 A 为圆心,6 为半径(直接输入数字 6,用以确定半径),作出一个圆(图 7.17).

3. 按键 (menu)、④(点/线)、④(直线),单击点 A 和圆上任意一点,作出过圆心 A 的一条直线;作出直线和圆的另一个交点,从而得到圆的一条直径 CD(图 7.18).

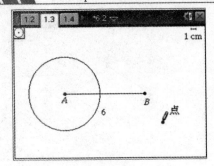
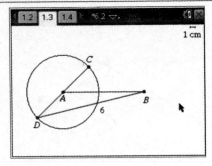

图 7.17　　　　　　　　　　　图 7.18

4. 作出线段 DB 及其中点 M（图 7.19）.

5. 作出线段 MC 和 AB 的交点即线段 AB 的一个三等分点（图 7.20）.

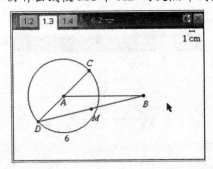
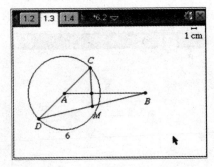

图 7.19　　　　　　　　　　　图 7.20

■ 实用技巧 34 —— 如何绘制水平直线

绘制直线时按键 ⇧shift，可以将绘制的直线的方向角度约束为 15°的倍数，可以更好地控制直线成水平方向，同样绘制圆的时候，按键 ⇧shift，可将绘制的圆的半径约束为整数值.

■ 问题解决——作圆的切线

问题　（Ⅰ）已知点 P 和圆 C，过点 P 作出圆 C 的切线（点 P 不在圆 C 内）.

（Ⅱ）已知圆 A 和圆 B 外离，作出两圆的外公切线和内公切线.

解析　（Ⅰ）当点 P 在圆 C 上时，按键 menu、④（点/线）、⑦（切线），单击点 P 和圆 C，即可过点 P 作出已知圆 C 的切线（图 7.21）.

当点 P 在圆 C 外时，先以线段 CP 为直径，作出圆 M（图 7.22），圆 C 和圆 M 的两个交点就是切点 A，B，直线 PA，PB 就是圆 C 的两条切线（图 7.23）.

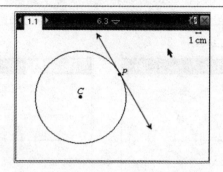

图 7.21

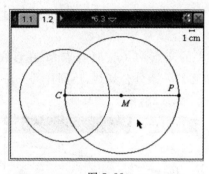

图 7.22

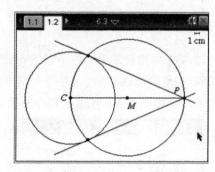

图 7.23

（Ⅱ）首先作出两圆 A,B 的连心线段,并设线段 AB 与两圆的交点为 C,D(图 7.24),接着以线段 AC 的长为半径,以点 D 为圆心作圆,并设圆 D 和线段 AB 的交点为 E(图 7.25),这一步骤作出 BE 的长等于两圆半径之差.

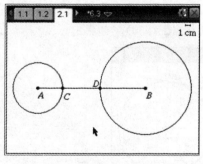

图 7.24

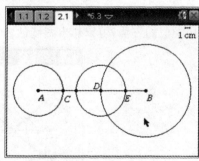

图 7.25

接着以 BE 长为半径,以点 B 为圆心作圆,并过点 A 作该圆的两条切线,切点

为点 P,Q(图 7.26).最后,作出射线 BP,BQ,分别与已知圆 B 交于点 M,N,该交点就是外公切线的切点(图 7.27).

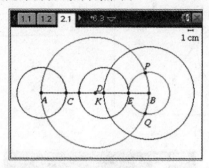

图 7.26　　　　　　　　　　图 7.27

过点 A 作出射线 BP 的平行线,与圆 A 的交点 M'(点 M 与点 M' 在直线 AB 的同侧)也是公切线的切点,直线 MM' 即两圆的一条外公切线,用同样的方法作出另一条外公切线 NN',并隐藏相应的辅助线(图 7.28,图 7.29).

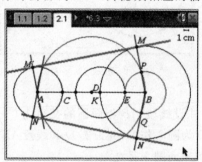

图 7.28　　　　　　　　　　图 7.29

用类似的方法,可以作出两圆的内公切线(图 7.30).

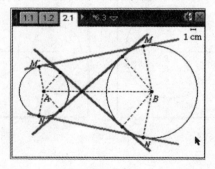

图 7.30

7.2 几何形状

关键词　形状　圆　正多边形　隐藏/显示　颜色

例2　作一个正三角形,并作出这个三角形的外接圆与内切圆.

■ 操作过程

1. 添加一个几何页面.

2. 按键 menu、⑤(形状)、⑤(正多边形),调出正多边形制作工具(指针变为 ✎),单击页面的中心位置,确定正多边形的中心,移动指针,将显示一个虚线型的正十六边形(图 7.31),按键 enter,确定第一个顶点的位置,再移动指针,发现正多边形的边数随之改变,当边数变为 3 的时候,按键 enter,得到正三角形,按键 esc,返回指针状态,然后按键 ✋"抓住"正三角形的一个顶点,移动指针,移动正三角形的顶点到合适位置(图 7.32).

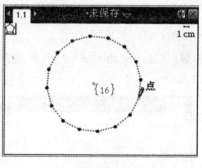　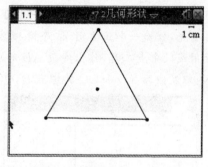

　　图 7.31　　　　　　　　　　　　　图 7.32

3. 按键 menu、④(点/线)、⑥(射线),单击顶点和中心,作射线;按键 menu、④(点/线)、③(交点),单击射线和对边,作出交点,就是内切圆与三角形的一个切点(图 7.33).

4. 按键 menu、⑤(形状)、①(圆),单击正三角形的中心和一个顶点,作出外接圆,单击正三角形的中心和的切点,作出内切圆(图 7.34).

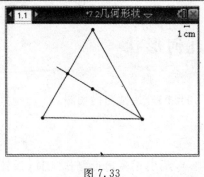
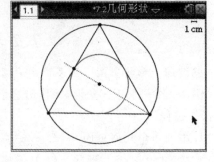

图 7.33　　　　　　　　　　图 7.34

说明

要"抓住"直线或"抓住"点，先将光标指向对象，按键 ctrl 、🖱，或长按键 🖱，待光标由 👆 变为 ✊，表明将这个对象"抓住"了.

■ **触类旁通——制作七巧板**

现在我们可以来制作一个七巧板了.

首先，作出一个正方形，依序输入顶点 A,B,C,D，及中心 O 的名称(图7.35). 然后用线段中点工具，作出线段 AD 的中点 M，线段 DC 的中点 N，线段 MN 的中点 K，以及线段 AO 和 OC 的中点 P,Q(图 7.36).

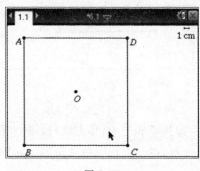
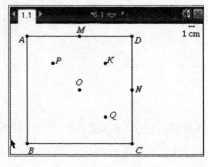

图 7.35　　　　　　　　　　图 7.36

按键 menu 、⑤(形状)、④(多边形)，调出多边形工具，依序单击点 M,D,N 和 K(单击起点或双击最后一个顶点，完成一个多边形)，得到 $\triangle MND$，同样作出平行四边形 $APKM$，正方形 $KOQN$，以及等腰直角 $\triangle POK$，$\triangle NQC$，$\triangle AOB$ 和 $\triangle BOC$ (图 7.37). 最后隐藏无关的点线，并选择合适的颜色填充各多边形的内部，七巧板制作成功(图 7.38).

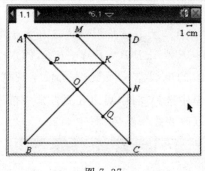

图 7.37

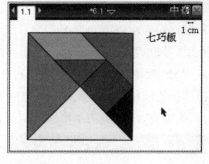

图 7.38

■ **实用技巧 35 —— 如何使用两种画圆的方法画圆**

在图形或几何页面有两种作圆的工具,其一,按键 (menu)、⑤(形状)、①(圆),作出的是已知圆心和圆上一点(或输入半径值)的圆;其二,按键 (menu)、⑦(作图)、⑦(圆),作出的是已知圆心和半径(线段或输入半径值)的圆. 两者没有本质的区别,但若要用单独的线段控制圆的半径,工具二比较简单.

■ **问题解决 —— 河岸边的水电站选址**

问题 在直线型的河岸 l 的同侧有 A,B 两个村庄,现要在河岸边建造一座水电站 P,要使水电站 P 到 A,B 村庄铺设的电线总长最短($PA+PB$ 最小),水电站 P 应建在何处?

解析 在几何页面上,作一条直线 l 代表河岸,在河岸的同侧作两个点代表村庄 A,B(图 7.39),按键 (menu)、⑧(变换)、②(轴对称),单击点 A(对象点),再单击直线 l(对称轴),得到点 A 关于直线 l 的对称点 A',按键 (menu)、④(点/线)、⑤(线段),单击点 A' 和点 B,作出线段 $A'B$,按键 (menu)、④(点/线)、③(交点),单击线段 $A'B$ 与直线 l,作出线段 $A'B$ 与直线 l 的交点就是所求的点 P(图 7.40).

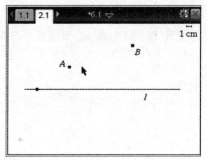

图 7.39

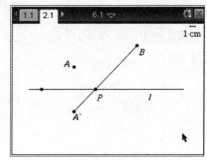

图 7.40

事实上,若直线 l 有一个点 P'(异于点 P),联结 $P'A$,$P'A'$,$P'B$ 及 PA(图 7.41),根据对称性质可知 $PA=PA'$,$P'A=P'A'$,又由三角形两边之和大于第三边的性质,可得 $PA+PB=PA'+PB=A'B<P'A'+P'B=P'A+P'B$,即水电站建在点 P 处,能使水电站 P 到 A,B 村庄铺设的电线总长最短. 为了便于观察,可以将指针指向线段,按键 ctrl、menu,在下拉菜单中选择属性,可以在属性框中依序改变线宽、线型等,在下拉菜单中选择颜色,可以改变线条颜色(图 7.42).

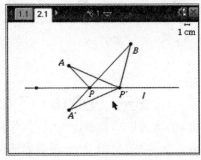
图 7.41

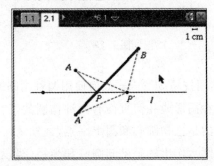
图 7.42

7.3 几何测量

关键词 测量 作图 隐藏/显示 颜色

例3 作出 $\triangle ABC$ 的重心 G、外心 O 和垂心 H,并判断 G,O,H 三点是否共线.

■ 操作程序

1. 添加一个几何页面.

2. 按键 menu、⑤(形状)、②(三角形),作 $\triangle ABC$(图 7.43).

3. 按键 menu、⑦(作图)、⑤(中点),作出线段 BC 的中点 M 和线段 AC 的中点 N(图 7.44).

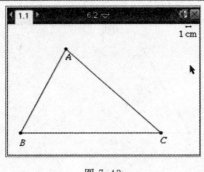

图 7.43   图 7.44

4. 按键 (menu)、④(点/线)、⑤(线段),作出线段 AM 和 BN. 按键 (menu)、④(点/线)、③(交点),作出线段 AM 和 BN 的交点即 $\triangle ABC$ 的重心 G(图 7.45). 按键 (menu)、①(动作)、③(隐藏/显示),将线段 AM 和 BN 隐藏起来(图 7.46).

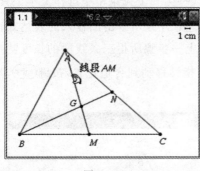
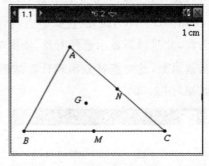

图 7.45   图 7.46

5. 按键 (menu)、⑦(作图)、③(垂直平分线),作出线段 BC 的垂直平分线和线段 AC 的垂直平分线,两条垂直平分线的交点即 $\triangle ABC$ 的外心 O(图 7.47).

6. 按键 (menu)、⑦(作图)、①(垂线),作出 BC 边上的高线和 AC 边上的高线,两条高线的交点即 $\triangle ABC$ 的垂心 H(图 7.48).

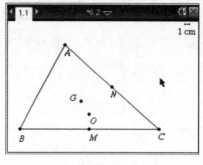

图7.47

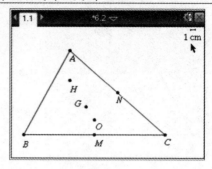

图7.48

7. 按键 menu、6（测量）、1（长度），依次单击点 H 和点 G，此时出现 H,G 两点间的距离测量值（灰色），移动指针到合适的位置，按键 enter，得到线段 HG 的长度，用同样的方法测量线段 GO 和 HO 的长度，并添加文本以示区别（图7.49）.

8. 将指针移动到屏幕空白位置，按键 ctrl、menu，在下拉菜单中选择文本工具，并输入 $HG+GO-HO$，按键 menu、1（动作）、8（计算），单击刚输入的表达式作为计算对象，此时屏幕显示选择对象，依次单击上一步骤所得三条线段的长度测量值作为被选对象，此时指针处出现计算结果，将指针移动到合适位置，按键 enter，显示计算结果（图7.50）.

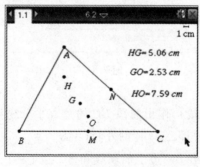

图7.49

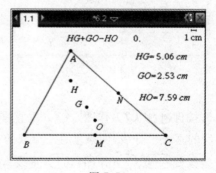

图7.50

9. 用指针"抓住"三角形的一个顶点，并移动三角形的顶点，发现线段 HG,GO 和 HO 的长度改变，但 $HG+GO-HO=0$ 的结果不变，可知 G,O,H 三点共线，过点 H 和 O 作直线，也会发现直线 HO 总是经过点 G（图7.51）.用相同的方法进行计算验证，还可得到 $HG=2GO$（图7.52）.

第7章 平面几何

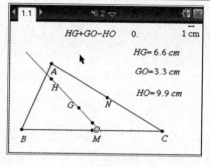

图 7.51　　　　　　　　　图 7.52

说明

1. 例中 G,O,H 三点共一直线,该直线称为欧拉线.

2. 按键、⑦(作图)、⑤(中点),单击线段可以作出线段的中点,单击线段的两个端点同样作出该线段的中点.

■ **触类旁通** —— 验证相交弦定理与切割线定理(圆幂定理)

假设圆的两条弦 AB 和 CD 交于点 P,分别测量 PA,PB,PC,PD 的长度,可以验证 $PA \cdot PB - PC \cdot PD = 0$,即 $PA \cdot PB = PC \cdot PD$(图 7.53).

假设 PA 是圆的切线,PBC 是圆的割线,分别测量 PA,PB,PC 的长度,可以验证 $PA^2 - PB \cdot PC = 0$,即 $PA^2 = PB \cdot PC$(图 7.54).

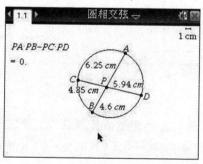

图 7.53　　　　　　　　　图 7.54

■ **实用技巧 36** —— 如何快速改变显示精度

要更改面积、长度、角度或斜率测量值的显示精度,可用指针指向该测量值,然后按键 + 或 -.

159

■问题解决 —— 判断线段的比是否为定值

问题 已知点 H 是锐角 $\triangle ABC$ 的垂心,AD 是 BC 边上的高,点 E 为 BC 的中点,若 $AD=BC=4$,试判断 $\dfrac{HD+HE}{BC}$ 是否为定值?

解析 按下列步骤进行探究.

1. 添加一个几何页面.

2. 按键 (menu)、④(点/线)、⑤(线段),在页面的合适位置按键 (enter),确定线段的一个端点,再移动指针并在页面合适位置按键 (enter),确定线段的另一个端点,画出一条线段,按键 (menu)、⑥(测量)、①(长度),单击线段的两个端点,跟随指针出现一个长度数值,移动指针到合适位置,按键 (enter),得到线段长度的测量值,用指针"抓住"线段的一个端点,移动指针,当测量值变为 16 cm 时,按键 (esc) 退出(图 7.55).将页面右上角的单位长度(1 cm)更改为 0.25 cm,此时作出的线段长度变为 4 cm.

3. 按键 (menu)、⑦(作图)、①(垂线),单击线段和线段上任意一点(除线段的两个端点),作出线段的垂线(图 7.56).

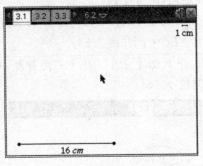

图 7.55

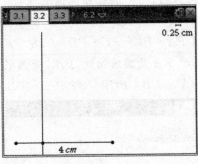

图 7.56

4. 按键 (menu)、⑦(作图)、⑧(测量值传递),选择测量值传递命令(图 7.57),单击测量值 4 cm,选择该测量值作为传递值,再按键 (menu)、⑤(形状)、①(圆),单击垂足,即可作出半径为 4 cm 的圆(图 7.58).

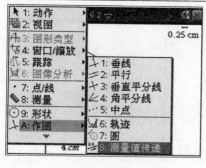

图 7.57

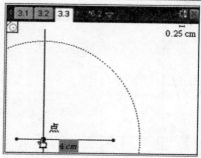

图 7.58

5. 按键(menu)、④(点/线)、③(交点),单击垂线和圆,作出交点,并用线段命令及标签工具,作出三角形,并给三角形各顶点命名(图 7.59);

6. 按键(menu)、⑦(作图)、①(垂线),单击线段 AC 和点 B,过点 B 作出 AC 的垂线,按键(menu)、④(点/线)、③(交点),单击垂线和直线 AD,作出交点即垂心,用标签工具记为点 H;按键(menu)、⑦(作图)、⑤(中点),单击线段 BC,作出线段 BC 的中点 M,按键(menu)、④(点/线)、⑤(线段),单击点 H,M,作出线段 HM;按键(menu)、⑥(测量)、①(长度),单击点 H 和点 D,测量线段 HD 的长度,单击点 H 和点 M,测量线段 HM 的长度(图 7.60).

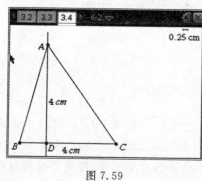

图 7.59

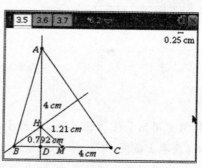

图 7.60

7. 将指针指向页面空白位置,按键(ctrl)、(menu),在下拉菜单中选择文本,在文本框中输入 $\dfrac{HD+HE}{BC}$ (图 7.61);将指针指向文本,按键(ctrl)、(menu),在下拉菜单中选择计算(图 7.62).

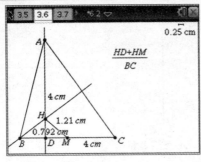
图 7.61

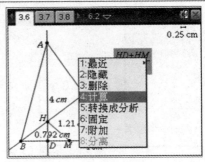
图 7.62

8. 根据提示，分别单击相应线段的测量值（图 7.63）. 计算的结果显示 $\dfrac{HD+HE}{BC}$ 的比值为定值 $\dfrac{1}{2}$（图 7.64）.

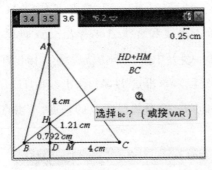
图 7.63

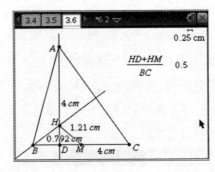
图 7.64

1. 例中用测量值传递画圆，等价于按键 menu、7（作图）、7（圆），单击点 B 和点 C（或单击线段 BC），再单击点 D，以点 D 为圆心，BC 长为半径画圆．

2. 例中所用的验证计算方法，是探究发现结论的重要方法，若需严谨的推理论证过程，可用平面几何或解析几何的方法．

7.4 几何变换

关键词 变换 作图 隐藏/显示 颜色

例4 作一个正方形,按正方形的中心缩放,得到边长比为 $\frac{1}{3}$ 的小正方形.

■ 操作程序

1. 添加一个几何页面.

2. 按键 (menu)、⑤(形状)、⑤(正多边形),作出正方形(图7.65).

3. 按键 (menu)、⑧(变换)、⑤(缩放),单击正方形(缩放对象),再单击正方形的中心(缩放中心),然后输入 $\frac{1}{3}$(缩放比例),按键 (enter),即可得到边长比为 $\frac{1}{3}$ 的小正方形(图7.66).

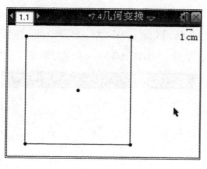

图 7.65

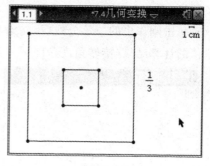

图 7.66

例5 任意作出一个角,应用变换工具将这个角三等分.

■ 操作程序

1. 添加一个几何页面.

2. 按键 (menu)、④(点/线)、⑥(射线),从同一点出发,作两条射线,得到 $\angle BAC$. 按键 (menu)、⑥(测量)、④(角度),按顺序单击点 B, A, C,得到的测量值表示 $\angle BAC$ 的大小(图7.67).

3. 按键 (ctrl)、(menu),在下拉菜单中选择文本,然后在文本框中输入 $\frac{a}{3}$,按键 (enter),接着将指针指向输入的文本,按键 (ctrl)、(menu),在下拉菜单中选择计算,然后单击 $\angle BAC$ 的测量值作为被选对象,此时指针处出现三等分角度测量值的结果,将指针移动到合适位置,按键 enter,显示计算结果(图 7.68).

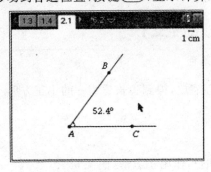
图 7.67

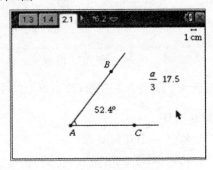
图 7.68

4. 按键 menu、⑧(变换)、④(旋转),单击射线 AC(旋转对象)和点 A(旋转中心),再单击三等分角度测量值的计算结果(旋转角度),即可得到三等分∠BAC 的一条射线(图 7.69).

5. 单击刚作出的三等分线(旋转对象)和点 A(旋转中心),再单击三等分角度测量值的计算结果(旋转角度),即可得到三等分∠BAC 的另一条射线(图7.70).

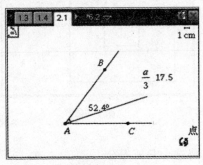
图 7.69

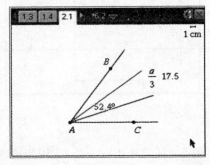
图 7.70

说明

1. 变换(对称,平移,旋转或缩放)一个对象,就是复制一个对象,比如平移一个对象,操作时,按键 menu、⑧(变换)、③(平移),然后先选择对象,再指定起点和终点表示平移的方向与大小,按键 enter,即按要求复制了一个对象.

2. 用无刻度直尺和圆规作三等分角,化圆为方,以及倍立方等已被证明是不可能的几何作图问题,但在 TI-Nspire CAS 中,应用变换的思路(超出尺规作图的要

求),可以将任意角三等分.用这个思路,化圆为方也不难,作一正方形,使正方形的面积等于已知圆的面积,具体操作如下:

(1)测量几何页面中圆的面积 S(图 7.71).

(2)计算 $\sqrt{S}$,得到正方形的边长,以正方形的边长为半径作一个圆(图 7.72).

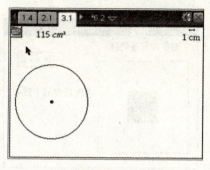

图 7.71

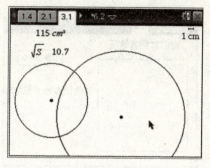

图 7.72

(3)用垂直命令,作出正方形其他三个顶点(图 7.73).

(4)用多边形命令作出正方形,测量其面积与已知圆的面积恰好相等(图 7.74).

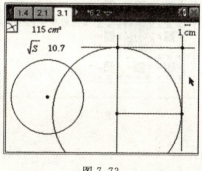

图 7.73

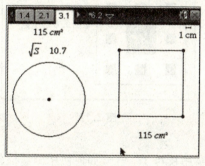

图 7.74

■ 触类旁通 —— 谢尔宾斯基地毯

谢尔宾斯基地毯也是一种分形,与谢尔宾斯基三角形的构造步骤基本相同,但它是从一个正方形出发的,将正方形9等分,去掉中间的小正方形,并对剩下的小正方形重复以上步骤.

现在借助变换工具中的缩放,以 $\dfrac{1}{3}$ 为比例值进行缩放,并借助游标工具、平移工具以及文本命令,即可大致展示变化过程.当 $n=0$ 时,着色三角形的个数为 0(图 7.75);当 $n=1$ 时,着色三角形的个数为 1(图 7.76);当 $n=2$ 时,着色三角形的个数为 9(图 7.77);当 $n=4$ 时,着色三角形的个数为 73(图 7.78);依此规律,可知着色三角形的个数为 $\frac{1}{7}(8^n-1)$.

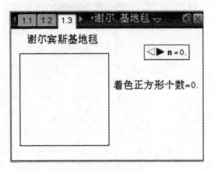

图 7.75

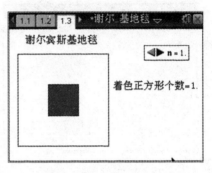

图 7.76

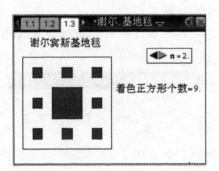

图 7.77

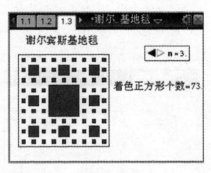

图 7.78

■ **实用技巧 37 —— 如何使用测量值传递作图**

在图形或几何页面下,按键 menu、⑦(作图)、⑧(测量值传递),调出测量值传递作图命令,可以将测量值或输入的值传递给目标进行作图,能够接受传递值的目标可以是射线、圆、三角形、矩形、多边形等,但线段、直线、函数图像等不能接受传递值.

比如,测出圆中的某段弧长后,先作一条射线,再按键 menu、⑦(作图)、⑧(测量值传递),单击测量值,再单击射线,即可将射线的端点沿射线的方向移动到目标位置,该位置与射线的端点间的距离等于测量值(图 7.79).

再如,用文本工具输入一个值,并任意作出一个多边形(用多边形工具制作,不是将若干条线段首尾相连得到),按键 menu、⑦(作图)、⑧(测量值传递),单击输入的值,再单击多边形和其中一个顶点 A,即可将顶点 A 按逆时针方向移动到目标位置 P,该位置离开顶点 A 的路程等于输入值,即 $AB+BP$ 等于测量值(图 7.80).

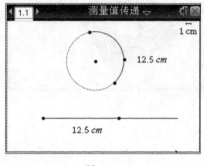

图 7.79　　　　　　　　　图 7.80

■ **问题解决** —— 制作赵爽弦图

问题　这是在北京召开的第 24 届国际数学家大会的会标,会标是根据中国古代数学家赵爽的弦图设计的,颜色的明暗使它看上去像一个风车,代表中国人民热情好客(图 7.81).赵爽的弦图是由四个相同的直角三角形与中间的小正方形拼成的一个大正方形,利用变换工具作出赵爽的弦图.

解析　作出一个小正方形,并在小正方形的外侧作一个直角三角形,直角三角形的一条直角边与小正方形的边长之和恰好等于直角三角形的另一条直角边的长(图 7.82).

按键 menu、⑧(变换)、④(旋转),单击小正方形的中心(旋转中心),单击直角三角形(旋转对象),然后输入 90(旋转角度值),按键 enter,得到旋转后的一个直角三角形,再作两个旋转三角形,即可得到赵爽的弦图(图 7.83).

图 7.81

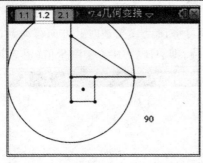

图 7.82

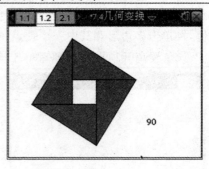

图 7.83

7.5 几何中的最值

关键词 作图 测量值传递 锁定 测量 赋值 计算

例6 如图 7.84,已知 $\angle A=60°$,P,Q 分别是 $\angle A$ 两边上的动点.

（Ⅰ）当 $AP=4,AQ=8$ 时,求 PQ 的长；

（Ⅱ）设 AP,AQ 长度之和为定值 12,研究线段 PQ 的长度是否有最小值.

■ 操作程序

1. 添加一个几何页面(1.1).

2. 按键 menu、④(点/线)、⑥(射线),作出一条射线. 按键 menu、⑧(变换)、④(旋转),输入 60(旋转角度),并单击射线端点(旋转中心)和射线(旋转对象),将射线旋转 60°,得到 $\angle A$(图 7.85).

3. 按键 menu、④(点/线)、⑤(线段),作出一条线段 MN. 按键 menu、⑥(测量)、①(长度),测量线段 MN 的长度,按键 esc 退出测量状态后,双击测量值,将测量值反白选中后输入 12,将测量值改为 12,即可得到长度为 12 的线段,同样在线段 MN 上作一个点 S,并将测得 MS 的长度值改为 4,即可得到长度为 4 的线段 MS 和长度为 8 的线段 SN(图 7.86).

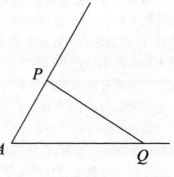

图 7.84

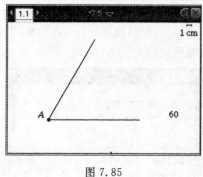

图 7.85   图 7.86

4. 按键 (menu)、(7)(作图)、(8)(测量值传递),单击测量值 4(MS 的长度)和 ∠A 的一边,得到的点 P 满足 AP=4,单击测量值 8(SN 的长度)和 ∠A 的另一边,得到的点 Q 满足 AQ=8,按键 (menu)、(4)(点/线)、(5)(线段),作出线段 PQ. 现在测量线段 PQ 的长度,得到 PQ 的长为 6.93(图 7.87).

5. 移动点 S,发现点 P 和点 Q 跟随移动,但保持 AP,AQ 长度之和为定值 12. 将光标指向 PQ 长度的测量值,按键 (var)、(enter),选中下拉菜单中的存储变量,在默认变量名 var 被选中的状态下输入 ylist,将 PQ 的长度定义为变量 ylist,用同样的方法将线段 MS 的长度定义为变量 xlist(图 7.88).

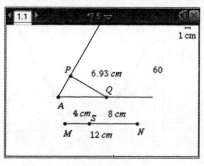 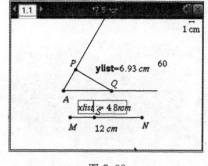

图 7.87   图 7.88

6. 添加一个列表与电子表格页面,将指针移动到电子表格 A 列有 ◆ 标志的行中,按键 (menu)、(3)(数据)、(2)(数据捕获)、(1)(自动),在默认变量名 var 被选中的状态下输入 xlist,表明自动捕获变量 xlist 的数据填充在 A 列,用同样的方法将自动捕获变量 ylist 的数据填充在 B 列(图 7.89).

7. 按键 (ctrl)、◀返回 1.1 页面(几何页面),选中点 S,任意移动指针,改变 MS 的长度,可以发现,在 1.2 页面(列表与电子表格页面)中,自动捕获的变量 xlist 与 ylist 的数据已经填充在 A,B 两列中.将指针移动到 A 列的第一行,输入 m,用变量 m 给 A 列数据命名,同样用变量 n 给 B 列数据命名(图 7.90).

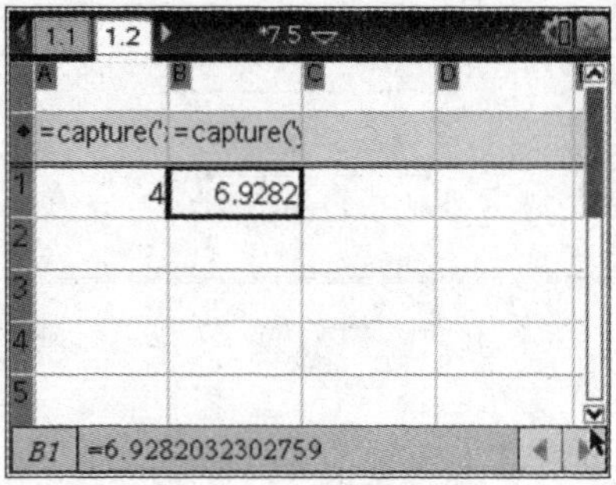

图 7.89 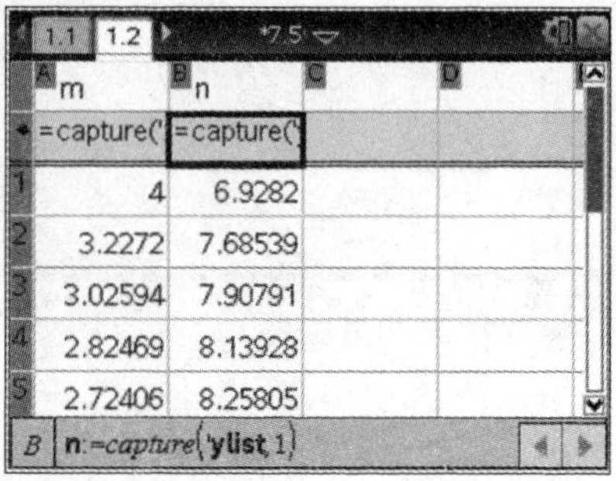　　　　　　　　　图 7.90

8.按键 ctrl、↵ 添加一个数据与统计页面,将指针移到屏幕下方中央位置(灰度字"单击添加变量"处)按键 enter,此时出现若干变量,选择变量 m,并按键 enter(图 7.91),同样将指针移到屏幕左侧中央位置按键 enter,选择变量 n,并按键 enter,得到散点图(图 7.92).从图形中可以看出,当 AP, AQ 长度之和为定值 12 时,线段 PQ 存在最小值,观察数据可以发现最小值为 6.

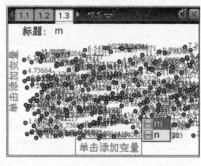

图 7.91

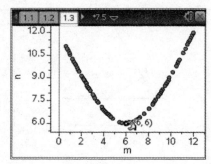

图 7.92

■ 触类旁通 —— 扇形中如何截得面积最大的矩形

问题　如图 7.93,在圆心角为 $60°$ 的扇形中,截出一个矩形 $ABCD$,使得其一边在扇形的一边上;另外两个顶点分别落在扇形的另一边和扇形的弧上.问:矩形 $ABCD$ 的面积何时最大?

解析　作出圆心角为 $60°$ 的扇形以及它的内接矩形 $ABCD$,用列表与电子表格自动捕获∠COB 的值与面积的数据,作出散点图,判断矩形 ABCD 面积取得最大值时,∠COB 的大小为 30°(图 7.94).

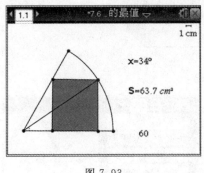

图 7.93

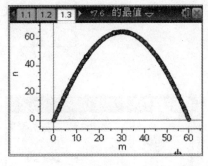

图 7.94

■ 实用技巧 38 —— 如何作出指定长度的线段,作出指定大小的角

要作出指定长度的线段,可以先作出一条射线,然后在射线上取一个点,测量射线端点到这个点的距离,接着将光标指向测量值,双击(按键 enter 两次)测量值,当测量值被选中时,输入指定的值替换原来的测量值,即可得到指定长度的线段的两个端点;要作出指定大小的角,可以先作出一条射线,然后按键 menu、8(变换)、4(旋转),输入指定的角度值(旋转角度),并单击射线端点(旋转中心)和射线(旋转对象),将射线旋转指定的角度值,得到指定大小的角,此时若改变输入的角度值,作出的角的大小也将改变.

■ 问题解决 —— 包装盒的容积与侧面积

问题 请你设计一个包装盒(图 7.95),ABCD 是边长为 60 cm 的正方形硬纸片,切去阴影部分所示的四个全等的等腰直角三角形,再沿虚线折起,使得 A、B、C、D 四个点重合于图中的点 P,正好形成一个正四棱柱形状的包装盒,点 E、F 在 AB 上是被切去的等腰直角三角形斜边的两个端点,设 $AE=FB=x$ cm.

(Ⅰ)若广告商要求包装盒侧面积 S(cm) 最大,试问 x 应取何值?

(Ⅱ)若广告商要求包装盒容积 V(cm) 最大,试问 x 应取何值?并求出此时包装盒的高与底面边长的比值.

解析 作出包装盒的图形,其中 AE 长度的改变,将引起包装盒侧面积和体积的变化,在列表与电子表格中,自动捕获这两个数据,并画出散点图(图 7.96,图 7.97).

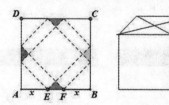

图 7.95

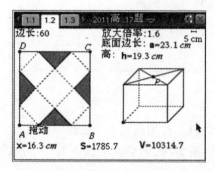

图 7.96

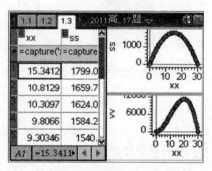

图 7.97

分析散点图,可以得到当 x 取 15 时包装盒侧面积 $S(cm^2)$ 最大(图 7.98),当 $x=20$ 时,包装盒容积 $V(cm^3)$ 最大(图 7.99).

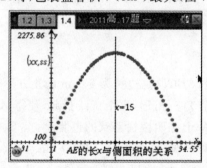

图 7.98

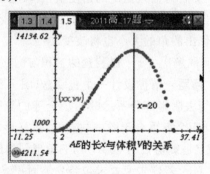

图 7.99

8 数列

数列是一种特殊的函数,涉及的问题形式多样,解法各异,它与函数、极限、概率、解析几何等有着密切的联系.图形计算器的数列、数组计算、数列迭代、数列作图等功能为解决数列问题提供了多样化的视角,其中数据统计中的生成序列、数据捕获、频率图表、快速绘图等功能极大拓展了解决问题的途径和方法.其特有的"蛛网图"功能深化和拓展了数列的研究,充分展现了数列丰富多彩的内涵和应用.

目标

8.1 数列的通项

8.2 数列的运算

8.3 数列的图像

8.4 数列的迭代(蛛网图)

8.5 数列的最大值与最小值

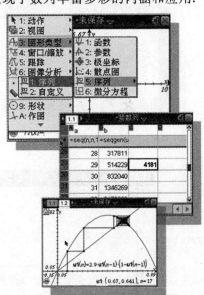

"Logistic 模型"的研究

在研究某种昆虫对食物的依赖性时,如果该昆虫上一代数量很少,那么繁殖能力不够,从而后代很少;当上一代数量很多,会吃掉很多食物,后代赖以生存的食物将减少,因此后代的数量也会减少. 也即昆虫数量的"Logistic 模型"其中 $u_n = au_{n-1}(1-u_{n-1})(0<a\leqslant 4)$(也称为逻辑斯蒂差分方程),其中 u_n 表示第 n 代昆虫数量,a 为环境系数,该模型反映了下一代对上一代的既依赖又竞争的关系. a 的不同取值会产生不同的效果.

如果我们假设 $a=1.5$,u_1 是一个小于 1 的数字,比如 0.1,输入递推公式 $u_n = 1.5u_{n-1}(1-u_{n-1})$(图 8.1),可以看到,大约经过 34 次迭代以后(图 8.2,图 8.3),u_n 稳定在 $\frac{1}{3}=0.33333$ 左右. 是一种比较理想的结果,观察离散点的分布情况,可以看出 u_n 的值很快趋于定值,利用蛛网图可以看到数列是收敛的(图 8.4).

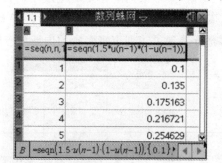

图 8.1   图 8.2

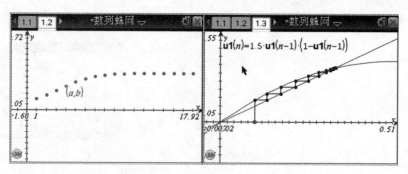

图 8.3   图 8.4

8.1 数列的通项

关键词 序列　数组运算　生成序列

例 1 已知数列 $\{a_n\}$，$a_n=\dfrac{2n}{3}$，求数列 $\{a_n\}$ 的前 20 项.

■ 操作程序

1. 添加一个计算器页面.

2. 按键 menu、⑥（统计）、④（数组运算）、⑤（数列）、enter（图 8.5），在数列提示符 seq 后面输入 $\dfrac{2\cdot n}{3},n,1,20$，得到数列的前 10 项分别为：$\dfrac{2}{3},\dfrac{4}{3},2,\dfrac{8}{3},\dfrac{10}{3},4,\dfrac{14}{3}$，$\dfrac{16}{3},6,\dfrac{20}{3},\dfrac{22}{3},8,\dfrac{26}{3},\dfrac{28}{3}$（图 8.6）.

3. 输入 ans×1.0，按键 enter，得到 0.66666666666667，1.3333333333333，2，2.6666666666667，3.3333333333333，4.，4.6666666666667，5.3333333333333，6.，6.6666666666667，7.3333333333333，8.，8.6666666666667，9.3333333333333，10.，10.666666666667，11.333333333333，12.，12.666666666667，13.333333333333（图8.6）.

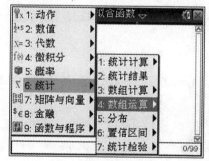

图 8.5

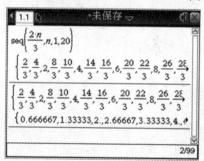

图 8.6

说明

1. 已知数列的通项求数列的某一项可以利用"序列"(seq)命令求解. 其中数列的命令格式是：seq(表达式,变量,下界,上界,公差). 例如,已知数列 $a_n = n^2 + n - 1$,求 a_{102}. 在计算器页面上输入 seq($n^2 + n + 1, n, 102, 102$),按键 enter,得到 $a_{102} = 10507$.

2. 数列求和也可以通过序列方式求得,如求数列 $a_n = 3n + 1, a_1 = 4$,求 $\{a_n\}$ 的前 29 项. 操作方法如下：按键 menu、3（数据）、enter、1（生成序列）、enter,在出现的框中输入相关的数值（图 8.7）,按键 enter,得到数列 $\{3n+1\}(n = 1, 2, \cdots, 29)$（图 8.8）.

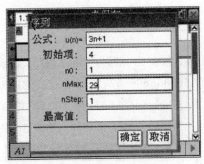

图 8.7

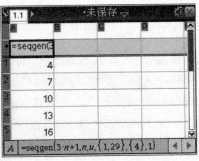

图 8.8

3. 将分数转化为小数形式有两种方式：① 利用 approx()；② 在计算结果后面输入"·1.0".

■ **触类旁通** —— 一个等差数列性质的证明

问题 设 $\{a_n\}$ 为等差数列,证明：当 $m + n = p + q(m, n, p, q \in \mathbf{N}^*)$ 时,$a_m + a_n = a_p + a_q$.

解析 根据等差数列定义,可以设 $a_n = f(n) = an + b$,利用自定义函数和赋值方法,添加一个计算器页面,输入 $f(m) + f(n)$,按键 enter,得到 $a(m+n) + 2b$,输入 $f(p) + f(q)$,按键 enter,得到 $a(p+q) + 2b$,根据 $m + n = p + q$,证得 $f(m) + f(n) = f(p) + f(q)$（图 8.9）.

■ **实用技巧 39** —— 如何利用 deltaList(数组)验证等差数列

命令 deltaList(数组)用于求数组的差值(差分),利用 deltaList(数组)可以解决一类数列的性质研究. 例如,已知数列 $\{a_n\}$ 满足 $a_n = n^2 + 2n + 1(n = 1, 2, 3, \cdots,$

20),设 $b_n = a_{n+1} - a_n$,说明数列 $\{b_n\}$ 是等差数列.

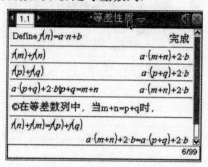

图 8.9

添加一个列表与电子表格,将第一列、第二列、第三列分别命名为 a、b、c,在第一列第二行输入数列 $\text{seq}(n^2 + 2 \cdot n + 1, n, 1, 20)$,在第二列第二行输入 deltaList(a[ ]),在第三列第二行输入 deltaList(b[ ]),得到 b_n 是公差为 2 的等差数列(图 8.10).

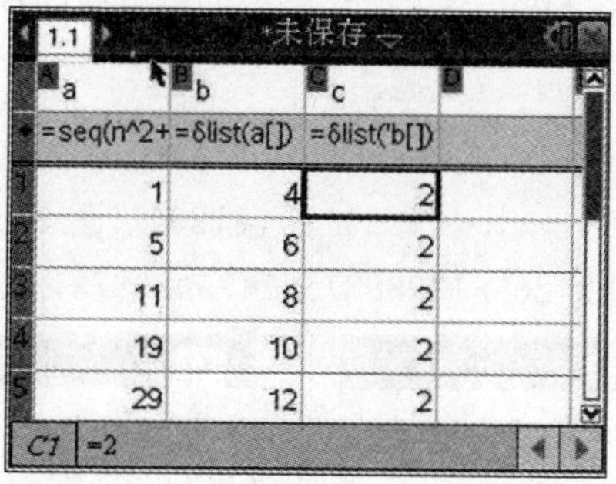

图 8.10

■ 问题解决 —— 一个取整数列性质的研究

问题 设 $m \in \mathbf{N}^*$,$\log_2 m$ 的整数部分用 $f(m)$ 表示,则 $f(1) + f(2) + f(3) + \cdots + f(1\,024)$ 的值是( )

A. 8 204   B. 8 192   C. 9 218   D. 以上均不对

解析 利用自定义函数、int、sum、seq 等命令求解,通过 define $f(n) = \text{int}(\dfrac{\log_{10}(n)}{\log_{10}(2)})$,$\text{sum}(\text{seq}(f(n), n, 1, 1024))$,得到 $f(1) + f(2) + f(3) + \cdots + f(1024) = 8204$,因此应选 A(图 8.11).

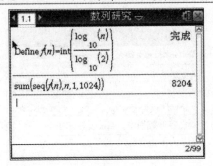

图 8.11

8.2 数列的运算

关键词 序列 元素总和

例 2 已知 $a_n = 2n-1$,$b_n = (\frac{1}{3})^n$,求数列 $\{a_n \cdot b_n\}$ 的前 20 项乘积.

■ 操作程序

1. 添加一个计算器页面.

2. 输入 prodSeq$((2n-1) \cdot (1/3)^n, n, 1, 20)$(图 8.12),按键 enter,得到数列 $\{a_n \cdot b_n\}$ 的前 20 项乘积为 265613988875874769338781322203577962(图 8.13).

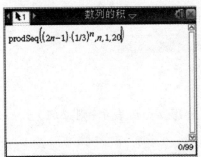

图 8.12

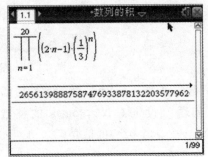

图 8.13

说明

1. 数列相乘也可以利用如图 8.14 中高亮模块方法输入.

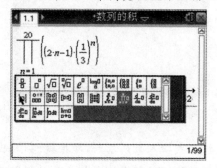

图 8.14

2. 求数列前 n 项积的命令格式是:prodSeq(表达式,变量,下限,上限). 利用模板输入数学表达式是一种简便的方法,利用模板可以输入分式、指数式、根式、对数式、分段函数、矩阵、导数求和、求积、积分,等等.

例 3 数列 $\{a_n\}$ 的通项 $a_n=n^2(\cos^2\dfrac{n\pi}{3}-\sin^2\dfrac{n\pi}{3})$,其前 n 项和为 S_n,则 S_{30} 为(　　)

A. 470　　　　B. 490　　　　C. 495　　　　D. 510

■ 操作程序

1. 添加一个计算器页面.

2. 按键 menu 、⑥(统计)、③(数组计算)、⑤(各元素的和)(图 8.15),按键 menu 、⑥(统计)、④(数组运算)、⑤(数列),输入 "sum(seq($i^2 \cdot ((\cos(\dfrac{i \cdot \pi}{3}))^2 -(\sin(\dfrac{i \cdot \pi}{3}))^2)))$"(图 8.16),按键 enter,得到 $S_{30}=470$(图 8.17).

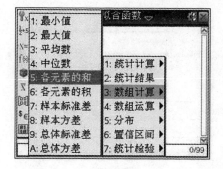

图 8.15

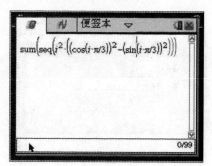

图 8.16

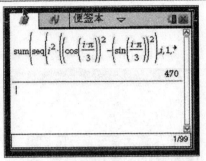

图 8.17

说明

本题也可以通过模板形式输入数列求和,即按键,在出现的模板中选择数列求和模块,按键,在出现的模板框中输入相关的数据即可.如果熟悉命令格式,直接在页面上输入命令更为简捷.

■ 触类旁通 —— 用解方程组方法求特殊数列的前 n 和

问题 给出定理:数列 $1^k,2^k,3^k,\cdots$ 的前 n 项和 $1^k+2^k+3^k+\cdots+n^k$ 是 n 的一个常数项为 0 的 $k+1$ 次多项式.根据这个定理可以利用解方程组的方法求特殊数列前 n 项的和.例如,求数列 $1\times2,2\times3,3\times4,\cdots,n\times(n+1),\cdots$ 的前 n 项和.由上述定理可设 $1\times2+2\times3+3\times4+\cdots+n\times(n+1)=x\times n+y\times n^2+z\times n^3$,令 $n=1$,

2,3 分别代入得 $\begin{cases} x+y+z=2 \\ 2x+4y+8z=8 \\ 3x+9y+27z=20 \end{cases}$,利用解方程组方法(参见第 4 章方程与不等

式),解得 $x=\dfrac{2}{3},y=1,z=\dfrac{1}{3}$(图 8.18,图 8.19).即 $1\times2+2\times3+3\times4+\cdots+n\times(n+1)=\dfrac{2}{3}n+n^2+\dfrac{1}{3}n^3.$

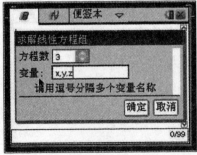

图 8.18

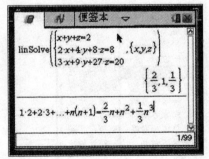

图 8.19

■ 实用技巧 40 —— 如何使用电子列表进行数列的有关运算

对已知数列进行有关的计算后观察新数列与已知数列的关系,对已知数列进行一系列的处理(加、减、乘、除等)是数列应用中常见的问题.图形计算器为此提供了方便简明的方法,即可以直接在新的一列中对已知的数列进行有关的数学运算和组合,如已知数列$\{a_n\}$,$\{b_n\}$分别为$a_n=3n+1$,$b_n=(\frac{1}{2})^n$,求数列$\{a_nb_n\}$前30项中的最大值.我们可以添加一个列表和电子表格页面,在表格的 a 列和 b 列的第二行分别输入"=seq($3n+1,n,1,30$)"和"=seq(($\frac{1}{2})^n,n,1,30$),在 c 列的第二行输入"=a[ ]×b[ ]",在 d[1]输入"=max(c[ ])",可得当$n=1$时,a_nb_n的最大值为2(图8.20).利用列表和电子表格输入数列还可以在列表和电子表格的页面上按键 menu、③(数据)、①(生成序列),在出现的公式对话框中输入数列(图8.21).

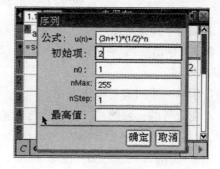

图 8.20　　　　　　　　　图 8.21

■ 问题解决 —— 数列与解析几何的交汇问题

问题 对于任意$n\in \mathbf{N}^*$,抛物线$y=(n^2+n)x^2-(2n-1)x+1$与x轴相交于A_n,B_n两点,求(1)$S_{3\,000}$;(2)$S_n=|A_1B_1|+|A_2B_2|+\cdots+|A_nB_n|$关于$n$的通项公式.

解析 通过方程求解命令 solve 解方程$y=(n^2+n)x^2-(2n-1)x+1$得两个根分别为$\frac{1}{n+1}$,$\frac{1}{n}$(图8.22);定义数列$a(i)=|\frac{1}{i}-\frac{1}{i+1}|$;求和$\sum_{i}^{3\,000}a_i$与$\sum_{i}^{n}a_i$,得到$S_{3\,000}=\frac{3\,000}{3\,001}$,$S_n=|A_1B_1|+|A_2B_2|+\cdots+|A_nB_n|=1-\frac{1}{n+1}$(图8.23).

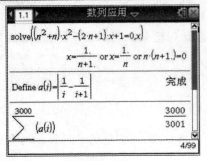

图 8.22　　　　　　　　　图 8.23

8.3　数列的图像

关键词　添加列表与电子表格　序列　图形类型　散点图

例 3　作出数列 $\{a_n\}$，$a_n=(n-2)\cdot 0.8^n$ 的图像.

■ 操作程序

1. 添加一个列表与电子表格.

2. 在表格的 a 列的第二行中由键盘输 $\text{seq}(n,n,1,30)$（即输入数列 $a_n=n$，$1\leqslant n\leqslant 30$），在 b 列的第二行中输入 $\text{seq}((n-2)\times(0.8)^n,n,1,30)$（即输入数列 $a_n=(n-2)\cdot(0.8)^n$，$1\leqslant n\leqslant 30$）（图 8.24）.

3. 添加一个图形页面.

4. 按键 (menu)、(3)（图形输入/编辑）、(5)（散点图）（图 8.25）、(enter)，在屏幕下方 $x\to$ 处输入 a，按键 (enter)，$y\to$ 处输入 b（图 8.26），按键 (enter)，出现数列的散点图（图 8.27）.

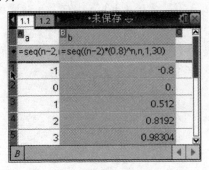
图 8.24

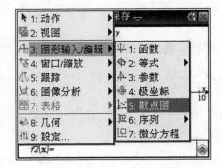
图 8.25

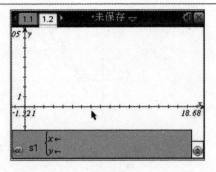
图 8.26

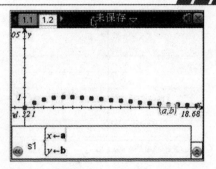
图 8.27

说明

数列图像也可以通过序列方法作图得到,即添加一个图形页面,按键 menu、③(图形输入/编辑)、⑥(序列)、①(序列)(图 8.28),在出现的屏幕下方的光标处输入 $(n-2)\cdot(0.8)^n$,初始值 -0.8,按键 enter,得到数列的散点图,经过窗口的适当调整得到图 8.29.

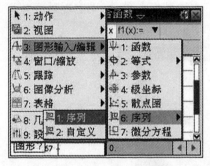
图 8.28

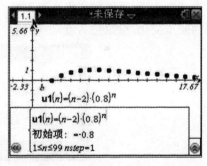
图 8.29

■ **触类旁通 —— 巧用数列作直线系图像**

利用数列可以作等距离的直线图像,如在函数命令行中输入 $\mathrm{seq}(6-2\cdot n,n,1,8)$,则表明在坐标系中输入直线 $y_1=4,y_2=2,y_3=0,y_4=-2,\cdots,y_{10}=-14$,得到直线系方程(图 8.30).如果在函数提示符"$f1(x)=$"后面输入 $\mathrm{seq}(10-2\cdot n,n,1,5)\cdot x^2$,那么屏幕上就会出现抛物线系方程的图像(图 8.31).因此可以凭着你的想象构造出多姿多彩的数学图像.

183

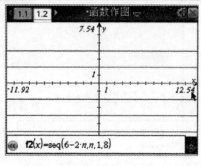

图 8.30

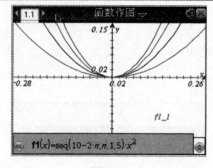

图 8.31

■ 实用技巧 41 —— 如何制作可调控的动态数列图像

在数列作图时,有时需要用图、表形式呈现,同时希望对图、表的内容呈现能够进行调控,图形计算器的游标功能可以帮助实现这样的效果.

首先将页面布局设置为左边两栏,右边一栏的形式,在左下角添加一个图形页面,插入添加游标 k,在左上方的页面上的 a 列的第 2 行输入"=seq($n,n,1,k$)",在 b 列的第 2 行输入"seq($n^2,n,1,k$)",并将此表中的数列用"摘要图"的形式在右边页面上呈现出来,这样就可以通过调控左下方中游标 k 的值,动态地观察数列的直方图的同步变化,可以进行互动式的学习和研究(图 8.32).

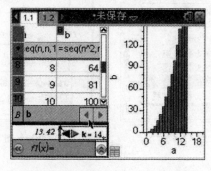

图 8.32

■ 问题解决 —— 利用数列方法求多项式零点的近似值

问题 利用迭代方法求 $f(x)=x^3-x^2-1$ 的零点.

多项式零点的解法有多种途径,利用数列求多项式零点的近似值则是别开生面的一种求法,由此可以看到零点求解过程中的逐步逼近的过程. 具体操作如下:首先添加一个图形页面,将图形类型设置为序列,在数列提示符"u1(n)="后面输入 $\sqrt[3]{(u1(n-1))^2+1}$,初始值设置为 1,按键 enter,得到递推数列的散点图(图

8.33),将页面布局设置为左右两栏,并单击右栏,按键 ctrl、T,添加一个列表与电子表格,得到多项式零点的近似值约为 1.4655712318(图8.34).

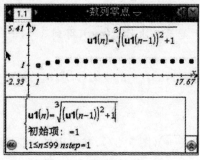

图 8.33

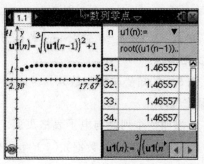

图 8.34

8.4 数列的迭代(蛛网图)

关键词　序列　动作　生成序列

例 4　已知 $f(n)=3n+1, g(n)=\begin{cases}1, n=1 \\ f[g(n-1)], n\geqslant 2\end{cases}$,求 $g(10)$.

■ 操作程序

1. 添加一个计算器页面.

2. 输入1,按键 enter,得到1,按键 ctrl、capture(当前结论)输入 $1\cdot3+1$,按键 enter,得到4,按键 enter,得到13,如此下去就得到 $g(1),g(2),\cdots,g(10)$(图8.35,图8.36).

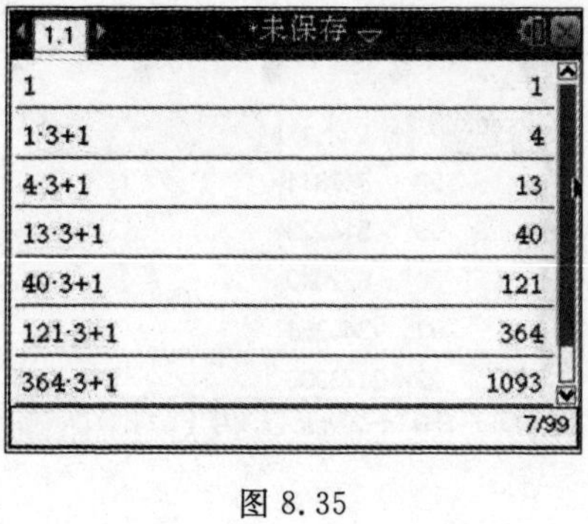

图 8.35

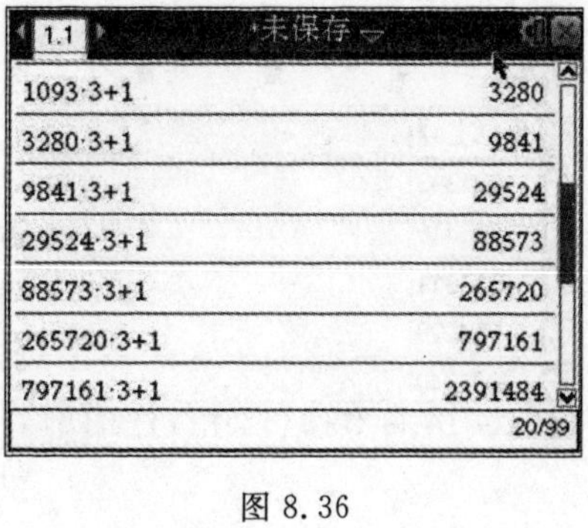

图 8.36

说明

本题利用数列的迭代方法. ans 表示前一次运算的结果, 第 2 次按键 enter 前 ans 为 1, 所以 $3 \times 1 + 1 = 4$, 此时 ans 的值为 4, 于是第 3 次按键 enter, 得到 $3 \times 4 + 1 = 13$ 等, 以此类推.

例 5 已知斐波那契数列 $\{a_n\}$, $a_1 = 1$, $a_2 = 1$, $a_{n+1} = a_n + a_{n-1}$, 求 a_{30} 的值.

■ 操作程序

1. 添加一个列表与电子表格页面.

2. 按键 menu、③（数据）、①（生成序列）、enter（图 8.37）, 在出现的对话框中输入相关公式和数值, 其中 $u(n) = u(n-1) + u(n-2)$, 初始值为 1, 1 (即 $a_1 = 1, a_2 = 1$), nMax 为 40, nStep 为 1 (图 8.38), 按键 enter, 得到递推数列 $b := \text{seqn}(u(n-1) + u(n-2), n, u, \{1,40\}, \{1,1\}, 1)$ (图 8.39), 按键 ▼ 直至第 30 行, 得到 $a_{30} = 832040$ (图 8.39, 图 8.40).

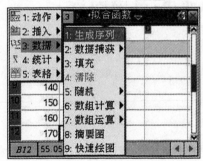

图 8.37

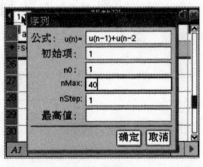

图 8.38

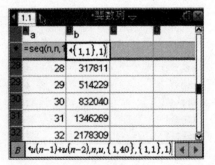

图 8.39   图 8.40

说明

1. 当光标移动到某一行时,在屏幕下方会出现这一行的有关信息,如数列通项等相关数学关系式等.

2. 递推数列的关系式也可以直接在电子表格中的第二行直接输入 seqn($u(n-1)+u(n-2),\{1,1\}$).

3. 命令 seq 主要用于已知数列通项的数列的研究,命令 seqn 主要用于递推数列的研究. seqn 的命令格式是:seqn(表达式(u, n)[, ListOfInitTerms[, nMax[, 向上取整数值]]]),seqn(表达式(n)[,nMax [, 向上取整数值]]).

4. 要求斐波那契数列的某一项,可以在电子表格的 C 列中的某一单元格中输入"=b[19]",按键 enter,得到 b[19] 的值为 4181(图 8.41),用这种方法可以解决已知递推数列中若干项的和、差、积、商等的运算求值问题.

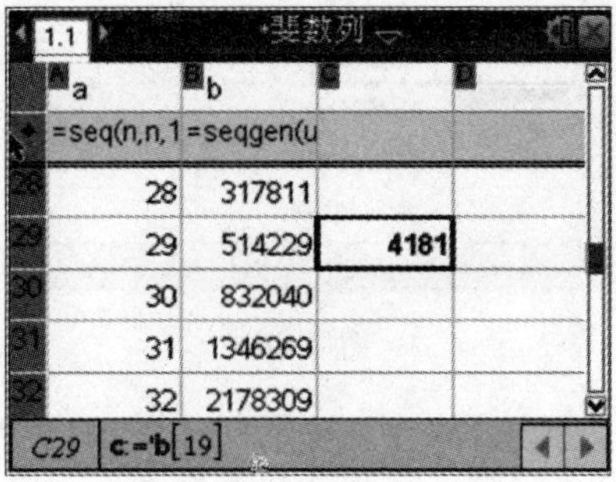

图 8.41

5. 利用列表与电子表格和数据填充功能也可以方便地求斐波那契数列. 即添加一个列表与电子表格页面,在 a 列的第一行、第二行分别输入 1,1(即 $a_1=1, a_2=1$),在 a 列的第三行输入 =a[1]+a[2],点击 a 列的第三行,按键 menu、3(数据)、3(填充)(图 8.42,图 8.43),出现蚁形框,将其下拉至适当的位置(第 33 行),就得到斐波那契数列的前 33 项,从中看到 $a_{30}=832040$(图 8.44).

图 8.42

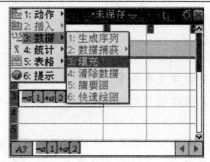
图 8.43

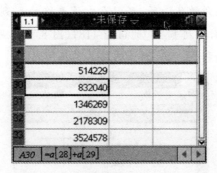
图 8.44

例 7 已知数列 $\{a_n\}$ 中，$a_1=0.1$，$a_{n+1}=2a_n(1-a_n)$. 这个数列是否收敛（趋向于某一个参数），分别画出它的散点图和迭代蛛网图.

■ 操作程序

1. 添加一个图形页面.

2. 按键 (menu)、③（图形输入/编辑）、⑥（序列）、①（序列）、(enter)（图 8.45）.

3. 在出现的对话框中输入 $a_1=0.1$，$u|(n)=2.9 \cdot u|(n-1) \cdot (1-u|(n-1))$（图 8.46），按键 (enter)、(menu)、④（窗口/缩放）、①（窗口设置）（图 8.47），重新设置窗口大小，得到数列 $\{a_n\}$ 的散点图（图 8.48）.

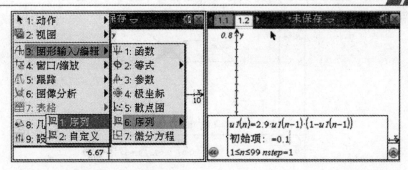

图 8.45　　　　　　　　图 8.46

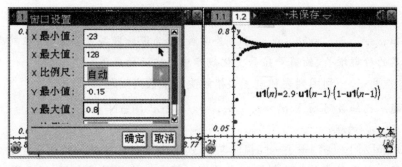

图 8.47　　　　　　　　图 8.48

4. 将指针指向散点图,这时指针 图标变为手指图标 ,按键 (ctrl)、(menu)、(3)(属性),按键▼▼,选择第三个选项,按键▶,选择蛛网图,按键 (enter),得到图 8.49,按键 (menu)、(4)(窗口/缩放)、(1)(窗口设置),重新设置窗口大小(图 8.50),按键 (menu)、(5)(跟踪)、(1)(图形跟踪),按键◀和▶调整迭代次数,得到数列的蛛网图(图 8.51).

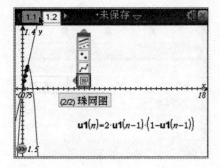　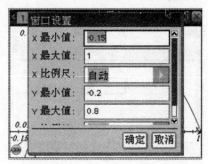

图 8.49　　　　　　　　图 8.50

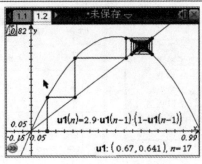

图 8.51

说明

形如 $a_1=a, a_{n+1}=ka_n(1-a_n)$ (k 为常数)称为逻辑斯蒂差分方程,在刻画和研究自然界的种群增长、细菌繁殖等变化规律中有广泛的应用.

■ **触类旁通** —— 利用列表和电子表格解决递推数列问题

问题 已知数列 $\{a_n\}$,$a_1=1.5$,$a_{n+1}=\sqrt{a_n+n^2}$,$n\in \mathbf{N}^*$.

1. 求 $[a_{20}]$ 的值;
2. 求和 $[a_1^2]+[a_2^2]+\cdots+[a_{30}^2]$,其中 $[x]$ 表示不超过实数 x 的最大整数.

解析 利用列表和电子表格和变量可以解决递推数列的求解. 对于第一个问题. 在表格的第一列设置变量 m,并在第一列第二行输入数列: seqgen($\sqrt{(u(n-1)+n^2}$,n,u,$\{1,20\}$,$\{1.5\}$,1)得到数列 $u(n)$(图 8.52),在 b[2] 中输入 =int[m[20]],按键 (enter),得到 $[a_{20}]=20$(图 8.53). 对于第二个问题. 在 C 栏的第二行输入 seqgen($u(n-1)+n^2$,n,u,$\{1,20\}$,$\{1.5\}$,1)得到数列 $\{a_n^2\}$,在 D 栏第二行输入"=sum(int(c[]))",按键 (enter) (图 8.53),得到 $[a_1^2]+[a_2^2]+\cdots+[a_{20}^2]$ 的值为 16170(图 8.53).

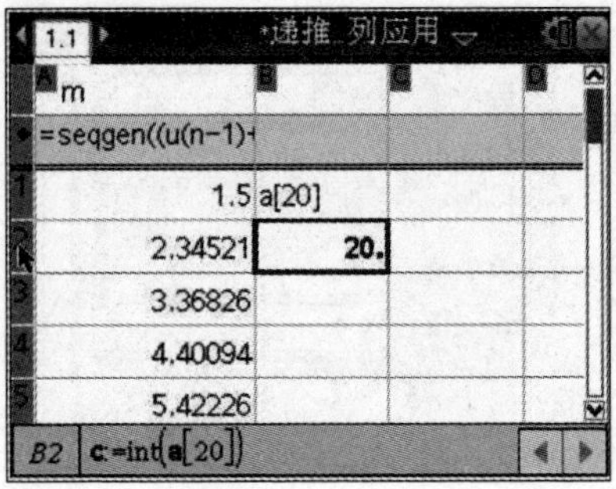

图 8.52

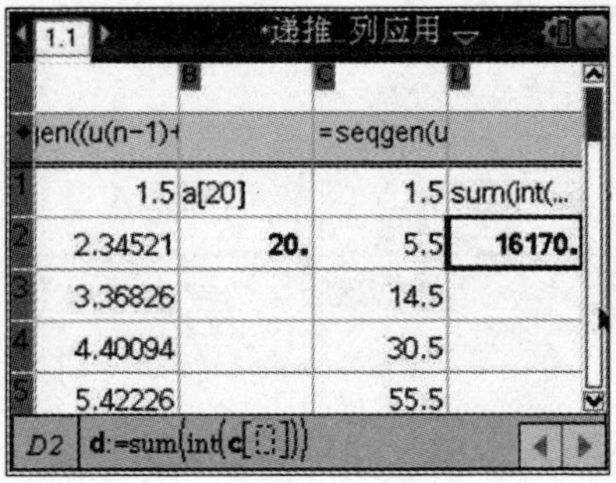

图 8.53

第8章 数列

■ 实用技巧 42 —— 如何利用散点图制作同步变化的数列图像

在实用技巧 20 中介绍了一种利用数表来动态显示数列的一种方法. 图形计算器在呈现数列的图像时, 还可以有更丰富的表现形式, 当控制游标时, 图像上数列的点数个数随之增加和减少. 以数列 $a_n = \dfrac{2\sqrt{n}}{n+1}$ 为例说明具体操作方法.

1. 添加列表与电子表格页面.

2. 在表格的第一行分别定义变量 $xa, ya, x\text{plot}, y\text{plot}$, 在它们对应的下方单元格中分别输入 $\text{seq}(n, n, 1, 20, st), \text{seq}(\dfrac{2\sqrt{n}}{n+1}, n, 1, 20, st), \text{seq}(xa[k], k, 1, 20, st),$ $\text{seq}(ya[k], k, 1, 20, st)$ (图 8.54).

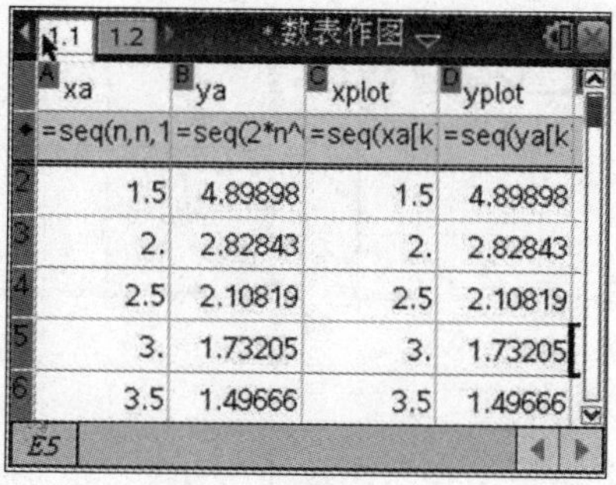

图 8.54

3. 在 E 列中分别定义变量 $st, yi = ya[\text{floor}(st)], xi = xa[\text{floor}(st)]$ (图 8.55).

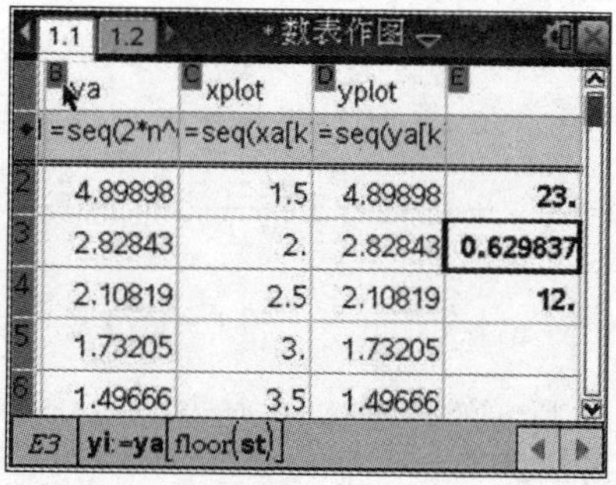

图 8.55

4. 添加一个图形页面, 并将图形类型设置为散点图. 作出以 $x\text{plot}$ 为横坐标, $y\text{plot}$ 为纵坐标的散点图.

5. 插入游标并设置为不显示标签, 变量取值范围为 0~25 (可根据需要进行调整).

6. 输入文本 step=int(st)-1,并通过计算功能选择变量 st. 得到 int(st)-1 的数值,输入文本 step,将上述得到的 int(st)-1 的数值附加到它的右侧,将文本 step=int(st)-1 隐藏.

7. 输入文本 xi,yi,并通过计算功能选择变量 xi 和 yi,将得到的数值分别附加到 xi,yi 的右侧(图 8.56).

8. 调整窗口的大小和位置,,调控游标数列的点数和点的坐标同步就会显示在屏幕上(图 8.57).

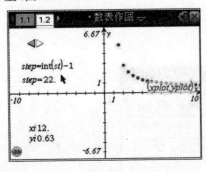

图 8.56

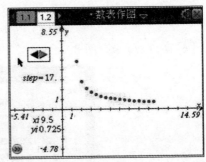

图 8.57

注 将游标设置为不显示的状态的操作方法是:进入游标设置对话框,在下拉菜单中将显示变量的勾选取值即可.

■ 问题解决 —— 二元递推数列的应用

问题 植树节来临,某学校数学活动小组为学校的一块空地设计植树方案如下:第 k 棵树种植在 $P(x_k,y_k)$ 处,其中 $x_1=1,y_1=1$,当 $k \geqslant 2$ 时

$$\begin{cases} x_k = x_{k-1} + 1 - 10 \left[T(\frac{k-1}{10}) - T(\frac{k-2}{10}) \right] \\ y_k = y_{k-1} + T(\frac{k-1}{10}) - T(\frac{k-2}{10}) \end{cases}$$

其中 $T(a)$ 表示非负实数 a 的整数部分,如 $T(2.7)=2, T(0.3)=0$. 按此方案,第 2 011 棵树种植点的坐标是_____.

解析 本例可以利用自定义数列、表格,数据捕捉,变量等方法加以解决. 主要操作步骤如下:

1. 添加一个计算器页面. 自定义变量 $l=\text{int}(\frac{n-1}{10}) - \text{int}(\frac{n-2}{10})$,输入数列 $v(n)=\text{seqGen}(v(n-1)+1-10 \cdot l, n, v, \{1,2011\}, \{1\}, 1)$,并保存为变量 t,按键

enter），得到数列 $v(n)$，输入数列 $u(n)=\text{seqGen}(u(n-1)+l,n,v,\{1,2011\},\{1\},1)$，并保存为变量 m. 按键 enter，得到数列 $u(n)$（图 8.58）.

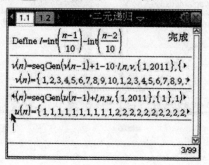

图 8.58

2. 添加一个列表和电子列表，将第一列、第二列分别命名为 a1、b1，单击第一列的第二行，按键 menu、③（数据）、②（数据捕捉）、①（自动）（图 8.59），输入变量 t，按键 enter，得到数列 $v(n)$，同样的可以在第二列第二行得到数列 $u(n)$（图 8.60）.

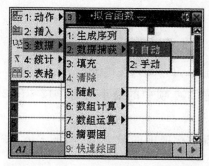

图 8.59

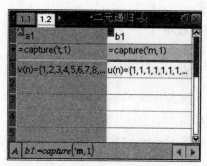

图 8.60

3. 在数列 $v(n)$、$u(n)$ 所在单元格内移动指针可以看出第 2 011 棵树种植点的坐标是 $(1,202)$（图 8.61，图 8.62）.

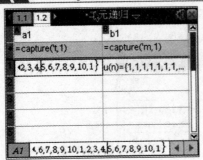

图 8.61　　　　　　　　　图 8.62

 8.5　数列的最大值与最小值

关键词　数组计算　最值

例 6　已知数列 $\{a_n\}$ 中，$a_1=1$，$a_n=(n-10)\ln n$，求 $\{a_n\}$ 前 300 项中的最大值、最小值.

■ 操作程序

1. 添加一个计算器页面.

2. 输入 Define $a1=\text{seq}((n-10)\cdot\ln(n),n,1,300)$，按键 enter、del.

3. 输入 $\min(a1)$，按键 enter，得到 $\{a_n\}$ 前 300 项中的最小值为 $-12\cdot\ln 2$（图 8.63）.

4. 输入 $\max(a1)$，按键 enter，得到 $\{a_n\}$ 前 300 项中的最大值为 $290\cdot\ln 300$（图 8.63）.

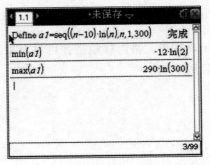

图 8.63

第8章 数列

> **说明**
>
> 1. 自定义数列与自定义函数一样在问题解决中有广泛的应用.
>
> 2. 通过求数列的平均数、中位数,和求各个元素的和、积等也可以参考本例的方法.
>
> 3. 本例也可以通过添加列表和电子表格的方式求解.

■ **触类旁通** —— 一道高考数列问题中最大值的讨论

问题 设等比数列 $\{a_n\}$,公比 $q=\sqrt{2}$,S_n 为 $\{a_n\}$ 的前 n 项和,记 $T_n=\dfrac{17S_n-S_{2n}}{a_{n+1}}$,$n\in \mathbf{N}^*$,设 T_{n_0} 为数列 $\{T_n\}$ 的最大项,则 $n_0=$ _____.

解析 这是一道高考填空题,原题考查的重点是等比数列的通项公式,前 n 项和公式,均值不等式.利用图形计算器主要用到自定义函数,fMax 命令,首先利用 Define 命令分别自定义等比数列通项公式为 $f(n)$ 以及前 n 项和为 $s(n)$,$T_n=\dfrac{17S_n-S_{2n}}{a_{n+1}}$ 为 $t(n)$,利用 fMax$(t(n))$ 求 n_0,如图 8.64,图 8.65 得到当 $n_0=4$ 时 T_4 最大.

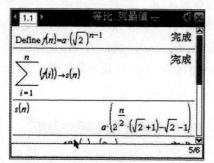

图 8.64

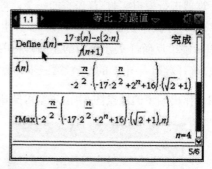

图 8.65

■ **实用技术 43** —— 如何将数列进行降序或升序排列

将数列进行降序或升序排列可以利用排序命令 sortD 和 sortA 两种方式:

添加一个计算器页面,Define $m=\{7,8,1,24,4,3,6,-2,-9,5,-3\}$,按键 (enter),得到数组 $m=\{7,8,1,24,4,3,6,-2,-9,5,-3\}$,输入 sortA$m$,按键 (enter),得到数组中各数按升幂排列的结果为 $\{-9,-3,-2,1,3,4,5,6,7,8,24\}$,输入 sortD$(m)$,按键 (enter),得到数组中各数按降幂排列的结果为 $\{24,8,7,6,5,4,3,1,-2,-3,-9\}$(图 8.66).

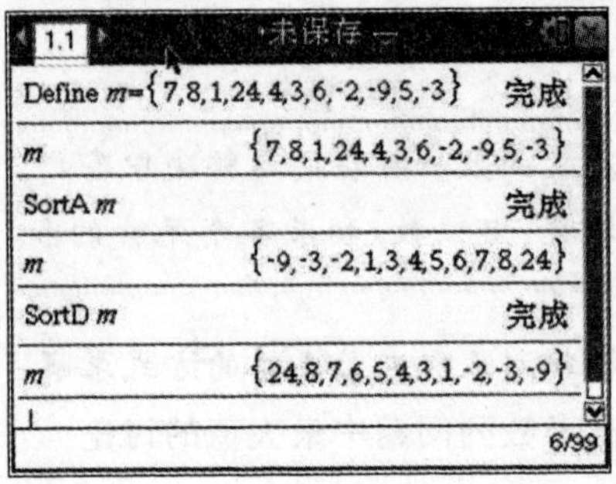

图 8.66

说明

升幂排列 SortA 的命令格式是：SortA 数组 1[，数组 2][，数组 3]……，或 SortA 向量 1[，向量 2][，向量 3]……，降幂排列 SortD 的命令格式是：SortD 数组 1[，数组 2][，数组 3]……，或 SortD 向量 1[，向量 2][，向量 3]……．

■ **问题解决——用数学实验模拟概率**

为了直观体会古典概率中频率与概率的关系，感知数据与生活的关系，可以利用图形计算器进行模拟实验．首先添加一个计算器页面，利用"TI"第一步产生一个数列顺序号(1~50)并保存在变量 $a1$ 中，第二步产生一组由 0，1 组成的数组，并保存在变量 $b1$ 中(0 表示硬币反面，1 表示硬币的正面)，利用命令 cummulativeSum(b_1)(即统计 b_1 中 1 的个数)统计数组 b_1 中 1 的个数，第三步计算得到的频率 c_1，并转化为分数形式(图 8.67)，第四步作出频率的散点图．由图观察可知概率约为 $\frac{1}{2}$(图 8.68)．

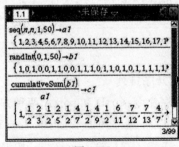

图 8.67

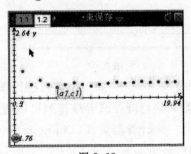

图 8.68

说明

累加计数命令的格式是：cumulativeSum(数组)．

三角函数

三角函数浓缩了函数、平面几何、解析几何的精华，在实际生活、科学探究中有其广泛的应用价值，也是教学中非常生动活泼的内容．图形计算器在呈现数学之间的数形关系、多元关联、静态与动态关系等方面有许多独到之处，利用命令 tExpand、tCollect、solve、测量值传递、自定义函数、游标等工具可以解决三角函数化简、作图、课件等问题，成为数学教学的好帮手．

目标

9.1　简单三角换算与计算

9.2　三角函数的转换、展开、合并

9.3　三角函数图像

9.4　解三角方程(组)

9.5　解三角形(正弦定理、余弦定理及其应用)

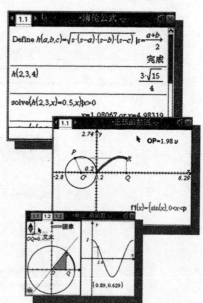

■ "帕斯卡正切三角形"(Pascal tangent triangle) ■

通过 $\tan(\alpha+\beta) = \dfrac{\tan\alpha + \tan\beta}{1 - \tan\alpha\tan\beta}$ 可以得到 $\tan 2\alpha = \dfrac{2\tan\alpha}{1-\tan^2\alpha}$，$\tan 3\alpha = \dfrac{3\tan\alpha - \tan^2\alpha}{1 - 3\tan^2\alpha}$，…，那么 $\tan 2\alpha$，$\tan 3\alpha$，…，$\tan n\alpha$ 的系数是否有一定规律？其实，只要你用图形计算器多试几次（图9.1～图9.3），注意观察它们系数的变化规律和关系，就不难得到"帕斯卡正切三角形"（图9.4），即 $\tan n\alpha$ 的系数与我们熟悉的二项式系数，也就是 $(1+x)^n$ 展开式中各项的系数有相似之处，只不过是交错出现在分子和分母中（第一项在分母的右侧），而且它们的符号也是两两一组交错出现的，如果我们把符号也考虑进去，就可以把展开式的系数组成一个"帕斯卡正切三角形"（图9.4）.

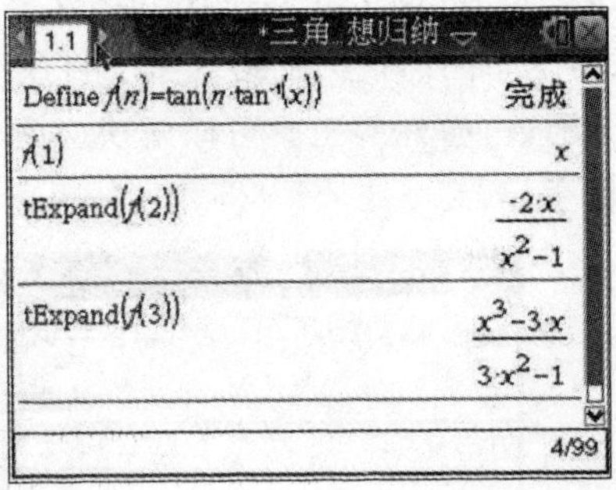

图9.1

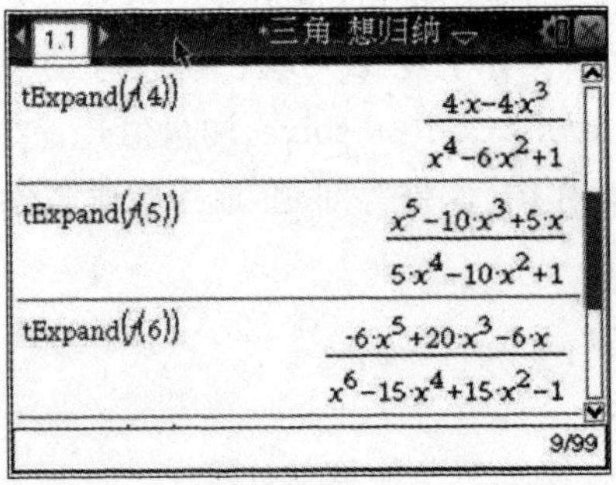

图9.2

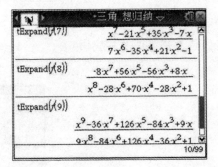

图9.3

第9章 三角函数

```
              1
           1     1
        1     2    −1
     1     3    −3   −1
  1     4    −6   −4    1
1    5   −10  −10    5    1
```
图 9.4

最顶部的数字是1,是因为 $\tan 0 = 1 = 0/1$,注意到左边前两条斜线的数字都是正的,接着两条斜线上的数字是负的,以此类推.

9.1 简单三角换算与计算

关键词　正弦　余弦　正切　弧度与角度互换

例1　(1) 将弧度(4.452475)转化为度、分、秒的形式;(2) 将 $2°34'16''$ 转化为度.

■ 操作程序

1.添加一个计算器页面.

2.(1) 输入(4.452475)@>DMS,按键(enter),得到
$$4.452475 = 255°06'28.8932''$$

(2) 输入($2°34'16''$)@>DD,按键(enter),得到 $2°34'16'' = (\frac{1157}{450})°$(图9.5).

1.@> 是 ▶ 的快捷方式.@ 和 ▶ 可通过按键(ctrl)(各种符号帮助键),在出现的模板中选择(图9.6).

2.数学中特殊符号(如复数i,自然对数的底数e、度°、π,等等)的输入应从图形计算器的符号模块中选择(按键(ctrl)、各种符号帮助键),不能直接利用键盘上的字母.

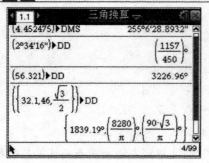

图 9.5

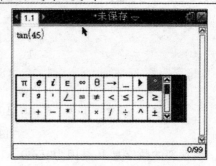

图 9.6

例 2 求 (1) $\tan 45°$,$\tan 45$,$\sin \dfrac{\pi}{12} \cos \dfrac{\pi}{12}$ 的值;(2) $\dfrac{\sin 7° + \cos 15° \sin 8°}{\cos 7° + \sin 15° \sin 8°}$.

■ **操作程序**

1. 添加一个计算器页面.

2. (1) 输入 $\tan(45°)$,按键 (enter),得到 $\tan(45°) = 1$. 利用例 1 类似的操作可以得到 $\tan 45 = 1.61978$,$\sin(\dfrac{\pi}{12}) \cdot \cos(\dfrac{5 \cdot \pi}{12}) = \dfrac{-(\sqrt{3}-2)}{4}$(图 9.7).

(2) 输入 $\dfrac{\sin(7°) + \cos(15°) \cdot \sin(8°)}{\cos(7°) + \sin(15°) \cdot \sin(8°)}$,按键 (enter). 得到 $\dfrac{\sin 7° + \cos 15° \sin 8°}{\cos 7° + \sin 15° \sin 8°} = 0.249182$(图 9.8).

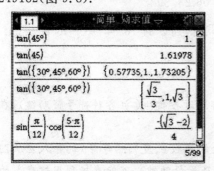

图 9.7

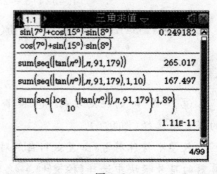

图 9.8

■ **触类旁通** —— 一个关于三角函数连乘积的猜想

请利用图形计算器以及归纳、猜想的方法探求 $\cos \dfrac{\pi}{2n+1} \cdot \cos \dfrac{2\pi}{2n+1} \cdot \cdots \cdot \cos \dfrac{n\pi}{2n+1}$ 关于 n 的表达式.

根据图 9.9,图 9.10,图 9.11,猜想 $\cos\dfrac{\pi}{3}=\dfrac{1}{2}$,$\cos\dfrac{\pi}{5}\cdot\cos\dfrac{2\pi}{5}=\dfrac{1}{4}$,$\cos\dfrac{\pi}{7}\cdot\cos\dfrac{2\pi}{7}\cdot\cos\dfrac{3\pi}{7}=\dfrac{1}{8}$,$\cos\dfrac{\pi}{9}\cdot\cos\dfrac{2\pi}{9}\cdot\cos\dfrac{3\pi}{9}\cdot\cos\dfrac{4\pi}{9}=\dfrac{1}{16}$,…,根据以上等式,得到上述格式的值组成数列 $\dfrac{1}{2}$,$\dfrac{1}{4}$,$\dfrac{1}{8}$,$\dfrac{1}{16}$,…,可猜想出的一般结论是:$\cos\dfrac{\pi}{2n+1}\cdot\cos\dfrac{2\pi}{2n+1}\cdot\cdots\cdot\cos\dfrac{n\pi}{2n+1}=\dfrac{1}{2^n}$,$n\in\mathbf{N}^*$。

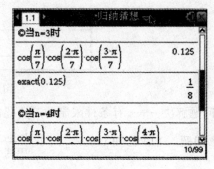

图 9.9　　　　　　图 9.10

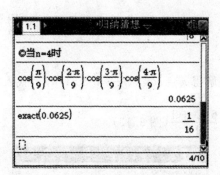

图 9.11

■ 实用技巧 44 —— 如何一次性进行有关三角计算

图形计算器在处理一类计算问题时,可以数组方式加以处理,如计算 $\sin 30°$,$\sin 45°$,$\sin 60°$,$\sin 75°$,$\sin 90°$,$\sin 120°$,$\sin 135°$,输入 sin({30°,45°,60°,75°,90°,120°,135°}),按键 (enter),得到 $\left\{\dfrac{1}{2},\dfrac{\sqrt{2}}{2},\dfrac{\sqrt{3}}{2},\dfrac{(\sqrt{3}+\sqrt{2})\cdot\sqrt{2}}{2},1,\dfrac{\sqrt{3}}{2},\dfrac{\sqrt{2}}{2}\right\}$,计算 $|\cos 30°|$,$|\cos 45°|$,$|\cos 120°|$,$|\cos 135°|$,输入 abs({cos(30°),cos(45°),

$\cos(120°),\cos(135°)\})$,按键 (enter),得到计算结果为 $\{\frac{\sqrt{3}}{2},\frac{\sqrt{2}}{2},\frac{1}{2},\frac{\sqrt{2}}{2}\}$(图 9.12). 用这种方法还可以解决一次性的同一函数作图等问题.

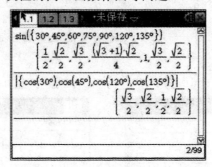

图 9.12

■ 问题解决 —— 有条件限制的三角化简求值

问题 (1) 已知 $\tan x=2$,求 $\dfrac{\sin x+\cos x}{\sin x-\cos x}$ 的值;(2) 设 $\cos x=\dfrac{1}{5}$,且 x 是第四象限角,求 $\cos(x+\dfrac{\pi}{3})$ 的值.

解析 (1) 以 $\sin x=2\cos x$ 作为赋值条件,代入 $\dfrac{\sin x+\cos x}{\sin x-\cos x}$ 得到结果为 3(图 9.13).

(2) 由 $\cos x=\dfrac{1}{5}$ 解得 $x=\cos^{-1}(\dfrac{1}{5})+2\mathrm{int}(n)\pi$,代入 $\cos(x+\dfrac{\pi}{3})$,并取 $n=1$,得到 $\cos(x+\dfrac{\pi}{3})=\dfrac{6\sqrt{2}+1}{10}$(图 9.13).

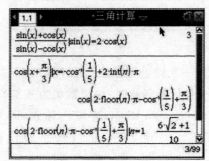

图 9.13

9.2 三角函数的转换、展开、合并

关键词　正弦与余弦转换　三角展开　三角和差化积　三角积化和差

例3　分别将$\cos^2 x, \cos^3 x$转化为$\sin x$的形式;将$\sin^4 x$转化为$\cos x$.

■操作程序

1. 添加一个计算器页面.

2. 输入$(\cos(x))^2$,按键(各种符号帮助键)、④.

3. 选择▶(实心右指,转化运算符),输入$\sin$,按键(enter),得到$(\cos(x))^2 = 1 - (\sin(x))^2$. 利用上述类似的操作可以得到$\cos^3 x = (1-\sin^2 x)\cos x$, $\sin^4 x = (\cos^2 x - 1)^2$(图9.14).

例4　分别将$\sin 3x, \cos 3x, \tan 2x$表示成$\sin x, \cos x$的形式.

■操作程序

1. 添加一个计算器页面.

2. 输入 tExpand($\sin(3 \cdot x)$) 和按键(各种符号帮助键)、④,选择▶(实心右指,转化运算符),输入$\sin$,按键(enter),得到$\sin 3x = 3\sin x - 4\sin^3 x$. 类似的操作可以得到$\cos 3x = 4\cos^3 x - 3\cos x$, $\tan 3x = \dfrac{2\sin x \cos x}{2\cos^2 x - 1}$(图9.15).

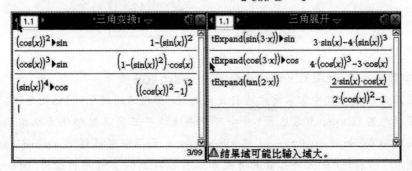

图9.14　　　　　　　图9.15

1. 将三角函数式展开的命令格式是:tExpand(表达式),其中英文字母不分大小写.

2. 将 $\sin 3x$ 表示成 $\sin x$ 时,不能简单地通过 $\sin(3x)$ @＞sin 实现,这时应该理解为将复合角 $3x$ 转化为单角 x,因此必须利用三角展开 tExpand 命令.

例 5 (1) 积化和差 $\sin x \cdot \cos y$;(2) 和差化积 $\sin x + 3\cos x$ 以及 $\sin^2 x - 2\cos^2 x$.

■ 操作程序

1. 添加一个计算器页面.

2. (1) 输入 tCollect($\sin(x) \cdot \cos(y)$),按键 (enter),得到 $\sin x \cdot \cos y = \dfrac{\sin(x-y)+\sin(x+y)}{2}$ (图 9.16).

(2) 按照(1)的类似操作可以得到 $\sin x + 3\cos x = \sqrt{10}\cos(x - \tan^{-1}(\dfrac{1}{3}))$, $\sin^2 x - 2\cos^2 x = \dfrac{-(3\cos 2x + 1)}{2}$ (图 9.16).

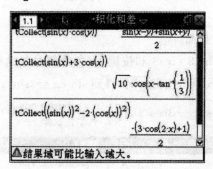

图 9.16

■ 触类旁通 —— 利用 tExpand 命令实现三角函数的展开

在三角函数变换中常常需要进行角的转化、函数名的转化(如化切为弦)等,图形计算器利用 tExpand(表达式) 命令可以快速地将三角函数转化为正弦函数、余弦函数的形式. 如将 $\cos(x-y)$ 用 $\sin x, \cos x$ 表示即可通过 tExpand($\cos(x-y)$)(图 9.17). 结合反三角函数的有关知识可以得到许多有趣的结论. 例如,已知 $\sin \alpha = x$,将 $\sin 2\alpha$ 表示为 x 的函数;已知 $\cos \alpha = x$,将 $\cos 8\alpha$ 表示为 x 的函数;已知 $\tan \alpha = x$,将 $\tan 2\alpha$ 表示为 x 的函数(图 9.18),分别得到 $\sin 2\alpha = 2x\sqrt{1-x^2}$, $\cos 8\alpha = 128x^8 - 256x^6 + 160x^4 - 32x^2 + 1$, $\tan 2\alpha = \dfrac{-2x}{x^2 - 1}$.

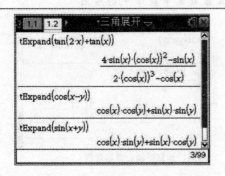

图 9.17

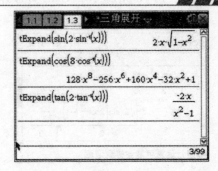

图 9.18

■ 实用技巧 45 —— 如何进行不同页面的切换浏览

利用图形计算器解决问题时往往一个页面难以完整地呈现解决问题的过程和结果,这时需要多个页面的综合实用,在一个文档中每插入一个页面,就会在屏幕上方出现 1.1, 1.2, 1.3 等,要进行不同页面之间的切换可通过按键 ctrl、▲、▼、◀、▶ 进行选择.

■ 问题解决 —— 利用 tCollect 命令解决形如 $a\sin x + b\cos x$ 的问题

关于 $a\sin x + b\cos x = \sqrt{a^2+b^2}\sin(x+\varphi)$(其中 $\tan\varphi = \dfrac{b}{a}$)是三角函数常见的一种模型(常称之为一次范式或辅助角公式). 例如,求函数 $f(x) = 2\sin^2 x - \sin x(\cos x + \sin x)$ 的周期、最大值与最小值,利用 tCollect 命令不难得到 $f(x) = \dfrac{-[\sqrt{2}\sin(2x+\frac{\pi}{4})-1]}{2}$(图 9.19),$f(x)$ 的最小正周期为 $\dfrac{2\pi}{2} = \pi$,最大值为 $\dfrac{\sqrt{2}+1}{2}$,最小值为 $\dfrac{-(\sqrt{2}-1)}{2}$(图 9.20,图 9.21,图 9.22).

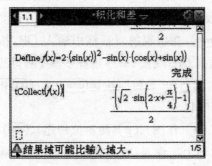

图 9.19

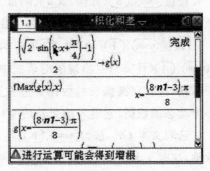

图 9.20

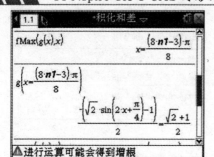
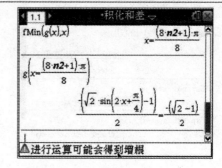

图 9.21　　　　　　　　　　　　图 9.22

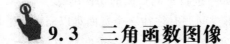

9.3　三角函数图像

例6　利用单位圆描绘正弦函数图像.

■ 操作程序

1. 添加一个图形页面.

2. 按键 menu、⑧（几何）、②（形状）、①（圆）、enter，在出现的笔形图标 ✏ 中，按键 ①，在出现的对话框中分别输入 $-1,0$，按键 enter，得到圆心的横坐标为 -1，纵坐标为 0，这时屏幕上出现手形图标，按键 ①，按键 enter，得到以点 $(-1,0)$ 为圆心，半径长为 1 的圆 O'.

3. 按键 menu、⑧（几何）、①（点／线）、⑨（圆弧）、enter，将笔形图标 ✏ 移动到原点，按键 enter，得到圆周一个点，同样的，逆时针在圆周上再取两点，就得到圆弧 OP.

4. 按键 menu、⑧（几何）、③（测量）、①（长度）、enter，将指针移到圆弧上，这时指针图标 ▶ 变为手指图标 👆，屏幕上出现圆弧，按键 enter，测算圆弧 OP 的长度.

5. 按键 menu、①（动作）、⑦（文本）、enter，在出现的对话框中输入 OP，按键 ctrl、menu、④（计算），在出现的对话框中（选择 OP（或按 var））选择步骤4测得的圆弧长数据，这时在圆弧长的数据旁边位置出现 👆 和"数值"，按键 enter，这样 OP 就是一个动态的数据，它随着圆弧长的变化而变化.

6. 选取文本 OP，按键 menu、⑧（几何）、④（作图）、⑧（测量值传递）、enter，点击数轴，这时 x 轴上出现 👆，按键 enter，在数轴上出现点（将其标签为 Q，点 Q 满足 $OQ = OP$）（图 9.23）.

7. 过点 Q 作 x 轴的垂线 l, 过点 P 作直线 l 的垂线, 垂足为 R, 隐藏直线 l, 作线段 $O'P$, PR, RQ, 并用虚线显示.

8. 在函数提示符"$f1(x)=$"后面输入 $\sin(x) \mid 0<x<OP$, 按键 (enter), 得到 $0<x<p$ 时, $y=\sin x$ 的图像(图 9.24).

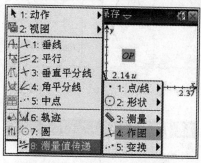

图 9.23

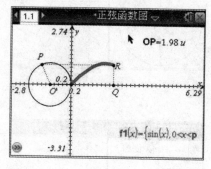

图 9.24

■ 触类旁通 —— 单位圆与四个三角函数的关系

利用单位圆可以制作三角函数图像(正弦、余弦、正切、余切), 要在一个页面中集中表现单位圆与四个三角函数关系主要借助游标和分段函数. 首先建立左右两栏的文档, 并分别添加一个图形页面, 仿照例 6 的操作, 在左栏作出单位圆, 并插入游标, 保存为变量 t, 在右栏的函数提示符"$f1(x)=$"后面输入

$$\begin{cases} \sin(x), \mathrm{mod}(t,4)=0 \text{ and } 0\leqslant x\leqslant 2\pi \\ \cos(x), \mathrm{mod}(t,4)=1 \text{ and } 0\leqslant x\leqslant 2\pi \\ \tan(x), \mathrm{mod}(t,4)=2 \text{ and } 0\leqslant x\leqslant 2\pi \\ \cot(x), \mathrm{mod}(t,4)=3 \text{ and } 0\leqslant x\leqslant 2\pi \end{cases}$$

分别借助测量、测量值传递、计算、作图等功能作出正弦线、余弦线、正切线、余切线, 隐藏无关的文本和几何图形, 调控游标 t 的值, 函数图像将随之变化. 单位圆与三角函数的关系就直观地呈现出来(图 9.25 ~ 图 9.29).

注 mod(表达式 1, 表达式 2) 是表达式 1 对表达式 2 的取模函数.

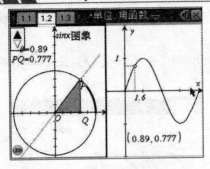
图 9.25

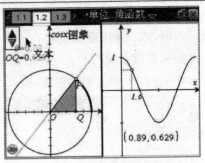
图 9.26

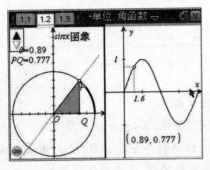
图 9.27

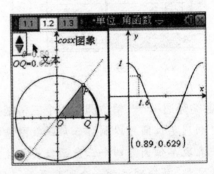
图 9.28

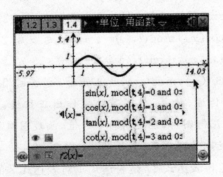
图 9.29

■ 实用技巧 46 —— 如何制作自动播放的动画

使用课件时常常需要动画演示,以例 6 的正弦函数图像与单位圆上点的相互关系为例,设置按钮控制点 P 的动画的制作方式如下:按键 ctrl、menu、2(属性)▼,在出现的对话框中选择第二个对话框,输入要更改的值 3(图 9.30),按键 enter,得到动画按钮(图9.31).

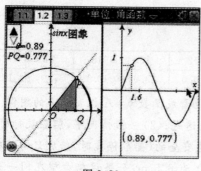

图9.30

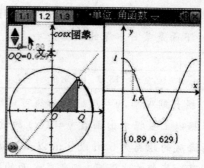

图9.31

说明

1. 用类似的方法可以利用单位圆作出 $y=\cos x, y=\tan x$ 的图像.

2. 在几何页面下的测量值传递的操作步骤是,单击(或输入)数值,其次是单击值的目标传送对象.测量值传递功能在几何作图中有其独特的优势和广泛的应用.

例7 作出函数 $y=a\sin(\omega x+\varphi)$ 的图像,观察 a,ω,φ 对图像变化的影响.

■ 操作程序

1. 添加一个图形页面.

2. 按键 menu、①(动作)、B(插入游标)、enter,这时游标的标签默认为 $v1$,将参数 $v1$ 更名为 a(可以根据需要输入特定字母),按键 enter,类似的插入游标 ω,θ.

3. 在函数提示符"$f1(x)=$"后面输入 $y=a\cdot\sin(\omega\cdot x+\varphi)$,按键 enter,得到 $y=a\sin(\omega x+\varphi)$ 的图像(图9.32).根据需要可以拖动游标 a,ω,θ 观察函数图像的变化.

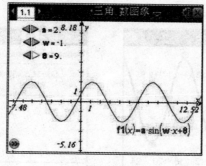

图9.32

■ 触类旁通 —— 三角函数的应用

问题 某港口水的深度 y(m) 是时间 $t(0 \leqslant t \leqslant 24,$单位:h$)$ 的函数,记作 $y = f(t)$. 下面是某日水深的数据:

t/h	0	3	6	9	12	15	18	21	24
y/m	10.0	13.0	9.9	7.0	10.0	13.0	10.1	7.0	10.0

经长期观察,$y = f(t)$ 的曲线可以近似地看成函数 $y = A\sin \omega t + b$ 的图像.(1) 试根据以上数据求出函数 $y = f(t)$ 的近似表达式;(2) 一般情况下,船舶航行时,船底离海底的距离为 5 m 或 5 m 以上时认为是安全的(船舶停靠时,船底只需不碰海底即可). 某船吃水深度(船底离水面的距离)为 6.5 m,如果该船希望在同一天内安全进出港,请问,它最多能在港内停留多少时间(进出港所需的时间忽略不计)(图 9.33)?

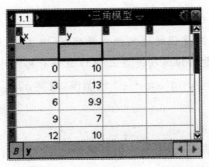

图 9.33

解析 通过列表和函数拟合,得到满足条件的拟合函数为 $y = 2.9\sin(0.53x + 0.17) + 9.9$(图 9.34),由题意,该船进出港时,水深应不小于 $5 + 6.5 = 11.5$(m),且在同一天内安全进出港,所以 $t \in (0, 24)$,因此该船最早能在凌晨 1 时进港,最晚在下午 17 时出港,在港口内最多停留 16 个小时(图 9.35).

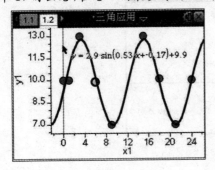

图 9.34

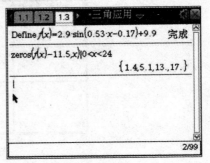

图 9.35

■ **实用技巧 47 —— 如何作特定区间上的三角函数图像**

有区间限制的三角函数是常见的一种题型,在作图时可通过以下方式操作. 在函数提示符"$f1(x)=$"后输入 $2\sin(3x-\frac{\pi}{4})\,|\,\frac{\pi}{3}<x<\frac{7\pi}{3}$,按键 enter,得到该函数图像(图 9.36). 如果涉及含参数的区间,则可以通过插入游标,并标签为 a,在函数提示符"$f1(x)=$"后输入 $2\sin(3x-\frac{\pi}{4})\,|\,a<x<\frac{7\pi}{3}$,调控游标 a 数值大小,观察函数图像的变化(图 9.37).

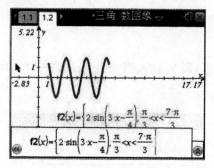

图 9.36

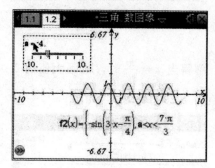

图 9.37

■ **问题解决 —— 折纸中的最值问题**

问题 将长宽分别为 2 cm,1 cm 的矩形纸片由右下角折起,使得该角的顶点落在矩形的左边上,那么折痕的长度 l 取决于角 θ 的大小,写出 l 关于 θ 的关系式,并求 l 的最大值与最小值.

解析 我们可以结合推演方法和图形计算器对问题作出解答.

设折痕 $EF=l$,$\angle EFB=\theta$,则由对称性得到 $\angle GEA=2\theta$(图 9.38),则
$$EG=BE=l\times\sin\theta$$
所以 $AE=l\sin\theta\cos 2\theta$,因为 $AE+EB=1$,所以 $l\sin\theta\cos 2\theta+l\sin\theta=1$,从而
$$l=\frac{1}{\sin\theta(\cos 2\theta+1)}=\frac{1}{2\cos^2\theta\sin\theta}$$
其中 $\arctan(2-\sqrt{3})\leqslant\theta\leqslant\frac{\pi}{4}$(图 9.39).

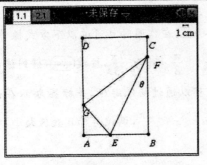
图 9.38

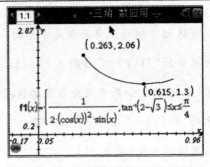
图 9.39

解得当 $x=\dfrac{\pi}{12}$ 时，l 的最大值为 2.07055（图 9.40），当 $x=\arcsin\dfrac{\sqrt{3}}{3}$ 时，l 的最小值为 1.29904（图 9.41）.

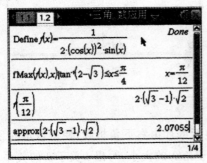
图 9.40

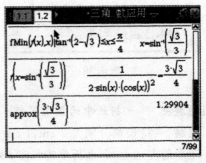
图 9.41

9.4 解三角方程（组）

关键词 正弦 余弦 正切 弧度与角度互换

例 8 解方程 (1) $\sin x = \tan x$；(2) $\tan x = \dfrac{1}{x}(0<x<1)$.

■操作程序

1. 添加一个计算器页面.

2. 输入 solve($\sin(x)=\tan(x),x$)，按键 enter，得到方程 $\sin x = \tan x$ 的解为 $x=2\cdot n1\cdot\pi$ 或 $x=n2\cdot\pi$；输入 solve($\tan(x)=\dfrac{1}{x},x$) | $0<x<1$，按键 enter，得

到方程 $\tan x = \dfrac{1}{x}(0 < x < 1)$ 的解为 $x = 0.860334$(图 9.42).

图 9.42

注 上述的 $2n1\pi, n2\pi$ 表示该文档中第一次、第二次使用了三角函数的一般解的形式.

例 9 已知 $\sin x + \sin y = \dfrac{\sqrt{6}}{3}, \cos x + \cos y = \dfrac{\sqrt{3}}{3}$,求 $\cos^2 \dfrac{x-y}{2}$ 的值.

■ 操作程序

1. 添加一个计算器页面.

2. 输入 solve,按键,选择图 9.43 高亮模板,并在相应的位置输入 $\sin(x) + \sin(y) = \dfrac{\sqrt{6}}{3}, \cos(x) + \cos(y) = \dfrac{\sqrt{3}}{3}, \{x, y\}$,按键 enter,得到方程组的解为 $x = -4.28067, y = -0.091881$.

3. 输入 $\left(\cos\left(\dfrac{x-y}{2}\right)\right)^2 \big| x = -4.28067 \text{ and } y = -0.091881$,按键 enter,得到 $\cos^2 \dfrac{x-y}{2}$ 的值为 $\dfrac{1}{4}$(图 9.44).

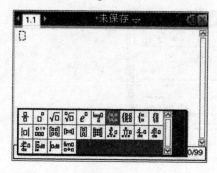

图 9.43

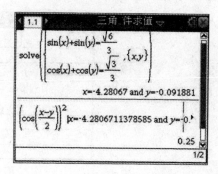

图 9.44

注 要将图形计算器设置中的精确度改为自动或近似,否则只出现字符的表达式,而不会出现计算的数值结果.

例 10 设 $x_n = \cos(\frac{\pi}{8} + \frac{n\pi}{4})(n = 0,1,2,3)$,$b_3(x) = a(x-x_0)(x-x_1)(x-x_2)(x-x_3)$,(1)若 $b_3(0) = 1$,求 a 的值;(2)在(1)的条件下求方程 $b_3(x) = 0$ 的正根.

■操作程序

1.添加一个计算器页面.

2.按键 (menu)、(4)(微积分)、(6)(求积)、(enter)(图 9.45),在出现的乘积模板中输入相关的数据,按键 (ctrl)、(sto→),输入 $f(x,a)$,按键 (enter),得到函数 $f(x,a) = \dfrac{a \cdot (4 \cdot x^2 + \sqrt{2} - 2) \cdot (4 \cdot x^2 - \sqrt{2} - 2)}{16}$,输入 $\text{solve}(f(0,a) = 1, a)$,按键 (enter),得到 $a = 8$(图 9.46).

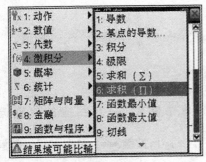

图 9.45

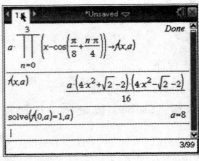

图 9.46

3.输入 $\text{solve}(f(x,8) = 0, x) \mid x > 0$,按键 (enter),得到 $x = \dfrac{\sqrt{2-\sqrt{2}}}{2}$ 或 $x = \dfrac{\sqrt{2+\sqrt{2}}}{2}$(图 9.47).

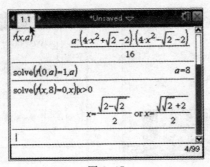

图 9.47

■ 触类旁通 —— 利用解方程求三角函数值

已知 $\dfrac{1+\tan x}{1-\tan x}=2\,001$,求 $\sec 2x+\tan 2x$ 的值.首先将图形计算器的计算模式设定为精确模式,求解方程 $\dfrac{1+\tan x}{1-\tan x}=2\,001$ 的根,在计算器页面下输入 $\text{solve}(\dfrac{1+\tan(x)}{1-\tan(x)}=2001,x)$,按键 enter 得到解为 $x=n1\cdot\pi+\tan^{-1}(\dfrac{1000}{1001}),n_1\in\mathbf{N}^*$ (图 9.48),将其代入 $\sec 2x+\tan 2x$ 得原式的值为 2001(图 9.49).

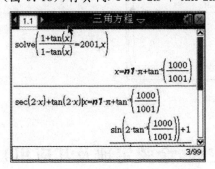

图 9.48　　　　　　　　　图 9.49

注　要设置图形计算器的计算模式可通过按键 menu、doc、7（设置与状态）、enter、2（常文档设置）、enter,在出现的常规设置对话框中选择计算模式（自动、精确、近似）.

■ 实用技巧 48 —— 如何表示三角方程的一般解

图形计算器在解三角方程得到的一般解会出现 $n1\pi,n2\pi$ 等,其中 $n1,n2$ 表示该页面中三角方程一般解的序号,而要计算 $\sin(n\pi+\dfrac{\pi}{4})$ 则要输入 $\sin(\text{int}(n)\cdot\pi+\dfrac{\pi}{4})$.在图形计算器中输入整数时不能简单地输入 n,而应该输入 $\text{int}(n)$.

■ 问题解决 —— 三角函数与数列的交汇问题

三角函数与数列交汇兼具三角函数的图形特征和数列的代数性质,利用图形计算器的 zeros、seq 和 sum 命令可以解决一系列相关的问题.例如:已知 $f(x)=\cos 2x$,将函数 $f(x)$ 的图像与 x 轴正半轴的交点从左到右依次记为 $A_1,A_2,\cdots,A_{200}$.设其横坐标分别为 $x_1,x_2,\cdots,x_{200}$,求 $x_1,x_2,\cdots,x_{200}$.用笔算的方式求解过程是:$\cos 2x=0$,解得 $x_k=\dfrac{k\pi}{2}+\dfrac{\pi}{4}(k\in\mathbf{N})$,则 $x_1=\dfrac{\pi}{4},d=\dfrac{\pi}{2}$,所以 $S_n=$

$$\frac{200(\frac{\pi}{4}+\frac{199\pi}{2}+\frac{\pi}{4})}{2}=10\,000\pi.$$ 而利用图形计算器的 zeros、seq 和 sum 命令可以实现异曲同工之妙(图 9.50).

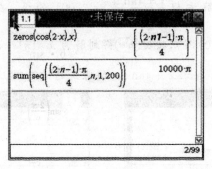

图 9.50

9.5 解三角形(正弦定理、余弦定理及其应用)

关键词 solve (ctrl) [sto→]

例 11 已知 △ABC 中,∠A=40°,∠B=70°,|AC|=6,(1)求|AB|;(2)求 AB 边上的高线长以及中线长.

■操作程序

1. 添加一个计算器页面.

2. 输入 40°,按键 (ctrl)、[sto→],输入 a1(屏幕上出现 40°→a1),按键 (enter),得到 $\angle A=\frac{2\cdot\pi}{9}$,类似地得到 70°→b1,6→b,分别得到 $\angle B=\frac{7\cdot\pi}{18}$,b=6(图 9.51).

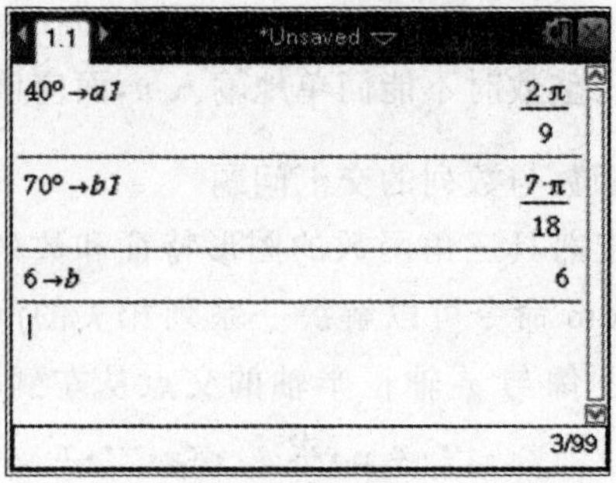

图 9.51

第9章 三角函数

3. 输入 solve($\dfrac{a}{\sin(a1)} = \dfrac{b}{\sin(b1)}, a$)，按键 (enter)，得到 $a = \dfrac{6 \cdot \sin(\frac{2 \cdot \pi}{9})}{\cos(\frac{\pi}{9})}$.

4. 输入 solve($\dfrac{a}{\sin(\pi - a1 - b1)} = \dfrac{b}{\sin(b1)}, c$)，按键 (enter)，得到 $c = 6$.

5. 输入 $b \cdot \sin(a1) \to h$，按键 (enter)，得到 $h = 6 \cdot \sin\dfrac{2 \cdot \pi}{9}$（图 9.52）。

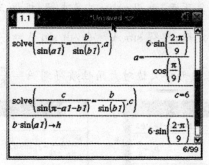

图 9.52

6. 输入 $\sqrt{b^2 + (\dfrac{c}{2})^2 - 2 \cdot b \cdot \dfrac{c}{2} \cdot \cos(a1)} \to m$，按键 (enter)，得到中线长 m（图 9.53）.

7. 将 a, h, m 分别转化为小数点形式，即 $|AB| = a = 4.10424$，AB 边上的高线长 $h = 3.85673$ 以及中线长 $m = 4.17401$（图 9.54）.

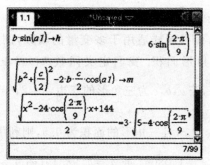

图 9.53

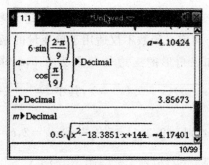

图 9.54

说明

由于图形计算器中不能处理大写字母的数学运算,因此用 $a1, b1, c1$ 表示角 A, B, C.

■ **触类旁通**——利用代数方法解三角形

问题 已知 a, b, c 分别为 $\triangle ABC$ 的三个内角 A, B, C 所对的边,若 $a=1, b=\sqrt{3}, A+C=2B$,求 A.

解析 添加一个计算页面,利用 solve 工具求解,根据三角形内角和定理,得到 $b=\dfrac{\pi}{3}$,将结果代入正弦定理,解得 $\sin A=\dfrac{1}{2}$,由 $\sin A=\dfrac{1}{2}$ 解得 $A=2n\pi+\dfrac{\pi}{6}$ 或 $A=2n\pi+\dfrac{5\pi}{6}$,并根据三角形中大边对大角性质得到 $A=\dfrac{\pi}{6}$(图 9.55,图 9.56).

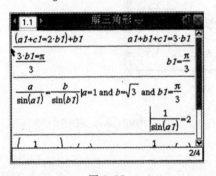

图 9.55

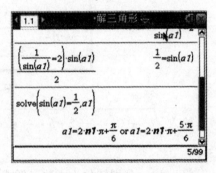

图 9.56

■ **实用技巧 49**——如何利用自定义多元函数解三角形

自定义函数不仅适用于单变量的函数,而且同样适用于多变量的函数,例如,已知三角形的三边长分别为 a, b, c,求三角形面积. 我们定义函数 $h(a,b,c) = \sqrt{s(s-a)(s-b)(s-c)}$,其中 $s=\dfrac{a+b+c}{2}$,若 a, b, c 为三角形的三边,$a=2, b=3, c=4$,则 $h(2,3,4)=\dfrac{3\sqrt{15}}{4}$;若 $a=2, b=3, c=x$,且三角形的面积为 0.5,则利用解方程 $\text{solve}(h(2,3,x)=0.5, x) \mid x>0$ 得 $x=1.08067$ 或 $x=4.98319$(图 9.57);若 $a=2, b=3, c=x$,且三角形的面积为 5,则利用解方程 $\text{solve}(h(2,3,x)=0.5, x)$ 得无解(false);若 $a=2, b=x-1, c=x$,且三角形的面积为 5,则解得 $x=\dfrac{2\sqrt{309}+3}{6}$,用自定义函数的方法还可以求其他一些问题,如求三边长分别为 2,

$x-1,x$ 的三角形面积的最小值时的 x 值为 $x=\dfrac{3}{2}$(图 9.58).

图形计算器可以定义多元函数,这为解决一类问题提供了方便,如余弦定理也可以利用自定义函数 $c(a,b,c,A)=b^2+c^2-2bc\cos A-a^2$,等等.

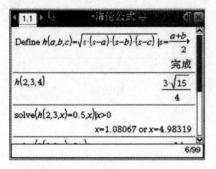

图 9.57

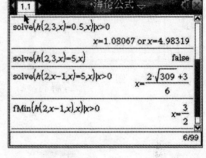

图 9.58

■ **问题解决** —— 关于昆虫密度函数的研究

问题 某峡谷中昆虫密度是时间的一个连续函数.密度记为 c,是指每平方米的昆虫数量,这个 c 的函数表达式为

$$c(t)=\begin{cases}1\ 000(\cos\dfrac{\pi(t-8)}{2}+2)^2-1\ 000,&8\leqslant t\leqslant 16\\ 8\ 000,&0\leqslant t<8\ \text{或}\ 16<t\leqslant 24\end{cases}$$

(1) 当 $0\leqslant t\leqslant 24$ 时,画出函数 c 的图像;

(2) 求出昆虫密度的最小值和出现最小值时的时间 t;

(3) 如果密度超过 1 250 只/平方米,那么昆虫的侵扰是致命性的,午夜后几点,昆虫密度首次出现非致命性的侵扰.

解析 在计算器页面下自定义函数 $f(x)$,添加一个图形页面,作出函数 $f(x)$ 的图像(图 9.59),由 $\text{fMin}(f(t),x)$ 求得当 $t=10$ 或 $t=14$ 时昆虫密度最小,且最小值为 0(图 9.60),由 $1\ 000\cos(\dfrac{\pi(t-8)}{2}+1)^2-1\ 000<1\ 250$,所以 $\cos(\dfrac{\pi(t-8)}{2}+2)^2<2.25$,所以 $\cos(\dfrac{\pi(t-8)}{2})<-0.5$,利用 $\text{solve}(f(t)=1250,t)18\leqslant t\leqslant 16$,得到午夜后 $t=\dfrac{28}{3}=9.33$ 时,即 9:30 am,昆虫的密度首次出现非致命的侵扰(图 9.60).

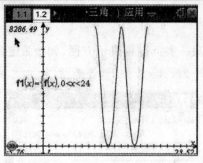

图 9.59

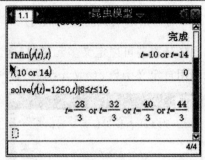

图 9.60

算法初步

计算机科学是算法的科学.算法作为高中数学新增内容,体现了科技发展与数学内在的密切联系.图形计算器为算法提供了程序编辑器,它可用于定义、编辑和管理用户定义的函数和程序.在函数与程序菜单中不仅提供了常用的算法、技术和方法,而且能对常用模式进行设置,并轻松创建私有和公共对象(变量、函数和程序),编辑器提供的编程模板和对话框,可以帮助使用正确的语法定义函数和程序,导入命令可以从库导入程序或函数,注释符号让程序更加易懂,这些都将在使用中促进你不断创新、陶醉于数学的发现、探索的乐趣之中.

目标

10.1　赋值语句

10.2　条件语句

10.3　循环语句

10.4　算法案例

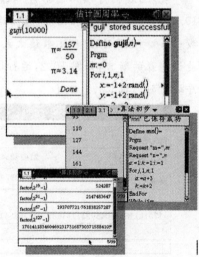

科尔的无声报告

1903年10月,美国哥伦比亚大学的科尔教授作了一场特殊的报告,他走上了讲台,没有说一句话,只是用粉笔在黑板上满满地写下两个数式的运算过程,一个数式是 $2^{67}-1=147\,573\,952\,589\,676\,412\,927$,另一个是 $193\,707\,721\times761\,838\,257\,287=147\,573\,952\,589\,676\,412\,927$,两个数式的运算结果完全相同,这时,全场爆发出经久不息的掌声.

这个无声胜有声的报告之所以精彩,是因为科尔教授用反例证明了 $2^{67}-1$ 不是质数,而是合数.早在1644年,法国数学家马林·梅森(Marin Mersenne)断言,不大于257的各素数中,只有 $p=2,3,5,7,13,17,19,31,67,127,257$,能使 2^p-1 是素数,尽管梅森本人实际只验算了前面的7个,但长期以来,人们一直认为梅森的断言是正确的.我们知道,要证明一个命题为真命题很困难,要判定这个命题是假命题,只要举出一个反例,它符合命题的题设,但不满足结论就可以了.然而,举一个恰当的反例也不是一件容易的事情,有时比证明一个命题是真命题更难.多年以后,有人问科尔,为了找到 $2^{67}-1$ 的两个因数,花了多少时间,科尔答道:"三年里所有的星期天".

现在,我们可以用图形计算器的数值运算功能轻松地验证梅森的断言,如图10.1,当 $p=2,3,5,7,13,17,19,31,127$ 时,2^p-1 是素数,当 $p=67$ 时,2^p-1 是合数;当 $p=257$ 时,2^p-1 数值太大,无法计算.如果你愿意,还可以设计一个程序来验证梅森的断言,如图10.2,运行这个程序,也能找到 $2^{67}-1$ 的两个因数(注:该程序运行时间较长).

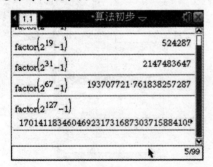

图10.1

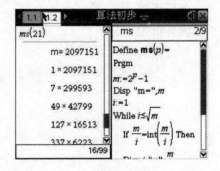

图10.2

科尔教授演示的这简单算式中所蕴含的勇气、毅力和努力,比洋洋洒洒的万言报告更具魅力,他的无声报告也因此被人们津津乐道.今天,我们已经能真正体验工具的改进带来不可想象的变化了.

10.1 赋值语句

关键词 函数与程序 检查句法并保存 赋值

例1 计算三角形面积的海伦公式,其算法步骤如下:

第一步:输入三角形的三条边长 a,b,c;

第二步:计算 $p=\dfrac{1}{2}(a+b+c)$;

第三步:计算 $S=\sqrt{p(p-a)(p-b)(p-c)}$;

第四步:输出三角形的面积 S.

根据算法编写一个程序,并计算三边长分别为 $6,7,8$ 的三角形的面积.

■ 操作程序

1. 添加一个计算器页面.

2. 按键 、⑨(函数与程序)、①(程序编辑器)、①(新建),调出程序与函数编辑器(图 10.3),输入 heron 给程序命名(程序名可以任选符合一定规则的若干字母或数字),展开程序编辑器(图 10.4).

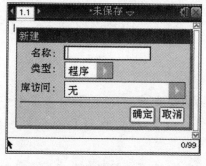

图 10.3

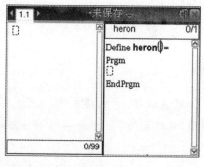

图 10.4

3. 在"Prgm"程序标志之后,依序输入下列语句(图 10.5).

4. 按键 menu、②(检查句法并保存)、①(检查句法并保存),完成检查句法并保存.

5. 按键 ctrl、tab,将左侧页面激活(图 10.6). 输入程序名 heron(),按键 enter,运行该程序,在跳出的对话框中分别输入变量 a,b,c 的对应值 $6,7,8$,即可得到运行

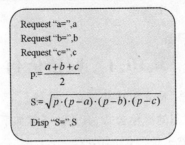

图 10.5

结果 $S = \dfrac{21\sqrt{15}}{4}$（图 10.7）.

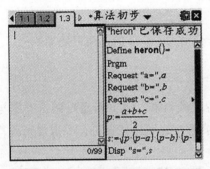

图 10.6

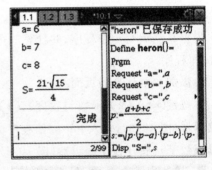

图 10.7

说明

1. 赋值语句 ≔ 的格式为：变量 ≔ 表达式，按键 ctrl、=可以得到. 若用 sto→ 功能键命令,其格式为：表达式 → 变量；若用 Define 命令,格式为：Define 变量＝表达式.

2. 输入语句 Request 的格式为：Request 字符,变量[,标记],其中字符要加""，且不可少,"" 可以通过按键 ctrl、X得到,标记为可选项,若为"0",则表示不显示这一行的 Request 提示和用户输入值. 输出语句 Disp 的格式为：Disp 内容,它在屏幕上显示指定的内容,该内容可以是除程序以外的任意数据类型.

3. 在输完程序指令后,一定要按键 menu、2（检查句法并保存）、1（检查句法并保存）,完成检查句法并保存,否则无法执行程序. 运行程序时,需要在程序名后添加括号.

4. 在输入程序时,也可以在程序名后的括号里添加参数,多个参数可以用逗号分开.执行程序时,在程序名后的括号中输入对应变量的相应数值(图10.8),将程序视作函数,执行程序等同于求函数值.

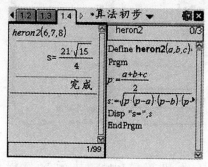

图 10.8

■ 触类旁通 —— 判断算法语句的算法功能

问题 判断如图10.9所示的算法语句的算法功能.

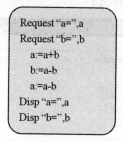

图 10.9

解析 添加一个计算器页面,调出程序编辑器,输入 jh 给程序命名,在程序编辑器"Prgm"标识符后输入算法语句,完成检查句法并保存.执行该程序,根据提示输入两个数,比如输入3和5,输出的结果是 $a=5$ 和 $b=3$(图10.10),从输出的结果可以发现该算法语句的功能是:将两个变量的数值进行交换.观察语句特征还发现,语句中只有 a,b 两个变量,没有用中间变量实现了交换两个变量的数值的算法功能.

■ 实用技巧50 —— 如何进入程序编辑

初学时,最好通过添加计算器页面,然后按键 menu 、⑨(函数与程序)、①(程序编辑器)、①(新建),调出程序与函数编辑器,进入编程界面(只能在计算器页面编写程序).熟悉后,也可以直接在计算器页面编写程序或定义函数,输入表达式

图 10.10

"Define heron()＝"后,不要按键 (enter),从函数与程序菜单中,选择插入 Prgm…EndPrgm 模板,然后输入程序主体部分,在未完成程序定义的情况下,开始新行时应该按键 ⏎,而不是按键 (enter),同时还要注意编写格式,编写结束时按键 (enter),完成检查句法并保存(图 10.11).

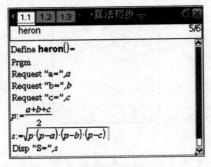

图 10.11

■ **问题解决** —— 根据程序框图编写算法语句

问题 已知计算两个向量的夹角的程序框图(图 10.12),编写相应的程序并运行,求向量 $a=(2,1)$, $b=(3,-1)$ 的夹角.

解析 调出程序编辑器,输入 iprod 给程序命名,在"Prgm"程序标志之后,依序输入下列语句(图 10.13),完成检查句法并保存.执行该程序,根据提示输入向量 $a=(2,1)$, $b=(3,-1)$,求得这两个向量的夹角等于 $\dfrac{\pi}{4}$(图 10.14).

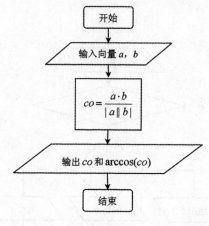

图 10.12

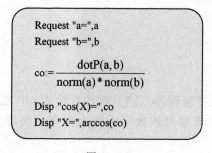

图 10.13

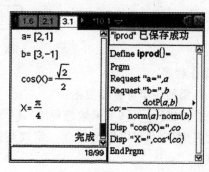

图 10.14

说明

1. 程序中可以调用库函数或程序.
2. 库命令 dotP(a,b) 表示向量 a 与 b 的数量积(点积),norm(a) 表示向量 a 的模.

 10.2　条件语句

关键词　函数与程序　检查句法并保存　控制

例2　根据如图 10.15 所示的程序框图,编写一个程序,运行该程序,若输入的 $a=0.50^{0.3}, b=0.40^{0.3}, c=\log_5 0.3$,则输出的结果是什么?

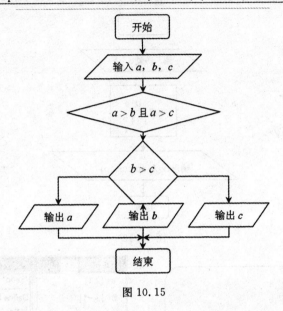

图 10.15

■ 操作程序

1. 添加一个计算器页面.

2. 按键 menu、⑨（函数与程序）、①（程序编辑器）、①（新建），输入 abc 给程序命名（程序名可以任选符合一定规则的若干字母或数字），调出程序编辑器（图 10.16）.

3. 在程序编辑器"Prgm"标识符后，依序输入算法语句（图 10.17）.

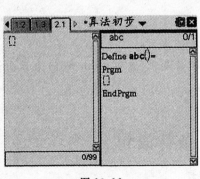

图 10.16

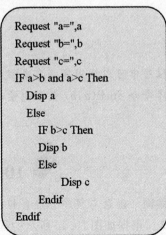

图 10.17

4. 按键 (menu)、(2)(检查句法并保存)、(1)(检查句法并保存),完成检查句法并保存.

5. 按键 (ctrl)、(tab),将左侧页面激活(图 10.18).输入程序名 abc(),按键 (enter),运行该程序,此时在跳出的对话框中分别输入变量 a,b,c 的对应值 $a=0.50^{0.3}$,$b=0.40^{0.3}$,$c=\log_5 0.3$,输出的结果是 0.812252(图 10.19).

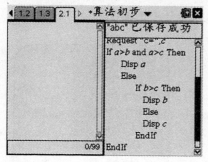

图 10.18   图 10.19

说明

1. 该算法功能是输入三个数,经过运算输出最大的结果,本例中,因为 $a>b>c$,所以输出的结果为 $a=0.5^{0.3}=0.812252$.

2. 可以按键 (menu)、(4)(控制)、(3),选择条件语句模板,输入相应条件即可. If 句是最常用的条件语句,它有不同的形式.

(1) If 形式,格式为:If [条件 a] [命令 a],它表示:如果条件 a 成立则执行命令 a,这里,命令 a 只能有一行.

(2) If Then EndIf 形式,格式为:If [条件 a] Then [命令 a] EndIf,与上一种不同的是,命令 a 从 Then 之后延续到 EndIf 之前,没有行数和长度限制.

(3) If Then Else EndIf 形式,格式为:If [条件 a] Then [命令 a] Else [命令 b] EndIf,它表示:如果条件 a 成立则执行命令 a,否则执行命令 b. 在一个 If 句中只能出现一个 Else 语句.

(4) If Then ElseIf Then EndIf 形式,格式为:If [条件 a] Then [命令 a] ElseIf [条件 b] Then [命令 b] EndIf,它表示:如果条件 a 成立则执行命令 a,如果条件 a 不成立而条件 b 成立则执行命令 b. 在一个 If 句中可以出现任意数量的 ElseIf…Then.

触类旁通——编程求解一元二次方程

问题 画出求解一元二次方程 $ax^2+bx+c=0$ 的程序框图，并用图形计算器编写程序.运行该程序，按要求输入 $a=-2,b=4,c=3$，求输出的结果.

解析 根据要求画出求解一元二次方程 $ax^2+bx+c=0$ 的程序框图(图 10.20)，并在计算器页面调出程序编辑器，输入 erci 给程序命名，在“Prgm”程序标志之后，依序输入下列语句(图 10.21)，完成检查句法并保存.

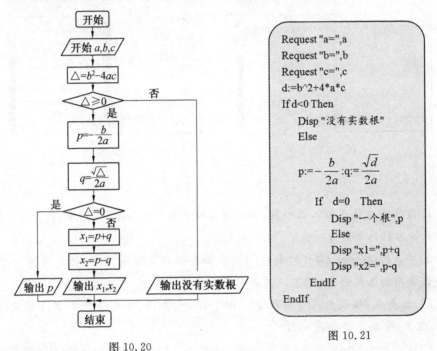

图 10.20

Request "a=",a
Request "b=",b
Request "c=",c
d:=b^2+4*a*c
If d<0 Then
    Disp "没有实数根"
    Else
    p:= $-\dfrac{b}{2a}$:q:= $\dfrac{\sqrt{d}}{2a}$
        If d=0 Then
            Disp "一个根",p
            Else
            Disp "x1=",p+q
            Disp "x2=",p-q
        EndIf
EndIf

图 10.21

执行该程序，根据提示分别输入 $a=-2,b=4,c=3$，输出方程的两个实数根分别为 $x_1=1-\frac{\sqrt{10}}{2}$，$x_2=\frac{\sqrt{10}}{2}+1$(图 10.22).

实用技巧 51——如何隐藏已编写的算法程序

可以将已经编好且完成检查句法并保存的算法程序隐藏起来，首先将光标停留在右侧页面(需要隐藏的算法程序的页面)，按键 doc▾、5(页面布局)、5(删除应用程序)，右侧程序被隐藏起来了(图 10.23)；若需调出被隐藏的算法程序，可以按键 menu、9(函数与程序)、1(程序编辑器)、2(打开)，打开函数与程序，在列出的程序名中，选中相应程序即可(图 10.24).

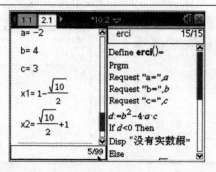

图 10.22

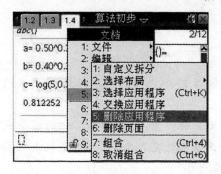

图 10.23

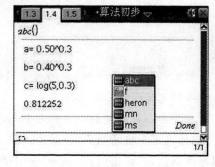

图 10.24

■ **问题解决** —— 用条件语句定义分段函数

问题 用程序编辑器编写函数 $f(x)=\begin{cases}2x-1, x\leqslant 2\\ 1-x^2, x>2\end{cases}$,并分别计算 $f(1)$ 与 $f(f(2))$ 的值.

解析 添加一个计算器页面,按键 (menu)、⑨(函数与程序)、①(程序编辑器)、①(新建),调出程序与函数编辑器,输入 fd 给函数命名,并将类型改为函数(图10.25).展开函数编辑器,发现与程序编辑类似,在"Func"函数标志之后,依序输入下列语句,完成检查句法并保存.将左侧页面激活,输入 $f(1)$ 与 $f(f(2))$,分别求得 $f(1)=1,f(f(2))=-8$(图10.26).

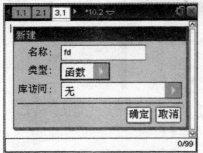
图 10.25

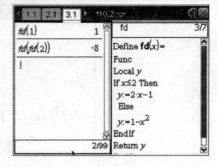
图 10.26

> 说明

1. 输出语句"Return y"是函数专用的输出命令,表示返回函数值 y,这里的变量 y 需要用 Local 语句先进行定义.

2. 程序与函数的区别在于程序能够定义全局变量,能够调用其他的程序或函数,可以根据需要随意输出(Disp)结果,而函数不能定义全局变量,不能调用其他的程序或函数,只能返回(Return)一个结果.

10.3 循环语句

关键词 函数与程序 检查句法并保存 控制

例 3 下表给出一个"$m \times n$ 阶等差数阵"

4	7	...	...	...	a_{1n}
7	12	...	...	...	a_{2n}
...	...	...	...	...	a_{3n}
...	...	...	...	...	
a_{m1}	a_{m2}	a_{m3}	a_{m4}	...	a_{mn}

其中每行、每列都是等差数列,a_{ij} 表示位于第 i 行第 j 列的数,编写程序,要求输出第 n 列的前 m 个数,并写出 a_{98} 的值.

■ 操作程序

1. 添加一个计算器页面.

2. 按键 menu、⑨(函数与程序)、①(程序编辑器)、①(新建),输入 mn 给程序命名(程序名可以任选符合一定规则的若干字母),调出程序编辑器.

3. 在程序编辑器"Prgm"标识符后,依序输入算法语句(图 10.27).

4. 按键 menu 、②(检查句法并保存)、①(检查句法并保存),完成检查句法并保存.

5. 按键 ctrl 、tab ,将左侧页面激活.输入程序名 mn(),按键 enter ,运行该程序,此时在跳出的对话框中分别输入变量 m,n 的对应值 9 和 8,输出 a_{98} 的结果是 161(图 10.28).

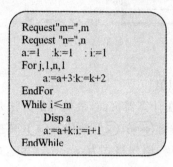

图 10.27

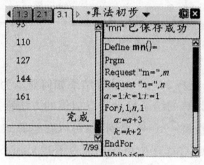

图 10.28

1. 循环结构中用"While … EndWhile"语句,其格式为:While 条件,当条件满足时执行循环体.

2. 循环结构可以选用"For … EndFor"语句,其格式为:For 变量,下限,上限[,步长],其中变量按步长从下限到上限自动累加,缺省步长时,其默认值为 1.

3. 表中所给 $m\times n$ 阶等差数阵,每列都是等差数列,但公差是不同的,每列的公差分别为 3,5,7,…,程序中,用变量 k 表示公差.

4. 多个语句可以并排在一行中,但每个语句需用":"分开.

■ 触类旁通 —— 求两个正整数的最大公约数

问题 编写一个用辗转相除法求两个正整数的最大公约数的程序,运行该程序,求 8 251 与 6 105 的最大公约数.

解析 根据要求,用 While … EndWhile 结构编写程序(图 10.29).在计算器页面调出程序编辑器,输入 zz 给程序命名,在"Prgm"程序标志之后,依序输入程序语句,完成检查句法并保存.执行该程序,根据提示分别输入 $m=8251,n=6105$,求得它们的最大公约数等于 37(图 10.30).

```
Request "m=",m
Request "n=",n
While mod(m,n)≠0
    r:= mod(m,n)
    m:=n
    n:=r
EndWhile
Disp n
```

图 10.29

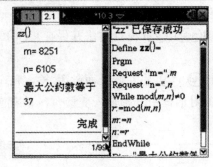

图 10.30

■ 实用技巧 52 —— 计算结果如何显示为近似值

将计算的结果显示为近似值的方法很多,在计算器页面,最简单的方法是在运算式后按键 ctrl 、enter 得到,也可以在运算式后按键 menu 、②（数值）、①（转换成小数）得到. 在程序中可以用命令语句 approx 获得,语句格式为:approx(表达式);还可以用语句 setMode(5,2) 进行显示模式设置,其语句格式为:setMode(模式名称整数,设定整数);最简单易记的方法是将结果与"1.0"相乘,其格式为:1. · (表达式).

注　1. 即 1.0,表示近似数.

■ 问题解决 —— 用随机模拟方法近似计算圆周率

用随机模拟方法（蒙特卡罗方法）近似计算圆周率 π,其思想是通过 Rand() 语句生成两个随机数,通过适当放缩后构成有序数对,表示一个边长为 2 的正方形内的一个点,并通过 If 语句判断生成的点是否在该正方形的内切圆及内部,在多次试验中,用所得到的频率估计概率,进而得到圆周率 π 的近似值,其算法程序如图 10.31 所示,执行该程序,取 $n=10\,000$,即进行 10 000 次试验,运行结果与 π 的实际值相当接近（图 10.32）.

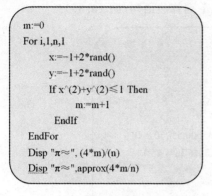

图 10.31

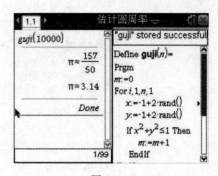

图 10.32

 10.4 算法案例

关键词 函数与程序　定义变量　标记

例4　《中华人民共和国个人所得税法修正案(草案)》规定,公民月工资、薪金所得不超过 3 000 元不必纳税,超过 3 000 元的部分为全月应纳税所得额,此项税款按下表超额累进税率计算.

级数	全月应纳税所得额	税率
1	不超过 1 500 元	5%
2	超过 1 500 元至 4 500 元	10%
3	超过 4 500 元至 9 000 元	20%
4	超过 9 000 元至 35 000 元	25%
5	超过 35 000 元至 55 000 元	30%
6	超过 55 000 元至 80 000 元	35%
7	超过 80 000 元	45%

编写一个算法程序,要求执行该程序时,输入个人工薪所得总额 x(单位:元),输出应缴纳的税款.

■ **操作程序**

1. 添加一个计算器页面.

2. 按键 (menu)、⑨(函数与程序)、①(程序编辑器)、①(新建),输入 ns 给程序命名.

3. 在"Prgm"程序标志之后,依序输入下列算法语句(图 10.33).

```
Request "薪金总额",x
If x≤3000 Then
  Disp "不用纳税"
Else
x:=x-3000
a:={0,1500,4500,9000,35000,55000,80000}
b:={5%,10%,20%,25%,30%,35%,45%}
m:=0
For i,7,1, -1
  If x>a[i] Then
    y:=x-a[i]
    m:=m+y*b[i]
    x:=x-y
  EndIf
EndFor
Disp "纳税",m
```

图 10.33

4. 按键 menu、②(检查句法并保存)、①(检查句法并保存),完成检查句法并保存.

5. 按键 ctrl、tab,将左侧页面激活. 输入程序名 ns(),按键 enter,运行该程序,此时在跳出的对话框中输入个人工薪所得总额 45000,即可输出应缴纳的税款 9875元(图 10.34).

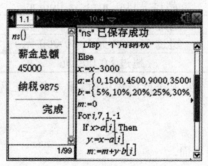

图 10.34

第10章 算法初步

说明

1. 本例定义数组 $a := \{0, 1500, 4500, 9000, 35000, 55000, 80000\}$，确定全月应纳税所得额的边界，用 $a[i]$ 读取数组中的第 i 个数.

2. 编程思路是：纳税额 y 从高到低获取，用 $b[i]$ 表示相应的税率，并将每级所纳的税累加.

例 5 用函数编辑器，模仿算法程序自定义一个函数，该函数由下列递推关系给出

$$f(x) = \begin{cases} 2^x - 1, x \geq 0 \\ f(x+1), x < 0 \end{cases}$$

在图形页面分别作出函数 $f(x)$ 与 $f(2x-1)$ 的图像.

■ 操作程序

1. 添加一个计算器页面.

2. 按键 (menu)、(9)（函数与程序）、(1)（程序编辑器）、(1)（新建），给函数命名 f，并按键 (tab)、▶、▼，将类型改为函数，按键 (enter)，调出函数编辑器. 在函数名后输入自变量 x，在函数编辑器标识符"Func"后输入算法语句（图 10.35）.

3. 按键 (menu)、(2)（检查句法并保存）、(1)（检查句法并保存），完成检查句法并保存.

4. 按键 (ctrl)、(+page)、(2)（添加图形），在函数标识符"$f1(x) =$"后输入 $f(x)$，按键 (enter)，即可得到函数 $f(x)$ 的图像；按键 (tab)，在函数标识符"$f2(x) =$"后输入 $f(2x-1)$，按键 (enter)，即可得到函数 $f(2x-1)$ 的图像（图 10.36）.

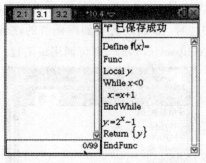

图 10.35

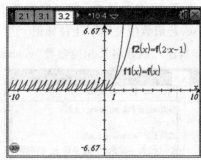

图 10.36

■ 触类旁通 —— 自定义椭圆函数

将椭圆方程 $\dfrac{x^2}{a^2} + \dfrac{y^2}{b^2} = 1$ 变形，得到 $y = \pm b \cdot \sqrt{1 - \dfrac{x^2}{a^2}}$，用函数编辑器定义函数

eclipse(图 10.37),添加一个图形页面,在函数提示符"$f1(x)=$"之后,输入 eclipse$(x,4,3)$,即可作出 $a=4,b=3$ 的椭圆(图 10.38)。

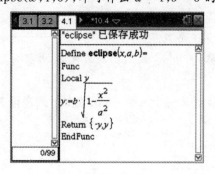

图 10.37

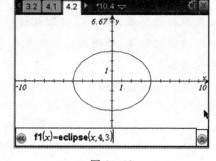

图 10.38

■ 实用技巧 53 —— 如何自定义库函数

若要将上述定义的椭圆函数保存为库命令,在任何文档中随时调用,可按下述步骤完成.

首先,添加一个计算器页面(文件名取 yuanzhui,保存在 MyLib 目录下),用程序编辑器定义一个函数(函数名取 eclipse,类型设置为"函数",库访问设置为"LibPub"(显示在目录中)),然后编写程序,检查语法并保存,这样就建好了库函数文件.

接着,在计算器页面,按键 menu 、①(动作)、⑦(库)、①(刷新库),执行刷新库的操作,就保存好库函数了(图 10.39).

最后,按键 ⌂ 、⑥,即可看到新增的库文件 yuanzhui 和其下的相应库函数 eclipse,若函数中使用了注释标记Ⓒ引导的注释,那么还将看到库函数的注释(图 10.40),输入函数名及相应参数"yuanzhui\eclipse$(x,4,2)$"即可调用该函数.

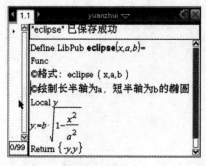

图 10.39

图 10.40

■ 问题解决——用编程显示可行域中的整点

问题 已知点(x,y)满足$\begin{cases} y \leqslant x+4 \\ 3x+4y \leqslant 24 \\ x \geqslant 0, y \geqslant 0 \\ x \in \mathbf{Z}, y \in \mathbf{Z} \end{cases}$,作出所有的点$(x,y)$.

解析 用编程的形式完成可行域中的整点绘制,首先需要编写函数,用于生成整点的横坐标 xlist 和纵坐标 ylist,用函数编辑器定义函数 LatticePoint(图 10.41),在定义的函数中,当参数 $t=1$ 时,输出横坐标数组,$t \neq 1$ 时输出纵坐标数组,库函数 augment() 的作用是将两个数组合并.

```
Define LatticePoint (t)=
Func
Local xlist,ylist,xvar,yvar
    xlist:={}
    ylist:={}
For xvar,0,8,1
    For yvar,0,6,1
        If yvar≤xvar+4 and 3*xvar+4*yvar≤24 Then
            xlist:=augment(xlist,{xvar})
            ylist:=augment(ylist,{yvar})
        EndIf
    EndFor
EndFor
    If t=1 Then
    Return xlist
        Else
        Return ylist
    EndIf
EndFunc
```

图 10.41

接着,在电子表格页面调用函数 LatticePoint,将光标移到 A 列中的列公式单元格(从顶部起第二个单元格,左侧标注 ◆ 符号),输入 LatticePoint(1),生成横坐标数组,并将光标移动到 A 列的第一个单元格,输入 xdot,将横坐标数组命名为变量 xdot;同样,将光标移到 B 列中的列公式单元格,输入 LatticePoint(2),生成纵坐标数组,并将它命名为变量 ydot(图 10.42).

最后,在图形页面,作出不等式组$\begin{cases} y \leqslant x+4 \\ 3x+4y \leqslant 24 \end{cases}$表示的可行域(图 10.43),然后按键 menu、③(图形输入/编辑)、⑤(散点图),将图形类型改为散点图.

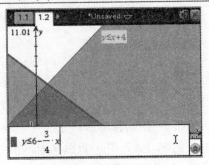

图 10.42   图 10.43

在散点图相应横纵坐标的位置分别输入变量 xdot 和 ydot(图 10.44),即可得到可行域中的整点(图 10.45).

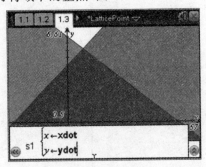 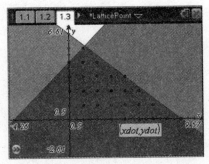

图 10.44   图 10.45

统计与概率

现代社会是信息化的社会，人们常常需要收集数据，根据所获得的数据提取有价值的信息，作出合理的决策．用"列表与电子表格"保存数据，用"数据与统计"直观表示数据、绘制统计图形，还可以使用摘要图和快速绘图工具以及各种拟合函数，统计工具等．有表有数据，有图有真相，把数据交给图形计算器整理和分析，我们就可以腾出更多的时间思考"有用"的数学．

目标

11.1　条形图和饼图
11.2　样本的数字特征
11.3　频率分布直方图
11.4　相关关系与因果关系
11.5　随机数的产生
11.6　古典概型与几何概型
11.7　排列与组合及二项式定理
11.8　二项分布的应用
11.9　μ 与 σ 对正态分布的影响
11.10　独立性检验

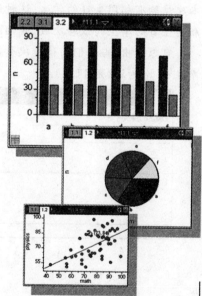

■ 生日问题 ■

你正坐在一个有50名学生的教室里,你认为教室里一定有相同生日的同学吗?至少有2名同学生日相同的概率有多大呢?如果给你下列四个选项,你会选什么呢?

    A.低于10%   B.大约45%   C.大约81%   D.高于90%

教室里可能有相同生日的同学,可能没有,这是随机事件,有相同生日的同学的可能性有多大,就是概率问题.如果告诉你这个概率高于90%,你肯定感到不可思议,觉得有点不靠谱,因为一年有365天,而教室里只有50名学生.要是你学过了古典概率模型,又知道计数原理,求出这个概率并不难,$P = 1 - \dfrac{A_{365}^{50}}{365^{50}}$,利用TI图形计算器的计算功能可以迅速求出,在有50名学生的教室里至少有2名同学生日相同的概率约为0.970374(图11.1).

这个概率还可以用随机模拟(蒙特卡罗)方法进行估计,我们用计算器产生50个1到365的一组随机整数,代表50名学生的生日,如果有相同的数出现,则表明本次试验有相同生日的学生.这种试验做100次,1 000次,乃至10 000次,计算有相同生日的学生的试验次数,我们就可以得到频率,并用频率来估计所求的概率.

可以看出,当我们的试验次数很多时,通过统计工具,有相同生日的学生的频率在97%附近(图11.2).

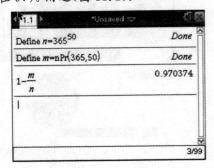
图11.1

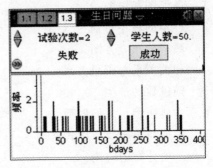
图11.2

11.1 条形图和饼图

关键词 表格 数据 摘要图 条形图 饼图

例1 某校高一年级在2010年数学期末考试中,6个班级的平均分数如下表,试用条形图和饼图表示.

班级	a	b	c	d	e	f
成绩	120.80	121.76	121.08	126.33	131.80	95.63

■ 操作程序

1. 添加一个列表与电子表格页面.

2. 在表格的 A1 位置输入班级名 a,然后按键 enter,此时光标自动移到表格的 A2 位置(图 11.3),用相同的方法依次输入班级名,并在表格 B 列的相应位置输入数学成绩.

3. 连续按键 ▲ 将光标移到 A 列的最上方,输入"m",给这组数据起一个变量名 m,给 B 列的这组数据起一个变量名 n(图 11.4).

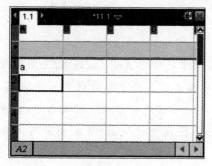

图 11.3

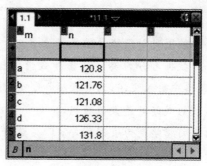

图 11.4

4. 按键 menu、③(数据)、⑧(摘要图),调出摘要图对话框,选择 x 数组对应的数据变量为 m,摘要列表对应的数据变量为 n,显示方式选择新页,按键 enter(用光标点击确定),作出班级的数学平均分的条形图,依次点击条形图的每一块,按键 ctrl、menu,在下拉菜单中选择 ④(颜色)、②(填充颜色),可以改变每一块的颜色(图 11.5).

5. 按键 menu、①(绘图类型)、⑨(饼图),可以将所得图形改为饼图(图11.6).

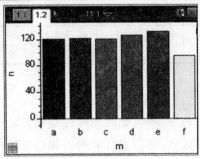
图 11.5

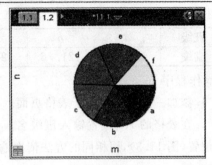
图 11.6

说明

1. 绘图时必须给每组数据命名.

2. 数据可分为类别数据和数值数据,本例中的字母 a,b,c,d,e 就是类别数据(在表格中输入文字,需要按键 ctrl、"□",给文字加上""),每个字母代表一个班级,相应班级的成绩就是数值数据,使用一个或两个列数据可以直接绘制摘要图,含有类别数据的将绘制为条形图,而只有数值数据将绘制为柱状图(柱状图不可改为饼图).

3. 快速绘图命令可以将选定的一列数据绘制为圆点图、箱型图或柱状图.

4. 绘制条形图时,若 x 数组对应的数据选择变量 n,摘要列表对应的数据选择变量 m,则显示的条形图是横向的.

5. 在绘图的页面,按键 ctrl、menu,在下拉菜单中,选择 ② (显示所有标签),可以显示对应的数据,选择 ③ (排序),有三种排序模式供选择:列表顺序(默认)、数值顺序、字母顺序.

■ 触类旁通 —— 添加变量与拆分类别

现提供该年级的 6 个班级在两年的数学期末考试成绩如下表,如何用条形图表示呢?

班级	a	b	c	d	e	f
2010 年	120.80	121.76	121.08	126.33	131.80	95.63
2011 年	122.20	116.24	121.06	124.78	137.29	93.37

这就需要提到 TI—Nspire 技术的两种处理数据的方式,其一,原始数据,每个独立数据都会被记录;其二,汇总数据,以汇总的形式给出用户收集到的数据.

在列表与电子表格页面执行绘图命令时,使用快速绘图(Quick Graph)命令可以处理原始数据,使用摘要图(Summary Chart)命令可以处理汇总数据.

若在数据与统计中绘图,点击"单击添加变量",将显示一个包含可用数据变量/数组的列表,数据将会被视为原始数据或类别,作出的图形就是频率分布直方图.若用组合键 ctrl、menu 选择摘要图以汇总变量的方式添加变量,作出的图形就是条形图.

在例1的列表与电子表格页面的C列添加一组数据,并用变量 p 表示这组数据(图11.7).在条形图中,将光标移到页面左侧中间(y 轴位置),按键 ctrl、menu,在下拉菜单中,选择 ③(添加 y 摘要列表),然后选择变量 p,即可得到两年成绩的条形图(图11.8).

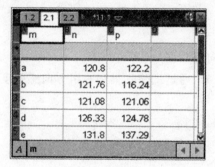

图 11.7

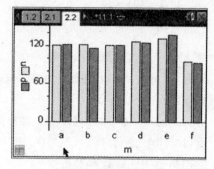

图 11.8

已知2010年的数学期末考试成绩由 $L1$ 和 $L2$ 两个部分构成,高一年级的6个班级的具体数据如下表.

班级	a	b	c	d	e	f
$L1$	85.90	86.10	86.92	90.18	91.44	70.8
$L2$	34.90	35.66	34.16	36.15	40.36	24.83
2010 年	120.80	121.76	121.08	126.33	131.80	95.63

在列表与电子表格中,把 $L1$ 和 $L2$ 作为类别,分布在 A,B,C 列输入数据(图11.9).

按键 menu、③(数据)、⑧(摘要图),调出摘要图对话框,选择 x 数组对应的数据变量为 m,摘要列表对应的数据变量为 n,显示方式选择新页,按键 enter(用光标点击确定),作出的条形图与例题是一样的,这说明摘要图(条形图或饼图)具有汇总功能(将 $L1$ 与 $L2$ 的相应数据相加作为每个班级的成绩).将光标移到页面下侧中间(x轴位置),按键 ctrl、menu,在下拉菜单中,选择 ③(以变数区分种类),然后选择变量l(即按$L1$和$L2$拆分类别),即可得到每个班级的$L1$和$L2$成绩的条形图(图 11.10).

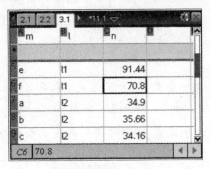

图 11.9

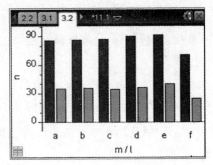

图 11.10

■ **问题解决** —— 用箱型图比较男女生方向感数据

问题 男女生在方向感上可能存在差异,通过试验收集到一组方向感强度的数据如下:

男:15 17 19 24 17 22 28 21 29 25 13 26
女:16 10 20 16 18 16 25 20 23 23 10 20

试用箱型图比较这些数据.

解析 首先在列表与电子表格中输入两组数据,并分别命名为 boy 和 girl(图 11.11),然后添加一个数据与统计页面,单击页面的底行中央选择 boy 变量,在绘图类型中选择箱型图,即可作出男生数据的箱型图,最后在绘图属性菜单中选择增加 x 变量,并选择 girl 变量,即可同时作出两组数据的箱型图(图 11.12),从图可以看出,男生的方向感数据的最小值、中位数、最大值都比女生相应的数值大.

图 11.11

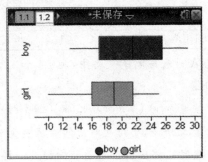

图 11.12

第11章 概率与统计

■ 实用技巧 54 —— 如何在表格中输入中文字符

列表与电子表格中的每个单元格输入的是数据,若直接输入中文字符,机器会跳出"句法错误"对话框.要输入中文字符需要将输入对象当作字符串,按键 ctrl 、["□"],输入双引号代表字符串,再输入具体文字,然后按 enter 键即可.

11.2 样本的数字特征

关键词 统计 统计计算 单变量统计

例2 某班 50 名学生在一次数学测试中成绩如下

91	95	96	96	100	96	100	96	96	90
91	100	92	81	94	88	94	94	96	95
90	98	96	92	100	95	100	100	96	99
95	100	92	94	94	91	100	100	96	89
78	96	80	91	96	94	96	93	87	96

试问这次测试的最高分、最低分和平均分分别是多少?哪个分数的人数最多?

■ 操作程序

1. 添加一个列表与电子表格.

2. 在表格的 A1 位置输入第 1 名学生的数学成绩 91,然后按键 enter,此时光标自动移到表格的 A2 位置(图 11.13),用相同的方法依次输入其他学生的数学测试成绩.

3. 连续按键 ▲ 将光标移到该列的最上方,输入"m",给这组数据起一个变量名 m(图 11.14).

图 11.13   图 11.14

4. 按键 menu、④(统计)、①(统计计算)、①,选单变量统计工具弹出数组数选择对话框(图 11.15),用默认数组数 1,按键 tab 将光标移到"确定"处(图 11.16),

按键 (enter) 调出单变量统计对话框.

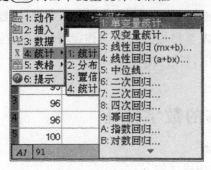

图 11.15

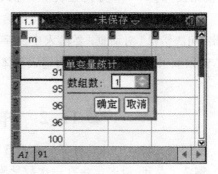

图 11.16

5. 用默认对象,按键 (tab) 将光标移到"确定"处(图 11.17),按键 (enter) 即可得到计算结果,按键 ▼ 或 ▲ 可以移动表格,显示其他统计量(图 11.18).

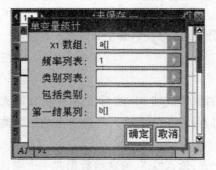

图 11.17

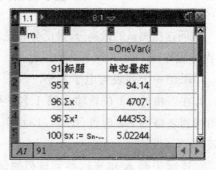

图 11.18

6. 计算结果表明,这次数学测试的最高分为 100 分,最低分为 78 分,平均分为 94.14 分,96 分的人数最多.

说明

1. 必须给每列数据命名,才能进行相应统计计算.

2. 如果数据分多组输入,在弹出的数组数中应该选择相应组数,并在单变量统计对话框中逐一进行选择.

■ 触类旁通 —— 平均数和中位数的影响

去掉一个最高分和一个最低分,会影响这次测试成绩的平均分吗?这组数据的中位数会变吗?

不需重复以上步骤,只需将光标移到表格 A41 的位置,按⑩键删除最低分数据,再移动光标到表格 A5 的位置,按⑩键删除最高分的一个数据(图 11.19),此时相应的统计量发生改变,可以看出平均分变化了,但中位数没有变,仍然是95.5(图 11.20).

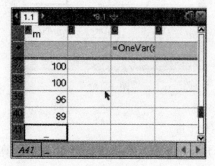

图 11.19

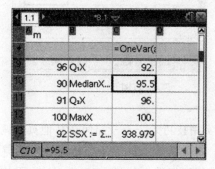

图 11.20

■ 问题解决 —— 茎叶图中的数据处理

问题 某校开展"爱我海西、爱我家乡"摄影比赛,9位评委为参赛作品 A 给出的分数用茎叶图表示(图 11.21).记分员在去掉一个最高分和一个最低分后,算出的平均分为91,复核员在复核时,发现有一个数字(茎叶图中的 x)无法看清.若记分员计算无误,则数字 x 应该是_____.

```
        作品A
   8 | 8 9 9
   9 | 2 3 x 2 1 4
```

图 11.21

解析 依题意,88 是最低分应去掉,假设无法看清的那个数是最高分,把其他数据输入图形计算器的电子表格,发现所得平均分不合题意(图 11.22),这说明假设错误,所以 94 是最高分,删除这个数据,发现平均分恰好就是91(图 11.23),可见看不清的那个数也是91,数字 x 应该是 1.

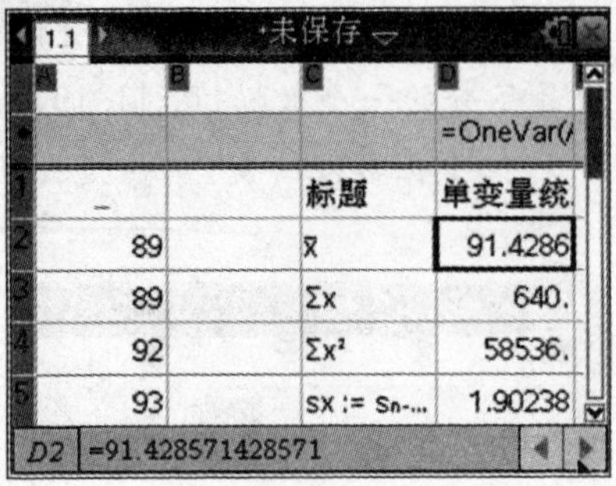

图 11.22 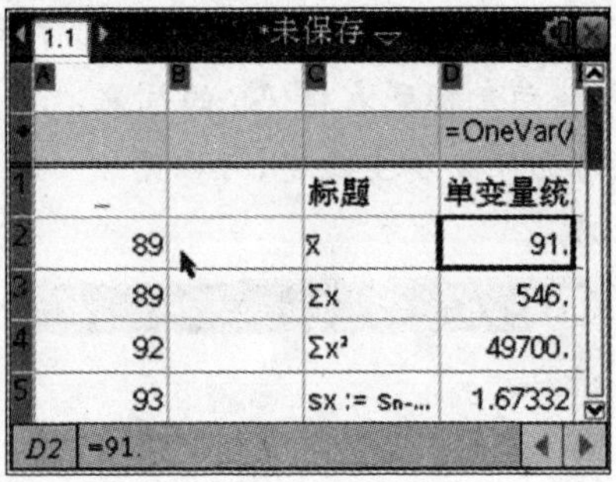   图 11.23

■ 实用技巧 55 ——如何在其他页面调用统计量

将数据输入图形计算器中的列表与电子表格，利用相关的统计量命令计算可以求得这组数据的最大值、最小值、平均数和众数及其他统计量，如何在其他页面调用这些结果呢？

实际上所有的统计结果都保存在相应的变量下，按键 (var)，将显示这些变量名（图 11.24），选择其中一个（或者输入）变量名，即可调用这个统计量. 比如，变量 stat.maxx 保存的是这组数据的最大值，stat.medianx 保存的是中位数，stat.minx 保存的是最小值，stat.n 保存的是样本容量，stat.x 保存的是平均数，等等.

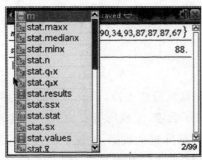

图 11.24

11.3　频率分布直方图

关键词　数据与统计　变量　绘图类型

例3　在一批棉花中抽测了60根棉花的纤维长度,结果如下(单位:mm)

82	202	352	321	25	293	293	86	28	206
323	355	357	33	325	113	233	294	50	296
115	236	357	326	52	301	140	328	238	358
58	255	143	360	340	302	370	343	260	303
59	146	60	263	170	305	380	346	61	305
175	348	264	383	62	306	195	350	265	385

作出这个样本的频率分布直方图(在对样本数据分组时,可试用几种不同的分组方式,然后从中选择一种较为合适的分组方法).棉花的纤维长度是棉花质量的重要指标,你能从图中分析这批棉花的质量状况吗?

■ 操作程序

1. 添加一个列表与电子表格.

2. 在表格的A列依次输入上述数据.将光标移到该列的最上方,给这组数据起一个变量名 m(图11.25).

3. 按键 ctrl 、+page 添加一个数据与统计页面(图11.26).

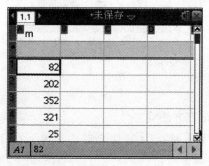
图 11.25

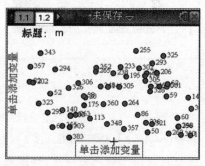
图 11.26

4. 将光标移到屏幕下方中央位置(单击添加变量),按键 enter,此时显示待选择的变量,选择变量 m,得到圆点图(图11.27).按键 menu、①(绘图类型)、③(柱状图),将绘图类型改为柱状图(实际上是频数图,图11.28).

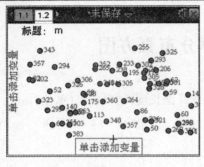
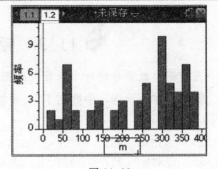

图 11.27　　　　　　　　　　　图 11.28

5. 按键 (menu)、(2)(绘图属性)、(2)(柱状图属性)、(2)(块设置)、(1)(相等块宽度设置),调出柱状图属性中块设置的对话框,将宽度值改为 40(宽度值就是组距,基准值是指第一个分组的起始数)(图 11.29),按键 (tab) 将光标移到确定,按键 (enter),此时柱状图发生改变,可以按键 (menu)、(5)(窗口/缩放)、(2)(缩放－数据)将窗口调整为与数据吻合(图 11.30).

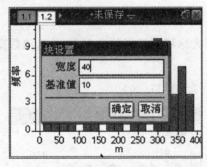
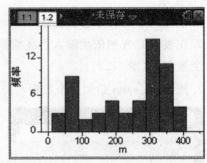

图 11.29　　　　　　　　　　　图 11.30

■ 触类旁通 —— 怎样得到真正的频率分布直方图呢?

按键 (menu)、(2)(绘图属性)、(2)(柱状图属性)、(1)(柱状图比例尺)、(3)(密度),改变柱状图比例尺为密度,得到频率分布直方图(图 11.31).按键 (menu)、(2)(绘图属性)、(2)(柱状图属性)、(2)(块设置)、(1)(相等块宽度设置),改变块设置宽度值为 50(图 11.32),频率分布直方图将更合适.

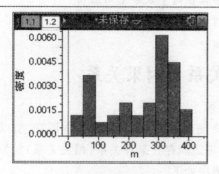

图 11.31   图 11.32

■ **问题解决**——用茎叶图表示一组数据

问题   用茎叶图表示下列一组数据,其中整数部分作茎,小数部分作叶.
30.28 32.79 33.76 35.01 30.17 33.41 34.44
31.33 31.56 32.89 33.35 33.65 32.88 35.27
33.42 33.85 32.90 32.14 32.27 34.79 31.68

解析   添加一个列表与电子表格页面,在 A 列输入这组数据,并用变量 mp 表示,在 B 列中的列公式单元格(从顶部起第二个单元格,左侧标注 ◆ 符号)输入 floor(mp),分离数组 mp 的整数部分,并将所得结果用变量 fmp 表示(图 11.33).按键 (menu)、③ (数据)、⑨ (快速绘图),将所得图形中的变量 fmp 改为纵列表示,并改变窗口显示参数,得到的圆点图可以看出各个数据的频数,进而得到茎叶图(图 11.34).

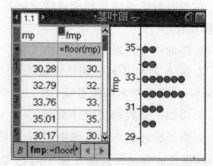

图 11.33   图 11.34

■ **实用技巧 56**——如何快速进行块设置?如何快速改变窗口设置?

将光标移到柱状图内,按键 [≣](即按键 (ctrl)、(menu)),即可得到快捷命令(类似鼠标右键功能),选择相应数字,可以快速进行块设置或改变窗口设置.

11.4 相关关系与因果关系

关键词 散点图 拟合函数 相关系数

例 4 人们常说,数学学得好的同学物理也不赖,是因为数学学得好,所以物理也学得好呢(因果关系)?还是数学与物理之间存在某种关系(相关关系)?为此调查某班级 50 名学生的数学和物理成绩依序如下

Math

75	94	92	73	89	85	92	96	84	88
80	90	84	78	91	89	83	94	87	84
89	82	88	77	59	88	68	84	74	81
82	63	66	99	60	71	68	85	71	91
56	76	78	75	56	55	68	68	43	73

Physics

83	78	98	84	75	82	90	69	92	95
83	88	81	88	75	79	69	88	80	93
80	75	81	99	68	86	71	59	63	82
68	62	80	62	61	84	58	92	51	56
54	65	65	62	51	60	54	64	53	67

试判断数学成绩与物理成绩之间是否有相关关系.

■ 操作程序

1. 添加一个列表与电子表格页面.

2. 在 A 列和 B 列分别依序输入 50 名学生的数学和物理成绩,并分别用 math 与 physics 变量命名两组数据(图 11.35).

3. 添加一个数据与统计页面.

4. 将光标移到页面下侧中间(x 轴位置),按键 enter(或用光标单击),选择变量 math,将光标移动到页面左侧中间(y 轴位置),按键 enter(或用光标单击),选择变量 physics,以 x 轴表示数学成绩,y 轴表示物理成绩,得到相应的散点图(图 11.36),由散点图可知,数学成绩与物理成绩大致呈正相关关系.

第11章 概率与统计

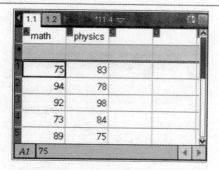

图 11.35

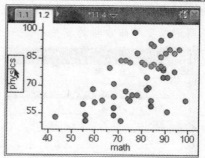

图 11.36

5. 按键 (menu)、④(分析)、⑥(回归)、①(显示线性回归($mx+b$)),可以添加一条回归直线,将光标指向散点图中的任意一个圆点,按键 (ctrl)(menu),在下拉菜单中选择颜色,可以改变散点图的颜色(图 11.37).

6. 按键 (ctrl)、◀ 返回列表与电子表格页面,按键 (menu)、④(统计)、①(统计计算)、②(双变量统计),在双变量统计对话框中,x 数组选择 math,y 数组选择 physics,其他用默认选择,按键 (enter),得到统计结果(图 11.38),其中 $r=0.568753$,表明数学成绩与物理成绩有较好的线性相关关系.

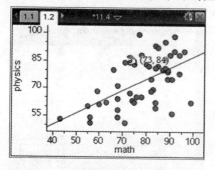

图 11.37

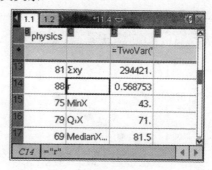

图 11.38

■ 触类旁通 —— 非线性回归模型的拟合

问题 下表提供的是某市国民生产总值(单位:十亿)和年份之间的数据,根据数据选择合适的拟合函数进行回归分析.

年份	2000	2001	2002	2003	2004	2005	2006	2007	2008
国民生产总值	87.6	94.3	101.1	116.2	133.5	147.6	165.4	197.5	228.4

解析 在列表与电子表格页面,输入国民生产总值和年份之间的两组数据,分别用 year 和 gpd 变量命名(图 11.39). 按键 (menu)、④(统计)、①(统计)、③(线

性回归($mx+b$)),调出线性回归对话框,x 数组选择变量 $year$,y 数组选择变量 gpd,得到线性回归方程的相关系数 $r^2=0.9474019375293$(图 11.40)。

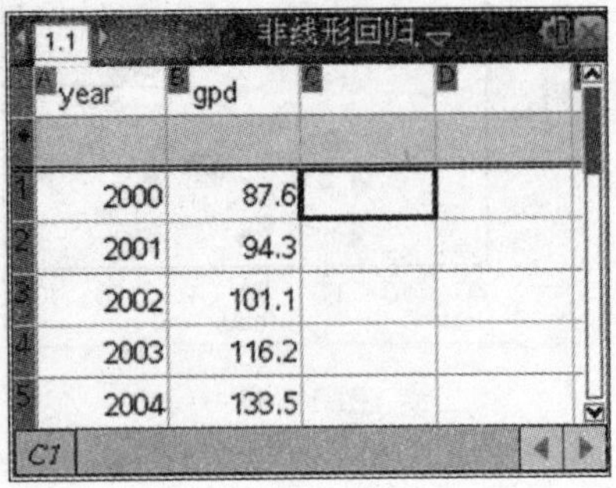

图 11.39 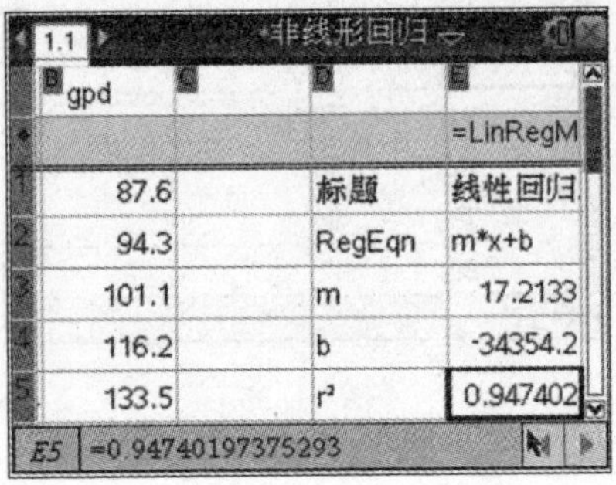　　　　　　　　　　　　　　图 11.40

添加一个数据与统计页面,将变量 $year$ 作为 x 坐标,变量 gpd 作为 y 坐标,作出散点图(图 11.41),观察散点图,发现变化趋势更接近于二次回归,按键 menu、④(统计)、①(统计)、⑥(二次回归),调出二次回归对话框,x 数组选择变量 $year$,y 数组选择变量 gpd,按键 enter,得到二次回归方程的相关系数 $r^2=0.99686362136379$(图 11.42),可见选择二次回归拟合效果更好,若用三次函数回归模型,相关系数将更接近 1,表明拟合效果更好。

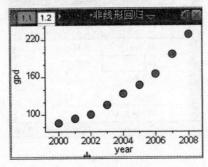

图 11.41

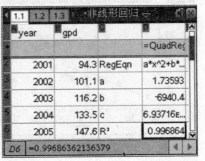

图 11.42

■ 问题解决 —— 利用回归方程进行预测

问题　研究某灌溉渠道水的流速 y 与水深 x 之间的关系,测得一组数据如下:

水深 x(m)	1.40	1.50	1.60	1.70	1.80	1.90	2.00	2.10
流速 y(m/s)	1.70	1.79	1.88	1.95	2.03	2.10	2.16	2.21

(Ⅰ)求 y 对 x 的回归直线方程;

(Ⅱ)预测水深为 2.5 m 时水的流速是多少?

解析 在列表与电子表格页面,输入水深和流速两组数据,分别用 depth 和 speed 变量命名(图 11.43),按键 menu、④(统计)、①(统计)、③(线性回归($mx+b$)),调出线性回归对话框,x 数组选择变量 $depth$,y 数组选择变量 $speed$,并将回归方程保存至函数 $f_1(x)$(图 11.44).

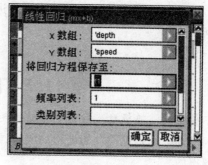

图 11.43　　　　　　图 11.44

按键 enter,得到线性回归方程的相应系数(图 11.45),在计算器页面计算 $f_1(2.5)$,即可得到水深为 2.5 m 时,水的流速预测值为 2.5275(m/s)(图11.46).

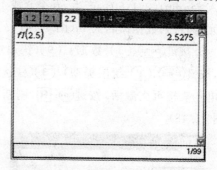

图 11.45　　　　　　图 11.46

说明

1. 双变量统计与线性回归分析的区别在于前者得到各种统计结果,后者给出回归方程及其相应系数.

2. 可以通过设置回归方程对话框,将回归方程保存到函数,便于预测计算等.

■ 实用技巧 57 —— 如何使用问题与页面

问题与页面在编号上是不同的,编号 1—1 表示问题 1 的第 1 个页面,编号 2—3 表示问题 2 的第 3 个页面.同一个问题的不同页面之间变量是共用的,不同问题之间变量不通用.一个文档最多可以处理 30 个问题,每个问题至多可以设置 50 个页面.

可以按键 ctrl、▲ 进入页面导航,并进行问题或页面的命名,进行页面的复制与粘贴操作.

11.5 随机数的产生

关键词 随机数 数据 快速绘图

例 5 模拟抛掷均匀硬币的实验,统计在 100 次抛掷中得到正面的次数,并作出频率图.

■ 操作程序

1. 添加一个列表与电子表格页面.

2. 选中 A 列中的列公式单元格(从顶部起第二个单元格,左侧标注 ◆ 符号),输入 randint(0,1,50),产生 50 个 0 或 1 的随机整数,将光标移动到 A 列的第一个单元格,将列数据命名为 m(图 11.47).

3. 按键 menu、③(数据)、⑨(快速绘图),在同一页面的右侧绘制数据的圆点图,按键 menu、①(绘图类型)、③(柱状图),改为柱状图,按键 ctrl、tab,将左侧列表与电子表格页面激活,按键 ctrl、R,刷新页面,可以发现右侧的柱状图也发生改变(图 11.48).

图 11.47

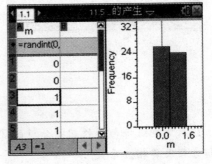

图 11.48

说明

库命令 randint(0,1,50) 表示生成 50 个 0~1 (即 0 或 1) 的随机整数,命令格式如下:randint($a,b[,n]$),其中 a,b 为上下边界,[ ]表示可选项,n 为正整数,表示生成随机整数的个数,没有参数 n 时生成 1 个随机整数.

■ **触类旁通** —— 用随机整数估计概率

问题 天气预报说,在今后的三天中,每一天下雨的概率均为 40%. 这三天中恰有两天下雨的概率大概是多少?

解析 首先用均匀随机数模拟一天中下雨的概率为 40%,解决方案有两个,方案一:产生一个区间[0,9]上的均匀随机整数,可以选用 0,1,2,3 表示下雨,选用 4,5,6,7,8,9 表示不下雨,这样可以用来模拟概率为 40% 的下雨现象;方案二:产生一个区间[0,1]上的均匀随机数,如果这个数属于[0,0.4)则表示下雨,如果属于[0.4,1]则表示不下雨,因区间[0,0.4)的长度是区间[0,1]长度的 40%,因此可以用来模拟概率为 40% 的下雨现象.

接着,以每三个随机数作为一组,设计一个模拟三天天气情况的随机试验,产生 500 组数据,代表 500 次模拟试验的结果(图 11.49).在 D 列 D1 单元格中输入"=countif(a1:c1,?≤3)"命令,统计第一组的三天时间里下雨的天数,按键 menu、③(数据)、③(填充),用向下填充的方法,在 D2 到 D500 单元格中统计出每一组的三天时间里下雨的天数,在 E1 单元格中输入"=countif(d1:d500,?=2)",计算在 500 次试验中恰有两天下雨的次数,然后用次数与 500 的比值计数频率(图 11.50).

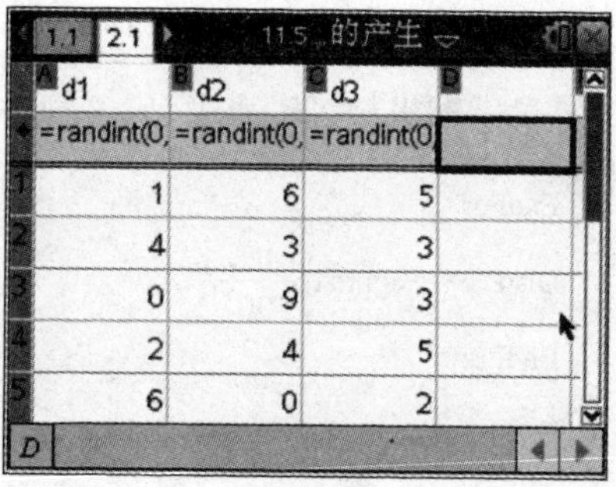

图 11.49

图 11.50

最后用频率估计所求的概率,用图中所示的数据计算约为 $\dfrac{140}{500} \approx 28\%$.

说明

1. 库命令 countif($a1:c1,? \leq 3$) 表示统计 A 列单元格第 1 格到 C 列单元格第 1 格的元素(即 A1,B1,C1 单元格)中不大于 3 的元素个数.

2. 库命令 countif($a1:d500,? =2$) 表示统计 D 列单元格第 1 格到第 500 格的元素(即 D1,D2,…,D500 单元格)中等于 2 的元素个数.

3. 命令中用到的问号? 不能通过按键 得到,必须通过按键 、④,在第 5 行,第 6 列中找到.

■ **问题解决** —— 程序中的随机数

问题 已知 $|x| \leq 2, |y| \leq 2$,点 P 的坐标为 (x,y),用蒙特卡罗的方法估计下列两种情形时事件的概率.

（Ⅰ）求当 $x, y \in \mathbf{R}$ 时,点 P 满足 $(x-2)^2 + (y-2)^2 \leq 4$ 的概率;

（Ⅱ）求当 $x, y \in \mathbf{Z}$ 时,点 P 满足 $(x-2)^2 + (y-2)^2 \leq 4$ 的概率.

解析 添加一个计算器页面,新建一个程序,命名为 mt1 和 mt2,并分别编写程序(图 11.51,图 11.52).

```
Define mt1()=
Prgm
n:=0
For i,1,500
    x:=4*rand()-2
    y:=4*rand()-2
    If (x-2)^2+(y-2)^2 ≤ 4 Then
        n:=n+1
    EndIf
EndFor
Disp "p≈",approx(n/500)
EndPrgm
```

图 11.51

```
Define mt2()=
Prgm
n:=0
For i,1,500
    x:=randInt(-2,2)
    y:=randInt(-2,2)
    If (x-2)^2+(y-2)^2 ≤ 4 Then
        n:=n+1
    EndIf
EndFor
Disp "p≈",approx(n/500)
EndPrgm
```

图 11.52

按键 menu、②(检查句法并保存)、①(检查句法并保存),完成检查句法并保存,按键 ctrl、tab,将左侧页面激活,输入程序名,运行该程序,即可用蒙特卡罗的方法估计两种情形时事件发生的概率 $p_1 \approx 0.17, p_2 \approx 0.214$(图 11.53,图 11.54).

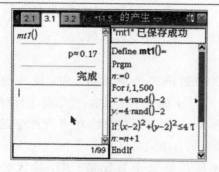

图 11.53

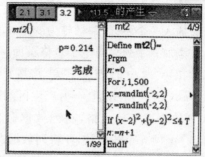

图 11.54

■ 实用技巧 58 —— 如何产生不同分布的随机数

用不同的库命令可以产生不同分布的随机数.

1. 随机数:rand([n]),[]表示可选项,n为正整数.没有参数n时,产生区间[0,1]上的一个均匀随机数;有参数n时,产生区间[0,1]上的n个均匀随机数.

2. 随机整数:randInt(a,b[,n]),其中a,b为整数且a<b,[]表示可选项,n为正整数.没有参数n时,产生在区间[a,b]上均匀分布的一个整数值随机数;当n是正整数时,产生在区间[a,b]上均匀分布的n个整数值随机数.

3. 二项分布随机数:randBin(n,p[,m]),其中n为正整数,p∈(0,1),[]表示可选项,没有参数m时,产生一个满足二项分布B(n,p)的随机整数;当m为正整数时,产生m个满足二项分布B(n,p)的随机整数.

4. 正态分布随机数:randNorm(μ,σ[,n]),其中μ,σ为参数,[]表示可选项,没有参数n时,产生一个均值是μ,标准差是σ的正态分布的随机数;当m是正整数时,产生m个均值是μ,标准差是σ的正态分布的随机数.

11.6 古典概型与几何概型

关键词 随机数 统计 概率

例 6 在区间[−1,1]上任意产生两个随机数a,b,求点(a,b)在单位圆及其内部的概率,并依此设计随机模拟试验,估计 π 的值.

■ 操作程序

1. 点(a,b)在单位圆及其内部,即点(a,b)满足$a^2+b^2 \leqslant 1$.根据几何概型,求得点(a,b)在单位圆及其内部的概率$P=\dfrac{\pi}{4}$,从而$\pi=4 \cdot P \approx 4 \cdot f$,这里的$f$是随机模拟试验中,点$(a,b)$在单位圆及其内部的频率.

2. 添加一个图形页面.

3. 插入一个游标,并标签为变量 n,变量 n 用来控制试验次数.

4. 添加一个列表与电子表格页面.

5. 在 A 列中的列公式单元格(从顶部起第二个单元格)中,输入公式 "$2*\text{rand}(n)-1$",按键 enter,产生区间 $[-1,1]$ 上的 n 个随机数,然后将光标移动到 A 列的第一个单元格,将列数据命名为 xval;用相同的方法在 B 列产生区间 $[-1,1]$ 上的 n 个随机数,并将列数据命名为 yval(图 11.55).

6. 在 C 列中的列公式单元格(从顶部起第二个单元格)中,输入公式 "$=a[\ ]\hat{}2+b[\ ]\hat{}2$",按键 enter,计算 A,B 两列中每一行的两个数据的平方和;在 D 列的第一个单元格中输入 "countif(C[ ],? ≤1)",统计 C 列数据中小于或等于 1 的个数,并选中这个数据,按键 ctrl、tab,然后将结果命名为变量 m(图 11.55).

7. 按键 ctrl、tab,返回 1.1 页面,按键 menu、③(图形输入/编辑)、⑤(散点图),并在输入行中输入 $\begin{cases} x \leftarrow xval \\ y \leftarrow yval \end{cases}$,即可得到散点图.

8. 按键 menu、①(动作)、⑦(文本),输入文本 "$4\cdot\dfrac{m}{n}$",将光标指向这个文本,按键 ctrl、menu,在下列菜单中,选中计算,连续两次按键 L,将 m,n 用同名变量计算,求得 π 的估计值(图 11.56).

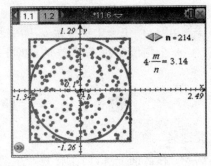

图 11.55　　　　　　　　图 11.56

说明

1. 在 A 列中的列公式单元格中,输入公式 "$2*\text{rand}(n)-1$",按键 enter,由于变量名与列名称冲突,将跳出对话框询问 "n" 是 "列引用" 还是 "变量引用",选择 "变量引用",并按键(enter)即可.

2. 为了增强视觉效果,可以画出单位圆和外侧正方形.

3. 若再将变量 m,n 的数据捕捉到列表与电子表格中,然后作出对应的散点图,可以看到,随着 n 的增大,数值 $4 \cdot \dfrac{m}{n}$ 逐渐趋于 π.

■ **触类旁通 —— 定积分与几何概型**

问题 在一个边长为 1 的正方形 $AOBC$ 内,曲线 $y=x^2$ 和曲线 $y=\sqrt{x}$ 围成一个叶形图(如图 11.57 所示阴影部分),向正方形 $AOBC$ 内随机投一点(该点落在正方形 $AOBC$ 内任何一点是等可能的),则所投的点落在叶形图内部的概率是_____.

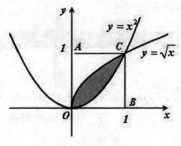

图 11.57

解析 用几何概型计算,依题意,所投的点落在叶形图内部的概率 $P=\dfrac{S_{阴影}}{S_{正方形}}$. 可以用定积分计算 $S_{阴影}$(图 11.58),也可以直接作出函数图像,用测量面积的方法计算 $S_{阴影}$(图 11.59),可得 $S_{阴影}=\dfrac{1}{3}$,又因为正方形 $AOBC$ 的面积为 1,所以点落在叶形图内部的概率为 $\dfrac{1}{3}$.

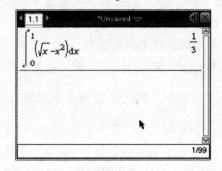

图 11.58

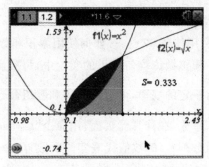

图 11.59

■ 问题解决 —— 模拟抛掷均匀硬币的实验

问题　模拟抛掷均匀硬币的实验,将 n 次抛掷实验中得到的频率绘制成散点图,利用散点图观察频率是否趋于某个定值.

解析　在图形页面中,按键 menu、③(图形输入／编辑)、⑥(序列)、①(序列),然后在序列提示符"$u1(n)=$"之后,输入 $\dfrac{\text{sum}(\text{randInt}(0,1,n))}{n}$,按键 enter,即可得到 n 次实验产生随机整数 1 的频率散点图.

适当调整窗口显示,按键 menu、③(图形输入／编辑)、①(函数),在函数提示符"$f1(x)=$"之后,输入 $\dfrac{1}{2}$,按键 enter,作出直线 $y=\dfrac{1}{2}$(图 11.60).观察图形,可知当 n 越来越大时,实验所得频率趋于 $\dfrac{1}{2}$.

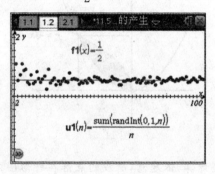

图 11.60

说明

命令"sum(randInt(0,1,n))"的含义是对产生的 n 个随机整数求和,由于产生的随机整数只有 0 和 1,故所求的和就是 1 的个数,现用 1 代表投掷均匀硬币时正面向上,则所求的和就是 n 次实验中,正面向上的总次数.

■ 实用技巧 59 —— 如何使用累积和数组命令展示频率的稳定性

模拟抛掷均匀硬币的实验中,每次实验的结果是随机的,但多次实验累积结果将有一定的规律,可以用累积和数组命令展示正面向上的频率趋于 $\dfrac{1}{2}$ 的情形.

首先,在计算器页面,用命令"$t:=\text{seq}(x,x,1,500,1)$"生成一个 1～500 的正整数数列 t,t 的数值代表实验次数,用命令"$m:=\text{randInt}(0,1,500)$"生成一个只有 0,1 取值的数组 m,m 的数值表示 500 次实验中每次投掷硬币的结果(1 代表正面向上,0代表正面向下),按键 menu、⑥(统计)、④(数组运算)、③(累积和数组),调用累积和数组命令 cumulativeSum(),并计算正面向上的累积频率 n(图 11.61),然后将 t 作为 x 坐标,n 作为 y 坐标,作出散点图表示 n 次实验的频率图(图 11.62),观察图形可知,随着次数的增加,实验所得频率趋于 $\dfrac{1}{2}$.

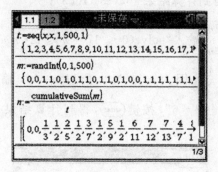

图 11.61

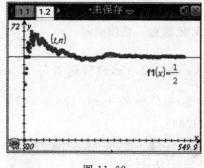

图 11.62

说明

由于数组 m 是由 500 个数据构成,每个数据不是 0 就是 1,所以前 n 个数据的和代表了 n 次实验中 1 的个数,亦即正面向上的总次数. 累积和数组命令 cumulativeSum(m) 表示将数组 m 中前 n($n=1,2,3,\cdots,500$)个数据分别求和,并依序排列构成一个新数组(该数组的第 n 个数据表示数组 m 的前 n 个数据之和). 命令 $n:=\dfrac{\text{cumulativeSum}(m)}{t}$ 表示将累积和数组命令 cumulativeSum(m)生成的数组与数组 t 对应的数值相除,所得数组保存为数组 n.

11.7 排列与组合及二项式定理

关键词 排列数 组合数 统计 展开表达式

例 7 计算:(1) $\dfrac{2A_7^5-A_6^6}{6!+5!}$;(2) $(C_{100}^{98}+C_{100}^{97})\div A_{101}^3$;(3) $C_2^2+C_3^2+C_4^2+\cdots+C_{10}^2$;(4) $C_{2n}^{17-n}+C_{13+n}^{3n}$.

■ 操作程序

1. 添加一个计算器页面.

2. 输入"$\dfrac{2 \cdot \text{nPr}(7,5) - \text{nPr}(6,6)}{6! + 5!}$",按键 enter,得到计算结果 $\dfrac{36}{7}$;

3. 输入"$\dfrac{\text{nCr}(100,98) + \text{nCr}(100,97)}{\text{nPr}(101,3)}$",按键 enter,得到计算结果 $\dfrac{1}{6}$;

4. 输入"$\sum_{n=2}^{10}(\text{nCr}(n,2))$",按键 enter,得到计算结果 165(图 11.63);

5. 依题意 n 必须满足 $\begin{cases} 0 \leqslant 17-n \leqslant 2n \\ 0 \leqslant 3n \leqslant 13+n \end{cases}$,输入"solve($0 \leqslant 17-n \leqslant 2 \cdot n$ and $0 \leqslant 3 \cdot n \leqslant 13+n, n$)",解得 $\dfrac{17}{3} \leqslant n \leqslant \dfrac{13}{2}$,因为 $n \in \mathbf{N}^*$,所以 $n=6$,输入"nCr($2 \cdot n, 17-n$) + nCr($13+n, 3 \cdot n$) | $n=6$",按键 enter,得到计算结果 31(图 11.64).

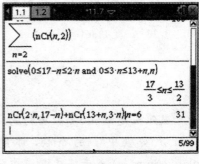

图 11.63 图 11.64

说明

1. 排列数:nPr(n,m),表示 A_n^m;组合数:nCr(n,m),表示 C_n^m.

2. 按键 menu、⑤(概率),可以在菜单中找到阶乘、排列、组合、随机数和分布列的计算命令.

■ 触类旁通 —— 证明组合数的两个性质

问题 证明组合数的两个性质(1)$\text{C}_n^m = \text{C}_n^{n-m}$;(2)$\text{C}_{n+1}^m = \text{C}_n^m + \text{C}_n^{m-1}$.

解析 添加一个计算器页面,输入"nCr(n,m) − nCr($n, n-m$)",按键 enter,计算结果等于 0,说明 $\text{C}_n^m = \text{C}_n^{n-m}$;输入"nCr($n+1, m$) − nCr($n, m$) − nCr($n, m-1$)",按键 enter,计算结果等于 0,说明 $\text{C}_{n+1}^m = \text{C}_n^m + \text{C}_n^{m-1}$(图 11.65).

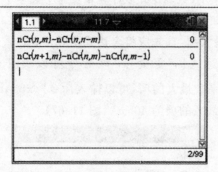

图 11.65

■ **问题解决** —— 用多项式命令求展开式系数

问题 已知 $(2x+1)^{15} = a_0 + a_1 x + a_2 x^2 + \cdots + a_{15} x^{15}$，则 $a_0 + a_1 + a_2 + \cdots + a_{15}$ 等于（　　）．

A. 3^{15}　　　　B. 2^{15}　　　　C. 3^8　　　　D. 2^8

解析 添加一个计算器页面，输入"$m:=\text{polyCoeffs}((2x+1)^{15},x)$"，得到展开式的各项系数，并将所得数组定义为变量 m，输入"$\text{sum}(m)$"，对所得数组求和，所得结果 14348907 即 $a_0 + a_1 + a_2 + \cdots + a_{15}$ 的值，输入"$\text{factor}(ans)$"，把所得结果因式分解，即得 3^{15}（图 11.66），选 A．

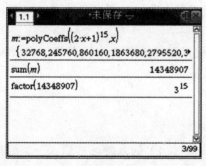

图 11.66

说明

多项式系数命令格式：polyCoeffs(多项式[，变量])，该命令将多项式按降幂排列展开，所得系数用数组表示．若要展开的不是多项式（分式或无理式），将提示自变量错误．

■ 实用技巧 60 —— 如何求展开式中的最大项

要求展开式中的最大项,首先应将表达式用展开表达式命令展开,展开表达式命令格式:expand(表达式[,变量]),该命令可以展开任意表达式.例如求 $(\sqrt[3]{x^2}+3x^2)^5$ 展开式系数最大的项,可以输入命令"expand$((\sqrt[3]{x^2}+3x^2)^5,x)$",观察展开式,得到系数最大的项为 $405x^{\frac{26}{3}}$(图 11.67).

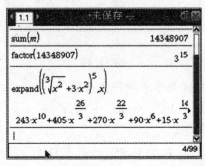

图 11.67

11.8 二项分布的应用

关键词　数据　摘要图　快速绘图　分布

例 8　已知一次实验成功的概率 $p=\dfrac{1}{2}$,作出 n 次实验的二项分布 $B(n,p)$ 的频率分布直方图.

■ 操作程序

1. 添加一个数据与统计页面.

2. 按键 (menu)、③(动作)、④(插入游标),插入一个游标,并标签为变量 vn,同时设置变量取值范围 0 ~ 30,步长设置为 1,并最小化.

3. 添加一个列表与电子表格页面.

4. 在 A 列的列公式单元格(从顶部起第二个单元格)中输入 seq$(n,n,0,vn)$,生成 0 到 vn 的一列整数,并将该列用变量 dam 表示;在 B 列的列公式单元格(从顶部起第二个单元格)中输入 binompdf$(vn,\dfrac{1}{2})$,生成二项分布的频率分布列,并将该列用变量 dan 表示(图 11.68).

5. 按键 (menu)、③(数据)、⑧(摘要图),调出摘要图对话框,x 数组选择变量

dam,摘要列表选择变量 dan,显示方式选择新页,按键 enter,得到频率发布直方图.

6. 插入一个游标,并标签为变量 vn,现在改变变量 vn 的值,即可得到不同次实验下,二项分布的频率分布直方图(图 11.69).

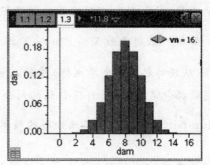

图 11.68　　　　　　　　　　图 11.69

7. 按键 ctrl、◀,返回 1.1 页面,单击屏幕下方中央位置,选择变量 dam,再单击屏幕左侧中央位置,选择变量 dan,得到散点图,按键 menu、②(绘图属性)、①(连接数据点),还可以感受随着次数的增加,形成二项分布的密度曲线的过程(图 11.70).

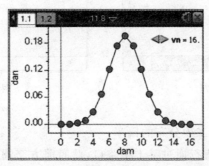

图 11.70

1. 需要先定义次数变量 vn,才能在列公式单元格中输入 seq(n,n,0,vn),否则将提示域错误.

2. 若在列表与电子表格中,按键 menu、③(数据)、⑨(快速绘图),将在同一页面的右侧绘制散点图.

■ 触类旁通 —— 求二项分布列及数学期望

问题 某人向一目标射击4次，每次击中目标的概率为$\frac{1}{3}$，设X表示目标被击中的次数，求X的分布列及数学期望EX；

解析 依题意知$X \sim B(4, \frac{1}{3})$，添加一个列表与电子表格，在A列的列公式单元格（从顶部起第二个单元格）中输入seq($n, n, 0, 4$)，生成0到4的一列整数，并将该列数据命名为变量m；在B列的列公式单元格（从顶部起第二个单元格）中输入binompdf($4, \frac{1}{3}$)，生成二项分布的频率分布列，并将该列数据命名为变量n，得到X的分布列（图11.71）. 添加一个计算器页面，输入"$\sum_{i=1}^{5}(m[i] \cdot n[i])$"，即可求得随机变量$X$的数学期望$EX \approx 1.33333$（图11.72）.

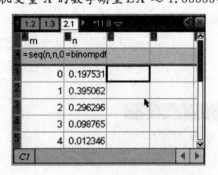

图 11.71

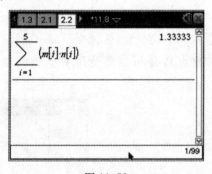

图 11.72

■ 问题解决 —— 计算二项分布的概率

问题 一辆车要直行通过某十字路口，此时前方交通灯为红灯，且该车前面已有4辆车依次在同一车道上排队等候（如图11.73，该车道只可以直行或右转行驶）. 已知每辆车直行的概率是$\frac{2}{3}$，右转行驶的概率是$\frac{1}{3}$，该路口红绿灯转换间隔时间均为1分钟. 假设该车道上一辆直行的车驶出停车线需要10秒钟，一辆右转的车驶出停车线需要20秒钟.

（Ⅰ）求前4辆车恰有1辆车直行的概率；

（Ⅱ）求该车在第一次绿灯亮起时的1分钟内通过该路口的概率（汽车驶出停车线就算通过路口）.

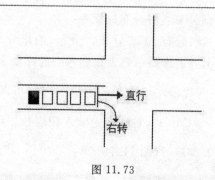

图 11.73

解析 由于每辆车要么直行,要么右转,且每辆车直行的概率是 $\frac{2}{3}$,右转行驶的概率是 $\frac{1}{3}$,所以前 4 辆车中直行的车辆数服从二项分布 $b(4, \frac{2}{3})$.

（Ⅰ）前 4 辆车恰有 1 辆车直行的概率 $P_1 = C_4^1 \times \frac{2}{3} \times (\frac{1}{3})^3$.

在计算器页面输入 $\mathrm{binomPdf}(4, \frac{2}{3}, 1)$,得到前 4 辆车恰有 1 辆车直行的概率为 0.098765（图 11.74）.

（Ⅱ）该车在第一次绿灯亮起时的 1 分钟内能通过该路口的情况为：前 4 辆车中,4 辆车均为直行；或前 4 辆车中,3 辆车直行 1 辆车右转行驶,故该车在第一次绿灯亮起时的 1 分钟内通过该路口的概率 $P_2 = C_4^4 \times (\frac{2}{3})^4 + C_4^3 \times (\frac{2}{3})^3 \times \frac{1}{3}$.

在计算器页面输入 $\mathrm{binomPdf}(4, \frac{2}{3}, 4) + \mathrm{binomPdf}(4, \frac{2}{3}, 3)$,得到该车在第一次绿灯亮起时的 1 分钟内通过该路口的概率为 0.592593（图 11.74）.

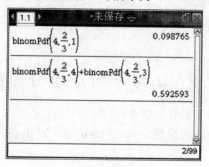

图 11.74

实用技巧 61 —— 如何计算各种分布的概率

常见的概率分布有二项分布、正态分布、t 分布、泊松分布等，计算这些分布的概率，都可以按键 K、①，通过库命令列表找到相应的库命令，根据提示进行计算.

比如，随机变量 $\xi \sim N(2, \sqrt{5}^2)$，计算 $P(\xi \leqslant \frac{1}{2})$ 时，可以在调出的正态 Cdf（库命令列表）中显示为"normCdf()"，对话框中输入相应数据（图 11.75），按键 enter，即可求得 $P(\xi \leqslant \frac{1}{2}) = 0.251167$（图 11.76）.

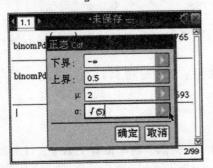 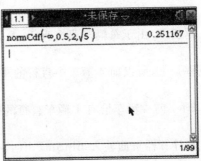

图 11.75 图 11.76

以下为计算常见分布概率的命令格式.

二项分布的概率，命令格式：binomCdf(n 值，p 值[，下界[，上界]]);
binomPdf(n 值，p 值[，x 值]).

正态分布的概率，命令格式：normCdf(下界，上界[，μ 值[，σ 值]]);
normCdf(下界，上界[，μ 值[，σ 值]]).

t 分布的概率，命令格式：tCdf(下界，上界，自由度).

泊松分布的概率，命令格式：poissCdf(λ，下界，上界);poissPdf(λ，x 值).

11.9 μ 与 σ 对正态分布的影响

关键词 正态分布 统计 概率

例 9 作出正态分布的密度曲线，研究 μ 与 σ 对正态分布的密度曲线的影响.

■ 操作程序

1. 添加一个图形页面.
2. 插入两个游标，并分别标签为变量 u 和变量 s.

3. 在函数提示符"$f1(x)=$"后输入 $\text{normPdf}(x,n,s)$，按键 (enter)，得到正态分布 $N(u,s^2)$ 的密度曲线（图 11.77）.

4. 按键 (menu)、(4)（窗口／缩放）、（缩放－适合窗口），调整为合适的显示窗口.

5. 改变变量 u 的值，发现密度曲线左右平移，形状没有发生改变；改变变量 s 的值，发现密度曲线的对称轴没有发生改变，形状发生改变（图 11.78）.

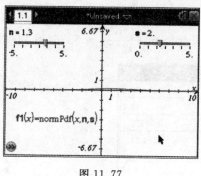
图 11.77

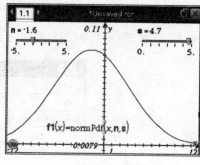
图 11.78

说明

1. 正态分布密度曲线库函数格式：$\text{normPdf}(x\text{ 值}[,\text{均值}[,\text{标准差}]])$.

2. 正态分布区间概率库函数格式：$\text{normCdf}(\text{下界},\text{上界}[,\text{均值}[,\text{标准差}]])$.

3. 两者的关系可以表示为：$\int_{-\infty}^{x}\text{normPdf}(t,0,1)dt = \text{normCdf}(-\infty,x,0,1)$（标准正态分布下），在同一个图形页面，分别作出函数 $f1(x)=\text{normPdf}(x,0,1)$，函数 $f2(x)=\text{normCdf}(-\infty,x,0,1)$ 以及函数 $f3(x)=\int_{-\infty}^{x}\text{normPdf}(t,0,1)dt$ 的图像，可以发现 $f2(x)$ 与 $f3(x)$ 的图像重合（图 11.79，图 11.80）.

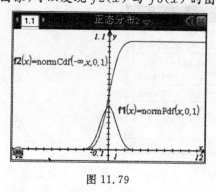
图 11.79 图 11.80

■ 触类旁通 —— 估计总体的人数

问题 在某市举行的数学质量检测考试中,全体考生的成绩近似服从正态分布 $N(70,100)$.已知成绩在 90 分以上(含 90 分)的学生有 120 名,则考生总人数约为多少人?

解析 设考生的成绩为 X,因为 $X \sim N(70,100)$,所以 $\mu=70, \sigma=10$.添加一个计算器页面,输入 normCdf$(90,\infty,70,10)$,即可算得成绩在 90 分以上(含 90 分)的概率 $P(X \geqslant 90)=0.02275$,所以考生总人数约为 $\dfrac{120}{0.02275} \approx 5275$(图 11.81).

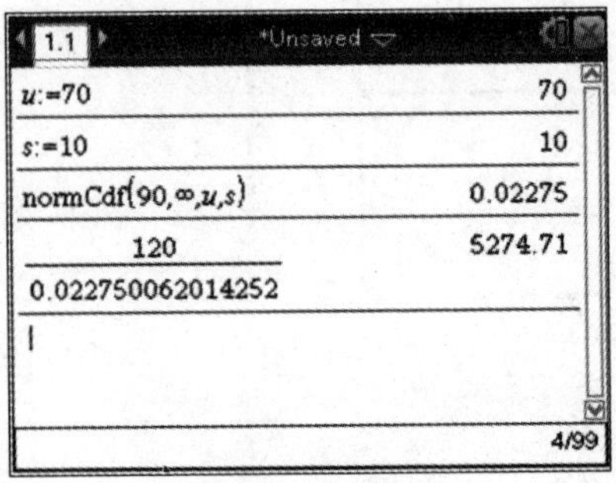

图 11.81

■ 问题解决 —— 根据正态分布制定合格标准

问题 在某市举行的数学质量检测考试中,全体考生的成绩近似服从正态分布 $N(70,100)$.若要求 80% 的考生成绩都能达到合格标准,合格标准分值应定为多少?

解析 实际上就是求解关于 x 的方程 normCdf$(-\infty,x,70,10)=80\%$,用近似求解命令 nSolve(normCdf$(-\infty,x,70,10)=80\%,x)$,可以求得合格标准分值应定为 78 分,用反向正态分布函数 invNorm$(0.8,70,10)$ 也可以(图 11.82).

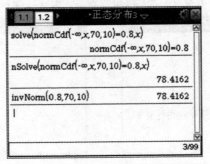

图 11.82

第11章 概率与统计

说明

反向正态分布函数格式如下:invNorm(概率[,均值[,标准差]]).

■ 实用技巧 62 —— 如何使用向导绘制正态分布密度曲线

添加一个列表与电子表格页面,选中 A 列中的列公式单元格(从顶部起第二个单元格),按键 (menu)、(4)(统计)、(2)(分布)、(1)(正态 Pdf…),调出正态分布 Pdf 参数设置对话框,在对话框中输入图表参数,若定义了变量,可以在向导表格中选择变量,单击绘图复选框(图 11.83),按键 (enter),将在同一页面以分栏的形式显示数据与统计页面,并绘制正态分布密度曲线. 若在同一页面内插入游标,并标签为相应变量,当改变游标滑块,即可清楚地看到正态分布密度曲线随相应参数变化的情况;按键 (menu)、(4)(分析)、(8)(绘制值),在 v1: 后输入变量 u,还可以添加对称轴,用于辅助观察曲线变化(图 11.84).

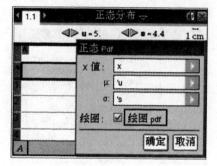

图 11.83

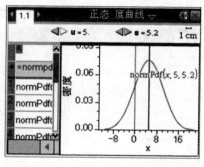

图 11.84

11.10 独立性检验

关键词 矩阵 统计 统计检验 χ^2 双因素检验

例 10 下表是某地区的一种传染病与饮用水的调查表:

	得病	不得病	总计
干净水	52	466	518
不干净水	94	218	312
总计	146	684	830

(Ⅰ) 这种传染病是否与饮用水的卫生程度有关,请说明理由;

（Ⅱ）若饮用干净水得病 5 人，不得病 50 人；饮用不干净水得病 9 人，不得病 22 人，按此样本数据分析这种疾病是否与饮用水有关，并比较两种样本在反映总体时的差异．

■ 操作程序

1. 添加一个计算器页面．

2. 按键 (menu)、(7)(矩阵)、(1)(创建)、(1)(矩阵…)，在创建矩阵对话框中，选择 2×2 矩阵，输入相应数据，并将矩阵赋值给变量 m，得到 $m = \begin{pmatrix} 52 & 466 \\ 94 & 218 \end{pmatrix}$（图 11.85）．

3. 按键 (menu)、(6)(统计)、(7)(统计检验)、(8)(χ^2 双因素检验)，在 χ^2 双因素检验对话框中，观测矩阵选择 m，按键 (enter)，即可得到在假设传染病与饮用水无关的前提下，计算 χ^2 的值为 54.2121，假设发生的概率等于 1.79979×10^{-13}，因此有 99.9% 的把握认为该地区的传染病与饮用水有关（图 11.86）．

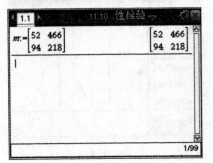

图 11.85

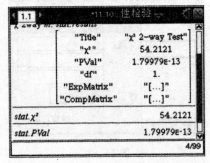

图 11.86

4. 依题意得 2×2 列联表：

	得病	不得病	总计
干净水	5	50	55
不干净水	9	22	31
总计	14	72	86

5. 用相同的方法计算求得 χ^2 的值为 5.78457，假设发生的概率等于 0.016167（图 11.87），所以我们有 98.4% 的把握认为该地区的传染病与饮用不干净水有关．由上可知，两个样本都能得到传染病与饮用不干净的水有关这一相同的结论，但（Ⅰ）问中我们有 99.9% 的把握肯定结论的正确性，而（Ⅱ）问中我们只有

98.4%的把握肯定.

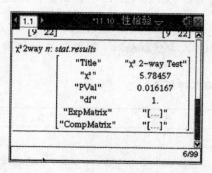

图 11.87

1.判断两个分类变量是否有关,可以通过作出等高条形图及K^2公式的应用,但从图形上只可以粗略的估计两个分类变量的关系,它不能给我们两个分类变量有关或无关的精确的判断,若要作出精确的判断,可以进行独立性检验的有关计算.本题要求比较两种样本在反映总体时的差异,故应选用K^2公式的应用.

2.需要得到各种统计量,可以按键,在显示各种统计变量的下拉菜单中进行选择.

3.样本的不同(包括样本容量的不同)可能导致不同的结论,至少影响正确(或不正确)的程度. 解答此类题目的关键在于正确利用 $K^2=\dfrac{n(ad-bc)^2}{(a+b)(a+c)(b+d)(c+d)}$ 公式计算K^2的值,再利用临界值的大小关系来判断假设检验是否成立,从而解决问题.

■ 触类旁通 —— 概率与独立性检验的交汇

问题 有甲乙两个班级进行数学考试,按照大于等于85分为优秀,85分以下为非优秀统计成绩后,得到如下的列联表:

	优秀	非优秀	总计
甲班	10		
乙班		30	
合计			105

已知在全部105人中随机抽取1人为优秀的概率是$\dfrac{2}{7}$.

(Ⅰ)请完成上面的列联表;

(Ⅱ)根据列联表的数据,若按95%的可靠性要求,能否认为"成绩与班级有关系".

解析 (Ⅰ)全部105人中随机抽取1人为优秀的概率是$\frac{2}{7}$,所以优秀的总和数为$\frac{2}{7} \times 105 = 30$,从而可得下表:

	优秀	非优秀	总计
甲班	10	45	55
乙班	20	30	50
合计	30	75	105

(Ⅱ)根据列联表中的数据,得到$\chi^2 = 6.10909 > 3.841$,因此有95%的把握认为"成绩与班级有关系"(图11.88).

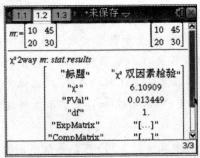

图11.88

■ **问题解决** —— 癌症与年龄段是否有关

问题 调查记录显示癌症人数与年龄段的一个数据表,试判断癌症与年龄段是否有关.

年龄段	食道癌	胃癌	肝癌	肺癌	鼻咽癌
40	3	11	5	29	10
50	19	99	44	215	35
60	39	81	13	138	27

解析 先将数据进行汇总统计,得到下列数据表:

年龄段	癌症人数
40	58
50	412
60	298

添加一个计算器页面,创建一个 3×2 矩阵,输入相应数据,并将矩阵用变量 m 表示,得到 $m = \begin{bmatrix} 40 & 58 \\ 50 & 412 \\ 60 & 298 \end{bmatrix}$(图 11.89).

按键(menu)、⑥(统计)、⑦(统计检验)、8(χ^2 双因素检验),在 χ^2 双因素检验对话框中,观测矩阵选择 m,按键(enter),即可得到在假设癌症与年龄段无关的前提下,计算 χ^2 的值为 53.2836,假设发生的概率等于 2.68911×10^{-12},因此有 99.9% 的把握认为癌症与年龄段有关(图 11.90).

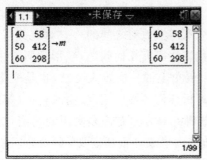

图 11.89

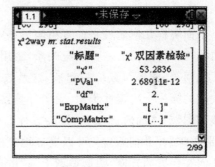

图 11.90

■ 实用技巧 63 —— 如何使用标准名称存储统计结果

使用标准名称格式存储统计结果便于识别和使用统计变量,例如,名称为 stat.nnn 的变量组存储了假设检验的所有统计结果,其中 nnn 为结果名称,按键 h 可以查看所有变量,若输入 stat. 将出现下拉菜单,选择其中变量也可,比如,变量 stat.χ^2 存储的是 χ^2 值,stat.pVal 存储的是概率值,stat.df 存储的是自由度,stat.results 存储的是统计结果,等等.

如果要使用自定义变量组代替标准名称,可以自行编辑公式,比如,可以使用以下公式将变量组 stat 中的所有变量存储到变量组 Mystats 中:CopyVar stat., mystat.

12 解析几何

平面解析几何通过平面直角坐标系,建立点与实数对之间的一一对应关系,以及曲线与方程之间的一一对应关系,运用代数方法研究几何问题,或用几何方法研究代数问题,使形与数统一起来,这是数学发展史上的一次重大突破,也是变量数学发展的第一个决定性步骤. 图形计算器在解析几何的图形呈现、输入方程(等式)直接作图、动点的轨迹探究、轨迹方程的代数研究等方面有许多实用的功能,比如"图形跟踪"、"几何跟踪"可以更好地理解轨迹的形成,"重新定义"的命令轻松实现几何和代数的转换,图形类型下的"散点图"命令将数据拟合与轨迹方程交汇,而与此内部关联的代数运算是对"解析"最好的诠释,本章提供的精彩案例便是很好的说明.

目标

12.1 直线的方程
12.2 平面动点的轨迹
12.3 圆
12.4 椭圆与双曲线
12.5 抛物线
12.6 参数方程及其应用
12.7 极坐标方程的应用
12.8 3D绘图

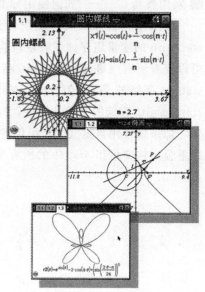

圆锥曲线的统一性

椭圆、双曲线、抛物线为什么都统称为圆锥曲线？它们是否有统一的方程呢？

早在古希腊时期，人们就开始对圆锥曲线进行研究，他们取顶角为锐角、直角、钝角的三种不同的圆锥，用垂直于圆锥的一条母线的平面去截它们，就得到椭圆、抛物线和双曲线，这就是圆锥曲线的由来．随后人们研究发现，只要改变截面的位置，就可以在同一圆锥面上截出这三种曲线，圆锥和三种不同类型的圆锥曲线很自然地存在于一个和谐的整体中（图 12.1，图 12.2）．

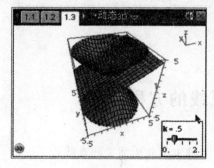
图 12.1

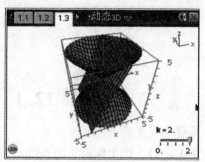
图 12.2

在研究圆锥曲线的几何性质中，人们发现圆锥曲线上的点到焦点的距离与到相应准线的距离的比值为定值 e（离心率）．反过来，就将圆锥曲线的定义统一起来，这就是圆锥曲线的第二定义：平面上到一定点的距离与到不过该定点的一直线的距离的比值为定值的点的轨迹叫做圆锥曲线．这种定义的统一性，更直观地表现在极坐标系下的统一方程中，作出圆锥曲线 $\rho = \dfrac{ep}{1-e\cos\theta}$，其中 p 为正常数，分别取 e 的不同值，得到不同的圆锥曲线．

当 $e \in (0,1)$ 时，为椭圆（图 12.3），当 $e=1$ 时，为抛物线（图 12.4），当 $e>1$ 时，为双曲线．以上定义与方程不但显示出三种圆锥曲线的和谐统一性，而且生动地体现了数形变化的依赖关系：随着体现统一性的数 e 的变化，圆锥曲线的形状和性质也随之变化．

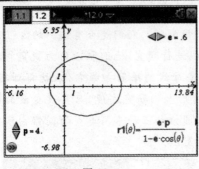
图 12.3

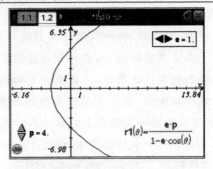
图 12.4

12.1 直线的方程

关键词 变换 测量 轨迹

例 1 （Ⅰ）作出倾斜角为 $68°37'$，且在 x 轴上的截距为 2 的直线；
（Ⅱ）作出倾斜角为 $\dfrac{5}{7}\pi$，且在 y 轴上的截距为 2 的直线.

■ 操作程序

1. 添加一个图形页面.

2. 按键 (menu)、⑧（几何）、①（点／线）、①（点），调出创建点工具，按键 [C]、②、(enter)、⓪、(enter)（即输入点坐标），作出点 $(2,0)$，输入字母 A，将这个点命名为 A.

3. 按键 (menu)、⑧（几何）、⑤（变换）、④（旋转），调出几何变换中的旋转工具，先点击 x 轴（旋转对象），再单击点 A（旋转中心），然后输入 $68°37'$（旋转角度），按键 (enter)，即可作出倾斜角为 $68°37'$，且在 x 轴上的截距为 2 的直线（图 12.5）.

4. 按键 (ctrl)、[G]，调出函数提示符"$f1(x)=$"，然后输入 $\tan\left(\dfrac{5}{7}\cdot\pi\right)\cdot x+2$，按键 (enter)，得到所求直线（图 12.6）.

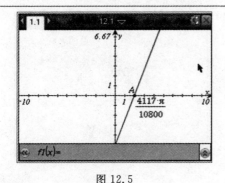

图 12.5　　　　　　　　　　　图 12.6

说明

1. 若要作出倾斜角为 $68°37'$ 的一系列直线,可以在本例基础上,按键 (menu)、⑧ (几何)、④ (作图)、② (平行),单击已经作出的直线和任意一个点,作直线的平行线,即可得到一系列倾斜角均为 $68°37'$ 的直线.

2. 可以按键 K、④ 查找到角度单位,用于输入 $68°37'$ 角度数值.

3. 在函数提示符"$f1(x)=$"之后输入的表达式,实际上就是直线的斜截式方程,其中斜率 $k=\tan(\frac{5}{7}\pi)$. 也可按键 (menu)、③ (图形输入 / 编辑)、② (等式)、① (直线)、① ($y=m\cdot x+b$),并分别输入斜率 $\tan(\frac{5}{7}\pi)$ 和在 y 轴上的截距 2,用图形计算器中的图形输入与编辑功能,直接输入方程得到直线.

■ **触类旁通** —— 两点式与截距式方程

在图形计算器中,过两点作直线是很容易实现的,按键 (menu)、⑧ (几何)、① (点 / 线)、① (点),分别输入坐标,即可作出已知坐标的两个点,然后选择直线工具,单击这两点,即可得到过已知两点的直线. 也可以按键 (menu)、⑧ (几何)、① (点 / 线)、④ (直线),调出直线工具,然后输入两个点的坐标,作出过已知两个点的直线,例如两点式方程 $\frac{x-1}{2-1}=\frac{y+1}{-4+1}$ 表示的直线经过点 $(1,-1)$ 和点 $(2,-4)$,作直线时,输入这两个点的坐标即可 (图 12.7).

因为截距式方程提供的实际上就是直线与两坐标轴的交点坐标,所以也不难作出截距式方程的直线,若将点坐标链接到变量,并结合游标,即可作出形如 $\frac{x}{a}+\frac{y}{b}=1$ 的动态直线 (图 12.8).

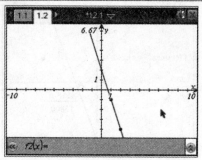

图 12.7   图 12.8

■ 实用技巧 64 —— 如何显示坐标和方程

在图形页面上作出的点、直线或圆,可以直接测算并显示它的坐标或方程,按键(menu)、①(动作)、⑧(坐标与方程),单击点、直线或圆,即可得到点的坐标、直线或圆的方程.

■ 问题解决 —— 用直线研究方程的实根问题

问题 若关于 x 的方程 $|x-1|-kx=0$ 有且只有一个正实数根,则实数 k 的取值范围是_____.

解析 关于 x 的方程 $|x-1|-kx=0$ 有且只有一个正实数根,即 $|x-1|=kx$ 有且只有一个正实数根,等价于直线 $y=kx$ 与折线 $y=|x-1|$ 有且只有一个交点. 添加一个图形页面,按键Ⓑ、①(动作)、Ⓑ(插入游标),此时出现一个带有默认设置的水平游标的灰色图像,移动到合适位置后按键(enter),将游标放置到指定位置,将游标标签为变量 k,然后作出直线 $y=kx$ 和折线 $y=|x-1|$,改变变量 k 的值,可以发现当 $k \geqslant 1$ 或 $k=0$ 时,直线 $y=kx$ 与折线 $y=|x-1|$ 有且只有一个交点(图 12.9,图 12.10).

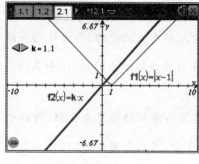 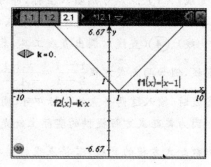

图 12.9   图 12.10

12.2 平面动点的轨迹

关键词 形状 测量 锁定对象 轨迹

例2 已知 $\triangle ABC$ 的顶点 B,C 固定, 当 $\triangle ABC$ 的面积保持不变时, 作出顶点 A 的轨迹.

■ 操作程序

1. 添加一个几何页面.

2. 按键 (menu)、⑤(形状)、②(三角形), 单击三个顶点位置, 作出 $\triangle ABC$(图 12.11).

3. 按键 (menu)、⑥(测量)、②(面积), 单击 $\triangle ABC$ 测得三角形面积, 再单击页面合适位置, 显示面积(图 12.12).

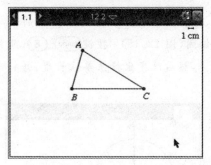

图 12.11 图 12.12

4. 按键 (esc), 退出测量工具, 将光标指向面积测量值(此时光标变为), 并显示"文本"), 按键 (ctrl)、(menu), 在下拉菜单中选择属性, 在属性框中, 按键 ▼、▼, 移动光标到对象未锁定标志, 按键 ▶、(enter), 将对象锁定(即面积保持不变)(图 12.13).

5. 将光标指向顶点 A(此时光标变为), 并显示"点"), 按键 (ctrl)、(menu), 在下拉菜单中选择几何跟踪, 然后按键 (ctrl)、 , 将点 A"抓住", 移动光标, 可以观察点 A 的轨迹是与 BC 平行的两条直线(图 12.14).

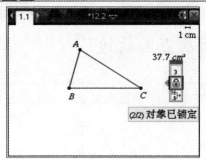
图 12.13

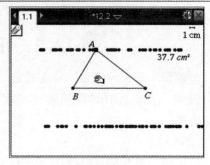
图 12.14

■ **触类旁通** —— 求线段中点的轨迹

问题 已知点 P 是单位圆上的动点,点 A 的坐标是 $(2,0)$,作出线段 PA 的中点 M 的轨迹.

解析 添加一个图形页面,按键 ⓜ ⑧(几何)、②(形状)、①(圆),单击原点确定圆心,再输入 1 确定半径,作出单位圆(图 12.15).按键 ⓜ ⑧(几何)、①(点/线)、①(点),输入 $(2,0)$,作出点 A,然后改变坐标系单位长度,并将单位圆移动到合适位置(图 12.16).

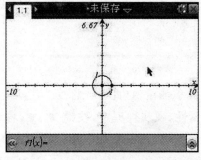
图 12.15

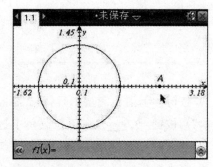
图 12.16

按键 ⓜ ⑧(几何)、①(点/线)、⑤(线段),单击点 A 和单位圆,作出线段 PA,按键 ⓜ ⑧(几何)、④(作图)、⑤(中点),单击线段 PA,作出中点 M(图 12.17).按键 ⓜ ⑧(几何)、④(作图)、⑥(轨迹),用光标依次点击点 M(对象点)和点 P(约束点),即得动点 M 的轨迹(图 12.18).

第12章 解析几何

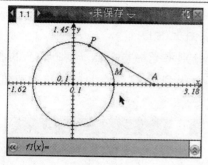

图12.17

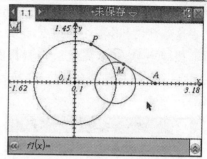

图12.18

■ **实用技巧65 —— 如何作出半径受游标控制的圆**

作一个圆心固定、半径可以变化的圆,在平面几何中经常遇到,现在可以用游标控制半径的变化. 在添加的几何页面中,插入游标,并标签为变量 r,用文本工具输入相同的变量名 r,然后将光标指向该文本,按键 ctrl、menu,在下拉菜单中,选择计算,并按键 L(用于选择同名变量)、enter,得到变量 r 的计算值. 作圆的时候,点击该计算值作为半径长,变量 r 的改变,即可引起半径的变化(图12.19). 也可以先作一条线段,测量它的长度,并将长度测量值赋值给变量 r,然后插入游标,并标签为变量 r(图12.20).

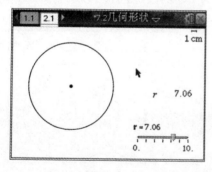

图12.19

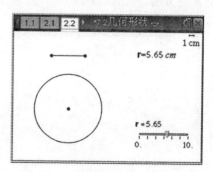

图12.20

■ **问题解决 —— 到两定点的距离相等的点的轨迹**

问题 已知 A,B 是两个定点,作出与 A,B 的距离相等的点的轨迹.

解析

1. 添加一个几何页面.

2. 按键 menu、④(点/线)、①(点),作出点 A,B. 按键 menu、④(点/线)、④

（直线），作一条直线，设该直线经过的点为点 P，按键 menu、④（点／线）、②（对象点），在这条直线上作一个对象点，记为点 Q（图 12.21）.

3. 按键 menu、⑥（测量）、①（长度），分别将光标指向点 P 和点 Q，再按键 enter，然后将光标移动到合适位置，按键 enter，得到 P,Q 两点间的距离测量值（图 12.22）.

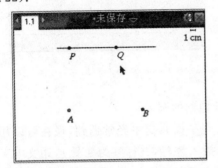

图 12.21

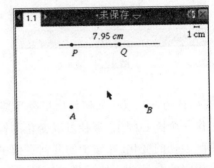

图 12.22

4. 按键 menu、⑦（作图）、⑧（测量值传递），单击上一步骤得到的距离测量值，再按键 menu、⑤（形状）、①（圆），此时显示一个半径长为 PQ 的圆，移动光标到点 A 的位置（图 12.23），按键 enter，确定圆心，得到以点 A 为圆心，半径长为 PQ 的圆. 用同样的方法，作出以点 B 为圆心，半径长为 PQ 的圆（图 12.24）.

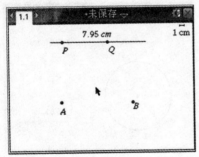

图 12.23

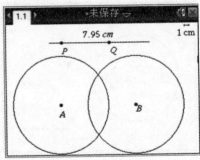

图 12.24

5. 按键 menu、④（点／线）、③（交点），分别单击上一步骤得到的两个圆，得到两圆的交点，分别记为点 M,N（图 12.25）.

6. 按键 menu、⑦（作图）、⑥（轨迹），用光标依次点击点 M（对象点）和点 Q（约束点），即得到与两定点 A,B 的距离相等的动点 M 的轨迹（图 12.26）.

第12章 解析几何

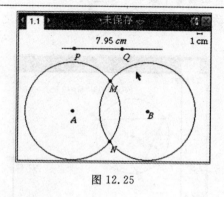

图12.25

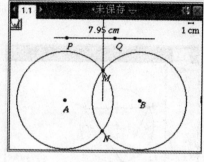

图12.26

说明

1. 将光标指向几何页面上的点或线等几何对象,按键 ctrl、menu,在下拉菜单中选择标签,可以给几何对象命名;也可以按键 menu、①(动作)、⑦(文本),单击几何对象,给几何对象命名.

2. 选择菜单项进行作图或执行命令,页面上一般会出现项目标志,结束该项目往往要按键 D,退出该状态并返回.

12.3 圆

关键词 形状 作图 动作 坐标与方程

例4 求作过三点 A,B,C 的圆,并写出它的方程.

■ 操作程序

1. 添加一个图形页面.

2. 按键 menu、⑧(几何)、②(形状)、②(三角形),单击页面上合适的位置,作出一个三角形,并将三角形的顶点用文本工具标记为 A,B,C.

3. 按键 menu、⑧(几何)、④(作图)、⑤(中点),单击线段 AB 和 AC,作出线段的中点;按键 menu、⑧(几何)、④(作图)、①(垂线),单击中点和线段,作出线段的垂直平分线;按键 menu、⑧(几何)、②(形状)、①(圆),单击两条线段的垂直平分线的交点及 △ABC 的任意一个顶点,作出 △ABC 的外接圆,即过三点 A,B,C 的圆(图12.27).

4. 按键 menu、①(动作)、⑧(坐标与方程),单击 △ABC 的外接圆,即可得到

过三点 A,B,C 的圆的方程(图 12.28),移动点 A,B 或点 C,将发现圆的方程随之改变.

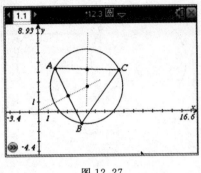

图 12.27

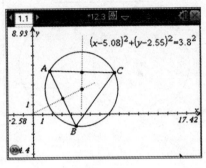

图 12.28

说明

圆心的确定是根据线段的垂直平分线的性质,三角形外接圆的确定用到了几何作图法.

■ 触类旁通 —— 作已知方程的圆

问题 已知圆的一般方程为 $x^2+y^2+4x-2y=20$,求这个圆的圆心和半径,并作出这个圆.

解析 添加一个计算器页面,按键 (menu)、③(代数)、⑤(配方),输入"$x^2+y^2+4x-2y=20,x,y$",按键 (enter),得到配方的结果(将圆的一般方程化成标准方程),可知圆心为 $(-2,1)$,半径为 5(图 12.29).

添加一个图形页面,按键 (menu)、⑧(几何)、②(形状)、①(圆),按键 (.),然后输入圆心坐标$(-2,1)$,再输入半径的长 5,即可作出已知心和半径的圆(图 12.30).

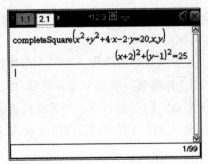

图 12.29

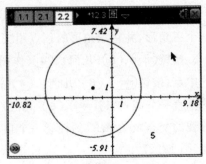

图 12.30

第12章 解析几何

说明

1. 在图形页面中,按键 menu、③(图形输入/编辑)、②(等式)、③(圆)、②($a·x^2+a·y^2+b·x+c·y+d=0$),在相应位置输入系数,按键 enter,即可画出已知方程的圆.

2. 在图形页面中,可以借助代数中的零点求解命令 zeros(),画出已知方程的曲线. 在函数提示符"$f1(x)=$"之后,输入 zeros($x^2+y^2+4x-2y-20,y$),按键 enter,即可画出已知方程的圆.

■ 实用技巧 66 —— 如何在几何页面中建立直角坐标系

为了研究几何页面中的图形的代数性质,往往要在几何页面上建立直角坐标系,按键 menu、②(视图)、①(绘制),将几何页面改为图形页面,即可实现在几何页面上建立直角坐标系的目的,不过原来在几何页面上作的图形并没有"融入"图形页面. 此时,可以按键 menu、①(动作)、A(重新定义),单击要重新定义的对象,然后单击重新定义该对象的位置,即可将几何页面中具有相互关联的几何图形"搬到"图形页面中.

■ 问题解决 —— 圆与代数的交汇

问题 已知经过点 $A(0,1),B(4,m)$ 且与 x 轴相切的圆有且只有一个,求实数 m 的值.

解析 假设圆的方程为 $(x-a)^2+(y-b)^2=r^2$,则方程组
$$\begin{cases}(0-a)2+(1-b)2=r^2\\(4-a)2+(m-b)2=r^2\\|b|=r\end{cases}$$,有且只有一个实数解.

添加一个计算器页面,定义一个二元函数 $f(x,y)=(x-a)^2+(y-b)^2-r^2$,在 $r^2=b^2$ 的条件下,求解关于 b 的方程 $f(0,1)=0$,得到 $b=\dfrac{a^2+1}{2}$(图 12.31),把所得结果代入 $f(4,m)=0$,消去 r^2 项,得到关于 a 的方程,当 $m\neq 1$ 时,按变量 a 进行配方(图 12.32).

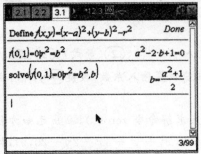

图 12.31

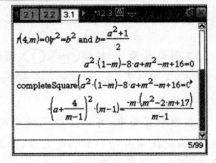

图 12.32

因为该方程有且只有一个根,令配方后所得的右侧代数式等于 0,解得 $m=0$(图 12.33),此时,满足条件的圆有且只有一个;当 $m=1$ 时,化简方程并求得 $a=2$(图 12.34),此时,满足条件的圆有且只有一个.综上所述,满足条件的 m 的值为 0 或 1.

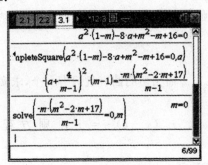

图 12.33

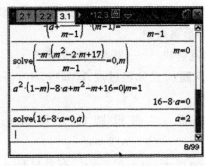

图 12.34

12.4 椭圆与双曲线

关键词 形状 测量 跟踪 轨迹

例 4 根据椭圆的定义:到两个定点的距离之和等于定长(大于两定点的距离)的点的轨迹是椭圆,用几何跟踪命令作出一个椭圆.

■ 操作程序

1. 添加一个图形页面.

2. 按键 (menu)、⑧(几何)、②(形状)、②(三角形),单击页面上的合适位置,作出 △PFF′;按键(menu)、⑧(几何)、③(测量)、①(长度),单击 △PFF′,测得 △PFF′ 的周长(图 12.35).

3. 将光标指向 △PFF′ 的周长的测量值(此时光标变为 ☝,并显示"点"),按键 (ctrl)、(menu),在下拉菜单中选择属性,在属性框中,按键 ▼、▼,移动光标到对象未锁定标志,按键 ▶、(menu),将对象锁定(即周长保持改变).

4. 按键 (menu)、⑤(跟踪)、④(几何跟踪),单击点 P,再"抓住"点 P,移动光标,得到点 P 的轨迹即椭圆形成的过程(如图 12.36,因为 |FF′| 为定值,所以满足 |PF|+|PF′| 为定值,即点 P 的轨迹为椭圆).

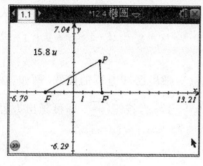

图 12.35

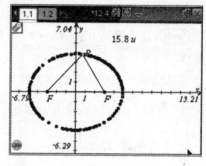

图 12.36

■ 触类旁通 —— 用轨迹命令作椭圆和双曲线

用轨迹命令,根据动点形成的轨迹制作椭圆或双曲线的方法很多,以下就是其中一种.

首先以点 F 为圆心,作一个圆,在圆上作一个对象点 T,联结点 T 与点 F′ 得到一条线段,然后作这条线段的垂直平分线,交直线 FT 于点 P.

按键 (menu)、⑧(几何)、④(作)、⑥(轨迹),单击点 P(对象点)和点 T(约束点),即可作出点 P 的轨迹.当点 F′ 在圆内的时候,轨迹是椭圆(图 12.37);当点 F′ 在圆外的时候,轨迹是双曲线(图 12.38).

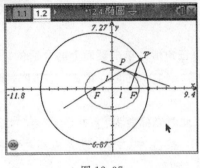
图 12.37

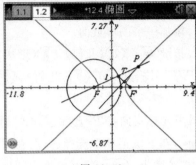
图 12.38

■ 实用技巧 67 —— 在图形页面输入方程画圆锥曲线

在图形页面中,按键 (menu)、(3)(图形输入/编辑)、(2)(等式)、(6)(圆锥曲线)、(1)($a \cdot x^2 + b \cdot x \cdot y + c \cdot y^2 + d \cdot x + e \cdot y + f = 0$),并分别在相应位置输入系数,按键 (enter),即可得到方程为 $a \cdot x^2 + b \cdot x \cdot y + c \cdot y^2 + d \cdot x + e \cdot y + f = 0$ 的圆锥曲线.

还可以借助代数中的零点求解命令 zeros(),画出已知方程的曲线. 例如,在函数提示符"$f1(x)=$"之后,输入 zeros($\frac{x^2}{4} + y^2 - 1, y$),按键 (enter),即可画出方程为 $\frac{x^2}{4} + y^2 = 1$ 的椭圆(图 12.39).

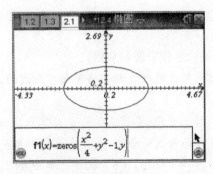
图 12.39

■ 问题解决 —— 推导椭圆的方程

问题 求焦点为 $F(-c, 0), F'(c, 0)$,长轴长为 $2a$ 的椭圆方程.

解析 设椭圆上点 P 的坐标为 (x, y),根据椭圆的定义,由 $|PF_1| + |PF_2| = 2a$,得

第 12 章 解析几何

$$\sqrt{(x+c)^2+y^2}+\sqrt{(x-c)^2+y^2}=2a$$

现在使用 TI－Nspire CAS 图形计算器,对该方程进行化简.

添加一个计算器页面,输入 $\sqrt{(x+c)^2+y^2}+\sqrt{(x-c)^2+y^2}=2\cdot a$,按键 (enter),得到 $\sqrt{x^2+2\cdot c\cdot x+y^2+c^2}+\sqrt{x^2-2\cdot c\cdot x+y^2+c^2}=2\cdot a$(图 12.40).

按键 (ctrl)、[capture],在 Ans 标志后输入 $-\sqrt{x^2-2\cdot c\cdot x+y^2+c^2}$,将其中一个根式移到等式的右边,得到 $\sqrt{x^2+2\cdot c\cdot x+y^2+c^2}=2a-\sqrt{x^2-2\cdot c\cdot x+y^2+c^2}$,再将所得结果两边平方,并按键 (menu)、③(代数)、③(展开),用命令 expand(Ans) 将所得结果展开(图 12.41).

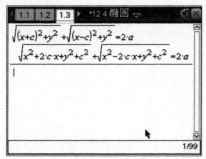

图 12.40

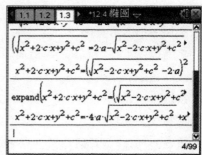

图 12.41

再经历同时减去 $x^2-2cx+y^2+4a^2+c^2$,和同时除以 -4 两次恒等变换后,按键 (menu)、③(代数)、⑤(配方),用命令 completeSquare(Ans,x,y),将所得结果按 x,y 进行配方(图 12.42);现在令 $a^2-c^2=b^2$,并同时除以 $-a^2b^2$,即可得到椭圆标准方程(图 12.43).

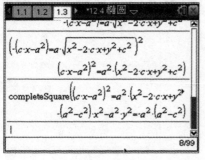

图 12.42

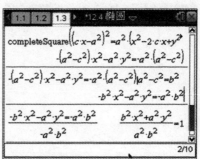

图 12.43

说明

利用 ans 命令获取当前运算结果,利用 left(ans) 命令获取等式的左边,利用 right(ans) 命令获取等式的右边,可以简化式子的输入过程,让化简、变形的过程更简捷。

12.5 抛物线

关键词 点/线 切线 变换 轴对称 锁定对象

例5 以抛物线 $y^2=4x$ 为例,用作图的方式探究抛物线的光学性质:从焦点 $F(1,0)$ 出发的光线,经过抛物线反射后,所得反射光线平行(或重合)于抛物线的轴。

■ 操作程序

1. 添加一个图形页面。

2. 在函数提示符"$f1(x)=$"后面输入 zeros$(y^2-4 \cdot x, y)$,按键 enter,得到抛物线 $y^2=4x$(图 12.44)。

3. 按键 menu 、⑧(几何)、①(点/线)、①(点),输入 (1,0),作出焦点 $F(1,0)$,再单击抛物线,在抛物线上作一个对象点 P。

4. 按键 menu 、⑧(几何)、①(点/线)、⑦(切线),单击抛物线和点 P,作出点 P 处的切线。

5. 按键 menu 、⑧(几何)、⑤(变换)、②(轴对称),单击切线和点 F,作出点 F 关于切线的对称点 F'。

6. 按键 menu 、⑧(几何)、①(点/线)、④(直线),单击点 F 与 P,作出的直线 FP 即从焦点发出的光线所在直线,单击点 F' 与 P,作出的直线 $F'P$ 即反射光线所在直线,移动点 P,发现反射光线均平行(或重合)于抛物线的轴(图 12.45)。

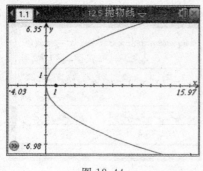

图 12.44

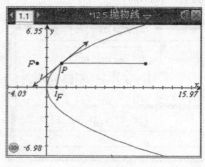

图 12.45

第12章 解析几何

> **说明**
>
> 在图形页面中,按键 menu、3(图形输入/编辑)、2(等式)、2(抛物线)、3$(x=a\cdot(y-k)^2+h)$,并分别在相应位置输入系数,得到 $x=\frac{1}{4}(y-0)^2+0$,按键 enter,也可得到抛物线 $y^2=4x$.

■ **触类旁通 —— 抛物线中的轨迹问题**

问题 已知 O 为坐标原点,过点 $P(3,0)$ 作一动直线 l 交抛物线 $y^2=4x$ 于点 A,B,过点 B 作 x 轴的平行线交直线 AO 于点 T,试问:点 T 是否恒在一条直线上运动?

解析 添加一个图形页面,在函数提示符"$f1(x)=$"后面输入 zeros$(y^2-4\cdot x,y)$,得到抛物线 $y^2=4x$,根据要求作出过点 P 的动直线 l,以及直线 AT 和 BT(图12.46),将光标指向点 T,按键 ctrl、menu,在下拉菜单中选择几何跟踪,现在拖动点 A,观察点 T 的轨迹,发现点 T 恒在直线 $x=-3$ 上移动(图12.47).

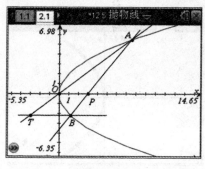

图12.46

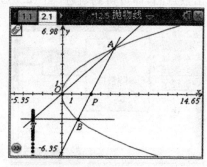

图12.47

■ **实用技巧68 —— 如何根据抛物线定义作出抛物线**

平面内与一个顶点 F 和一条定直线 l(l 不经过点 F)距离相等的点的轨迹叫作抛物线,根据抛物线定义作出抛物线,可以按下列步骤完成.

添加一个图形页面,作出点 F 和直线 l,其中 $l\perp x$ 轴,且和 x 轴的交点与点 F 关于 y 轴对称.在直线 l 外取一点 P,过点 P 作直线 l 的垂线,垂足设为点 Q.测量 PQ 和 PF 的长度,添加文本 $\frac{a}{b}$,并分别将两个长度测量值作为 a 和 b 的值进行计算,适当调整点 P 的位置使得 $\frac{a}{b}$ 的计算结果等于1,然后将这个值锁定(图12.48).移动并跟踪点 P,即可得到点 P 的轨迹(图12.49).

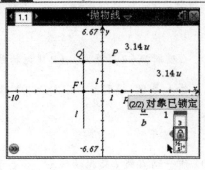
图 12.48

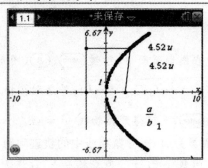
图 12.49

下面进一步用散点图作出轨迹. 将点 P 的横纵坐标分别保存为变量 xlist 和 ylist, 添加一个电子表格页面, 并用数据捕获命令自动捕获这两个变量(图 12.50). 任意移动点 P, 将得到点 P 的横纵坐标两个数组, 把两个数组分别用变量 m 和 n 表示, 再添加一个图形页面, 把图形类型改为散点图, 并分别以变量 m 和 n 为横纵坐标作出散点图, 即可得到轨迹(图 12.51).

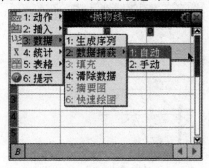
图 12.50

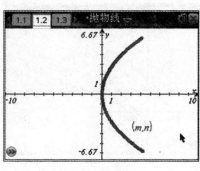
图 12.51

为了保证比值在锁定的情况下, 点 P 能移动, 应先作点 P 再作垂线, 亦即先保证点 P 为自由点. 若先作 l 的垂线, 然后在垂线上取一点 P, 当锁定比值后, 点 P 不会移动.

■ 问题解决 —— 讨论直线与抛物线的位置关系

问题　已知直线 l' 与直线 $l: y = x + m (m \in \mathbf{R})$ 关于 x 轴对称, 问直线 l' 与抛物线 $C: x^2 = 4y$ 是否相切? 说明理由.

解析　添加一个图形页面, 按键 menu、①(动作)、B(插入游标), 插入一个游标,并标签为变量 m,然后作出两个函数 $y=\frac{1}{4}x^2$ 与 $y=x+m$ 的图像,按键、⑧(几何)、⑤(变换)、②(轴对称),用轴对称命令作出直线 $y=x+m$ 上的两个点关于 x 轴的对称点,进而得到直线 l',改变变量 m 的值,观察得到,当 $m=1$ 时,直线 l' 与抛物线相切(图 12.52),当 $m\neq 1$ 时,直线 l' 与抛物线不相切(图 12.53).

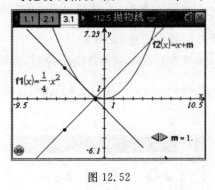

图 12.52

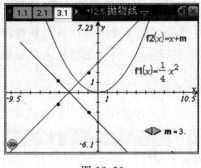

图 12.53

说明

输入一次函数的形式画出的直线,不能进行轴对称变换,为了得到该函数图像的对称直线,可以在图像上任选两个点,然后作对称点并连线.

 12.6 参数方程及其应用

关键词 图形类型 参数 游标

例 6 以炮口的中心位置 O 为坐标原点,水平方向为 x 轴,建立平面直角坐标系,设炮弹的发射角为 α,发射的初速度为 v_0,写出弹道曲线的方程,并画出弹道曲线(g 取 $9.8\ \text{m/s}^2$,不计空气阻力等因素).

■ **操作程序**

1. 设炮弹发射 t 秒后的位置为点 $P(x,y)$,则弹道曲线的参数方程为
$$\begin{cases} x=v_0 t\cos\alpha \\ y=v_0 t\sin\alpha-\frac{1}{2}gt^2 \end{cases}(0\leqslant t\leqslant t_0),\text{其中 } g=9.8, t_0=\frac{2v_0\sin\alpha}{g}.$$

2. 添加一个图形页面.

3. 按键、①(动作)、Ⓑ(插入游标),插入一个游标,并标签为变量 v_0,设置

变量取值范围是 $0 \leqslant v_0 \leqslant 30$，同样，再插入一个游标，并标签为变量 a，设置变量取值范围是 $0 \leqslant a \leqslant 90$．

4．按键 (menu)、①（动作）、⑦（文本），在文本框中输入 9.8，退出文本编辑状态，将光标指向文本，按键 (ctrl)、(sto→)，将文本链接为变量 g，同样创建一个文本，输入 $\dfrac{2v_0 \sin a}{g}$，然后将光标指向文本，按键 (ctrl)、(menu)，在下拉菜单中，选择计算，再按键 (L) 三次（选择同名变量进行计算），并将计算结果链接为变量 t_0（图 12.54）．

5．按键 (menu)、③（图形输入/编辑）、③（参数），在参数方程提示符后，按要求分段输入 $x1(t) = v0 \cdot t \cdot \cos(a)$，$y1(t) = v0 \cdot t \cdot \sin(a) - \dfrac{1}{2} \cdot g \cdot t^2$，$0 \leqslant t \leqslant t_0$，$tstep = 0.13$，即可作出相应的弹道曲线（图 12.55）．

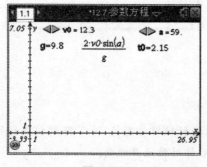

图 12.54

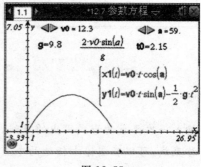

图 12.55

说明

1．本例作出的弹道曲线会随变量 v_0 和 a 的改变而变化，其中通过计算文本的方法链接变量是常用的处理方法．

2．用参数方程画曲线，要先将图形类型改为参数形式，而且参数只能用 t，虽然参数 t 的取值范围可以用变量 t_0 定义，但输入之后，t_0 将被具体的数值代替．

3．求曲线的参数方程，关键是确定适当的参数，参数可以选择时间、角度、斜率、线段的长度等，这要根据曲线的性质来确定，应满足：选定的参数可以确定曲线上一切点的位置；选定的参数和动点的坐标之间相互关系比较明显．

■ 触类旁通 —— 求动抛物线的焦点轨迹

问题　求动抛物线 $y = x^2 - 2x\cos\theta + \sin^2\theta$ 焦点的轨迹方程，并作出轨迹图形．

解析 由动抛物线方程得到 $(x-\cos\theta)^2 = y-(\sin^2\theta-\cos^2\theta)$,可知焦点的轨迹的参数方程为 $\begin{cases} x=\cos\theta \\ y=\sin^2\theta-\cos^2\theta+\dfrac{1}{4} \end{cases}$ (θ 为参数),作出轨迹(图 12.56).

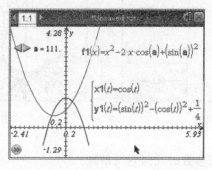

图 12.56

■ **实用技巧 69 —— 如何制作圆内螺线**

假设有一个定圆,若有另一个半径是已知定圆的 $\dfrac{1}{n+1}$ 的圆在其内部滚动,则该圆周上的一定点在滚动时划出的轨迹就是一条内摆线,也称为圆内螺线.若要制作圆内螺线,可先求得圆内螺线的参数方程:$\begin{cases} x=\cos t+\dfrac{1}{n}\cos(nt) \\ y=\sin t-\dfrac{1}{n}\sin(nt) \end{cases}$ (t 为参数).在参数方程的图形类型下,用游标控制变量 n,可以作出圆内螺线.例如,当 $n=2$ 或 $n=\dfrac{1}{2}$ 时,得到的圆内螺线叫三尖瓣线,当 $n=4$ 时,得到的圆内螺线叫星形线(图 12.57,图 12.58)

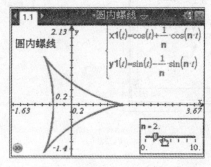

图 12.57

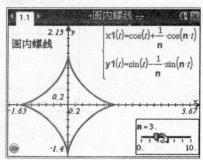

图 12.58

当 $n=4$ 和 $n=2.7$ 时,同样也可以得到相应的圆内螺线(图 12.59,图 12.60).

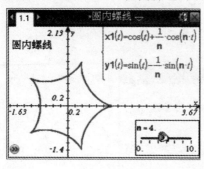

图 12.59

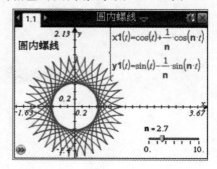

图 12.60

■ 问题解决 —— 根据参数的几何意义解题

问题 已知点 $P(1,2)$,直线 l 的参数方程是 $\begin{cases} x = 1 - \dfrac{\sqrt{3}}{2}t \\ y = 2 + \dfrac{1}{2}t \end{cases}$ (t 为参数). 设直线 l 与圆 $x^2 + y^2 - 4x = 0$ 交于点 A, B,求 $|PA| \cdot |PB|$ 的值.

解析 将 $\begin{cases} x = 1 - \dfrac{\sqrt{3}}{2}t \\ y = 2 + \dfrac{1}{2}t \end{cases}$ 代入圆的方程 $x^2 + y^2 - 4x = 0$,得到 $t^2 + (\sqrt{3} + 2)t + 1 = 0$(图 12.61),根据参数 t 的几何意义,可知 $|PA| \cdot |PB| = t_1 t_2 = 1$.

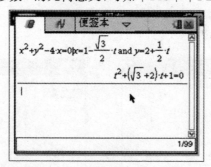

图 12.61

12.7 极坐标方程的应用

关键词　图形类型　极坐标　游标

例7 玫瑰曲线 $\rho = r(\theta) = a\sin(k\theta + \varphi), k \in \mathbf{Z}$ 是极坐标系下著名的曲线,试探究参数 a, k, φ 对曲线的影响.

■ 操作程序

1. 添加一个图形页面.

2. 按键 (menu)、③(图形输入/编辑)、④(极坐标),将默认的图形输入与编辑状态改为极坐标方程模式. 在极坐标方程提示符"$r1(\theta)=$"后输入 $a \cdot \sin(k \cdot \theta + \varphi)$,自变量 θ 的取值范围与变化步长采用默认值,按键(enter),由于参数没有定义,无法显示图像(图 12.62).

3. 按键 (menu)、①(动作)、B(插入游标),插入一个游标,并标签为变量 a(图 12.63);用同样的方法得到变量 k, φ 的控制游标.

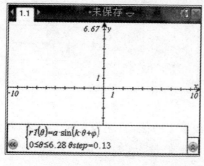

图 12.62

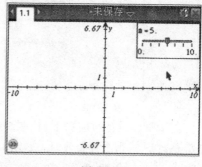

图 12.63

4. 在 k 和 φ 不变的前提下,控制游标以改变 a 的值,发现玫瑰曲线的大小随之变化,但形状不变(如图 12.64,图 12.65 所示的是取 $k=5, \varphi=0$ 时,$a=3$ 和 $a=5$ 的情形).

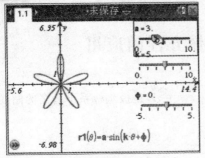
图 12.64

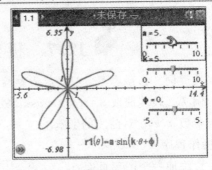
图 12.65

5. 在 a 和 k 不变的前提下，控制游标以改变 φ 的值，发现玫瑰曲线绕极点按顺时针（$\varphi>0$）或逆时针（$\varphi<0$）方向旋转（如图 12.66，图 12.67 所示的是取 $a=5$，$k=3$ 时，$\varphi=0$ 和 $\varphi=-3$ 的情形）.

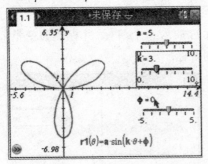
图 12.66

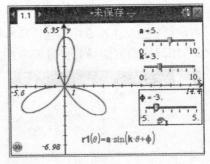
图 12.67

6. 在 a 和 φ 不变的前提下，控制游标以改变 k 的值，发现当 k 为奇数时，玫瑰曲线的花瓣数是 k，当 k 为偶数时，玫瑰曲线的花瓣数是 $2k$（如图 12.68，图 12.69 所示的是取 $a=5$，$\varphi=0$ 时，$k=4$ 和 $k=7$ 的情形）.

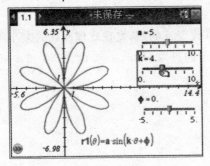
图 12.68

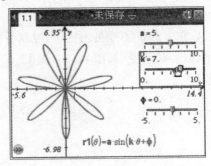
图 12.69

> 说明

1. 极坐标下的自变量 θ 可以通过按键 π 取得,也可以通过按键 ⊞ 、④ 取得.
2. 可以按键 menu 、② (视图)、⑤ (隐藏坐标轴),将坐标轴隐藏,突出显示图像.

■ 触类旁通 —— 几个著名曲线的绘制

在图形页面的极坐标方程模式下,分别输入以下曲线的极坐标方程(自变量 θ 的取值范围与变化步长采用默认值),可以得到美丽的曲线. 如图 12.70 所示的是方程为 $\rho = a(1-\cos\theta)$ 的心形线;如图 12.71 所示的是方程为 $\rho = e^{\sin\theta} - 2\cos 4\theta + \sin^5 \dfrac{2\theta - \pi}{24}$ 的蝴蝶曲线.

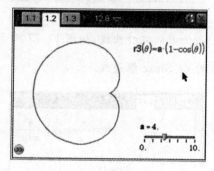

图 12.70

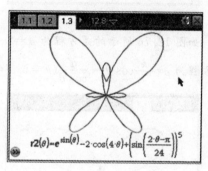

图 12.71

如图 12.72 所示的是方程为 $\rho = \sin\theta + \sin^3 \dfrac{5\theta}{2}$ ($\theta \in [0, 4\pi]$) 的莲花线;如图 12.73 所示的是方程为 $\rho = 2 + \dfrac{1}{\cos\theta}$ 的蚌线.

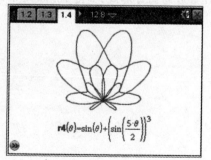

图 12.72

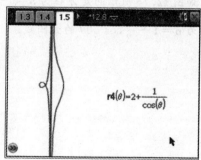

图 12.73

如图 12.74 所示的是方程为 $\rho = e^{a\theta}(a = \dfrac{1}{5}, \theta \in [0, 4\pi))$ 的对数螺线；如图 12.75 所示的是方程为 $\rho = \dfrac{3a\sin\theta\cos\theta}{\sin^3\theta + \cos^3\theta}$ 的笛卡儿叶形线.

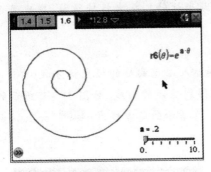

图 12.74　　　　　　　　图 12.75

如图 12.76 所示的是方程为 $\rho = 2a\sin 2\theta\cos\theta$ 的双叶曲线；如图 12.77 所示的是方程为 $\rho = \dfrac{k^2}{a}\cos\theta - \dfrac{a}{\cos\theta}(k=6, a=3)$ 的 de Sluze 螺旋线.

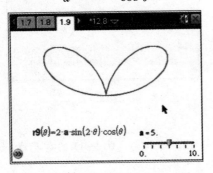

图 12.76　　　　　　　　图 12.77

如图 12.78 所示的是方程为 $\rho = 6 + 2\sin 30\theta$ 的向日葵线；如图 12.79 所示的是方程为 $\rho = 1 + \dfrac{3}{2}\cos 50\theta$ 的太阳线.

第12章 解析几何

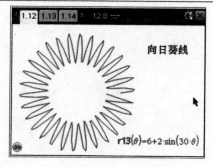

图 12.78

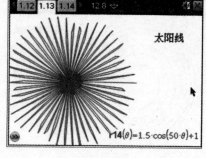

图 12.79

■ 实用技巧 70 —— 如何绘制伯努利双纽线

在直角坐标系下,方程为 $(x^2+y^2)^2=2a^2xy$ 的曲线称为伯努利双纽线,化为极坐标方程得到 $\rho^2=a^2\sin 2\theta$,将图形页面改为极坐标方程模式,在极坐标方程提示符"$r1(\theta)=$"后输入 zeros($\rho^2-a^2\cdot\sin(2\cdot\theta),\rho$)(自变量 θ 的取值范围与变化步长采用默认值),借用零点的命令,可以画出方程型的极坐标曲线(图 12.80).用同样的方法,化伯努利双纽线的直角坐标方程 $(x^2+y^2)^2=a^2(x^2-y^2)$ 为极坐标方程 $\rho^2=a^2\cos 2\theta$,在同一极坐标系下作出曲线(图 12.81).

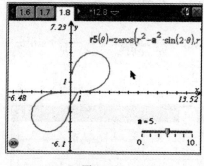

图 12.80

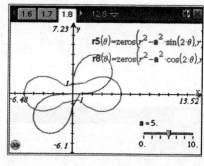

图 12.81

类似地,可以绘制极坐标方程为 $\rho^2=a^2\cdot\theta$ 的费马螺旋线(图 12.82);可以绘制极坐标方程为 $\rho^2=\dfrac{a}{\theta}$ 的连锁螺线(图 12.83).

307

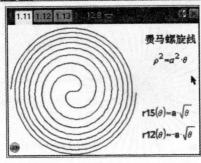

图 12.82

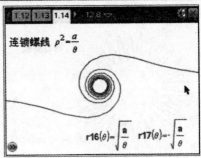

图 12.83

■ 问题解决 —— 用极坐标方程解题

问题 已知 O 为坐标原点,椭圆 $\dfrac{x^2}{a^2}+\dfrac{y^2}{b^2}=1$ 上两个动点 A,B 满足 $OA \perp OB$,求证:$\dfrac{1}{OA^2}+\dfrac{1}{OB^2}=\dfrac{1}{a^2}+\dfrac{1}{b^2}$.

解析 因为点 A 确定以后,点 B 随之而定,所以以点 A 的坐标为参数,利用极坐标进行计算比较容易.以原点为极点,Ox 为极轴建立极坐标系,将椭圆方程化为极坐标方程得到 $r^2(\dfrac{\cos^2\theta}{a^2}+\dfrac{\sin^2\theta}{b^2})=1$(图 12.84). 分别取 $r=OA$,$\theta=x$ 和 $r=OB$,$\theta=x+\dfrac{\pi}{2}$ 代入求解,得到 $\dfrac{1}{OA^2}=(\dfrac{1}{a^2}-\dfrac{1}{b^2})\cos^2 x+\dfrac{1}{b^2}$,$\dfrac{1}{OB^2}=(\dfrac{1}{a^2}-\dfrac{1}{b^2})\sin^2 x+\dfrac{1}{b^2}$,再把所得结果相加,即得 $\dfrac{1}{OA^2}+\dfrac{1}{OB^2}=\dfrac{1}{a^2}+\dfrac{1}{b^2}$(图 12.85).

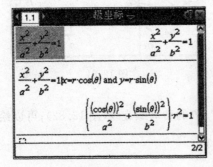

图 12.84

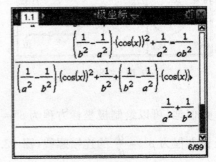

图 12.85

12.8 3D 绘图

关键词 三维绘图 视图 曲面

例 8 绘制马鞍面 $z=xy$,并观察它被平面 $z=3$ 所截得的曲线形状.

■ 操作程序

1. 添加一个图形页面.

2. 按键 menu、②(视图)、③(三维绘图),将图形视图改为 3D 视图(图 12.86).

3. 在函数提示符"$z1(x,y)=$"后输入 $x\cdot y$,按键 enter,得到马鞍面 $z=xy$(图 12.87).

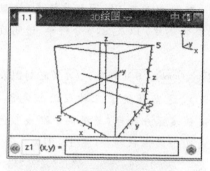

图 12.86

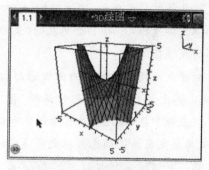

图 12.87

4. 按键 tab,激活函数提示符"$z2(x,y)=$",然后输入 3,按键 enter,得到平面 $z=3$(图 12.88).

5. 适当调整视图的观察角度,可以清晰得到马鞍面 $z=xy$ 被平面 $z=3$ 所截得的曲线形状(图 12.89).

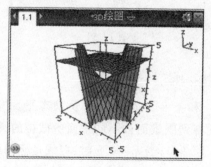

图 12.88

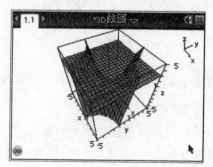

图 12.89

说明

1. 按键 ⓧ、⊘ 可以放大或收缩外框,从而改变整个图形的大小.

2. 按键 ▲、▼、◀、▶ 可以改变视图角度,从不同角度观察图形. 按键 menu、①(动作)、⑧(自动旋转),图形将会自动旋转,自动旋转相当于按住向右箭头键 ▶,此时可以使用向上或向下箭头键改变正在旋转的图形视图,按键 esc 停止旋转.

3. 分别按键 Ⓞ、Ⓧ、Ⓨ、Ⓩ,可以得到从默认方向,x 轴方向,y 轴方向,z 轴方向查看的视图.

4. 将光标指向所绘制的曲面图形(此时图形颜色变灰),按键 ctrl、menu、③(属性),在属性下拉菜单中,通过按键 ▲、▼、◀、▶ 可以改变 3D 图形的格式(这里有三种格式供选择:表面＋金属丝,仅表面,只有金属丝)以及 x,y 分辨率、透明度和阴影的属性值.

5. 将光标指向所绘制的曲面图形,按键 ctrl、menu、⑧(颜色)、④(定制图表颜色 …),调出定制图表颜色对话框(图 12.90),这里提供了三种表面颜色选项:顶部／底部颜色,通过高度区分颜色和通过尖锐度区分颜色,还提供了配线颜色选择,使用自定义绘图颜色可以更具美感地查看图形的形状特征(图 12.91).

图 12.90

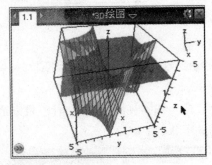
图 12.91

■ 实用技巧 71 —— 如何展示圆锥曲线的统一性

用 3D 绘图绘制圆锥面 $z = \sqrt{x^2+y^2}$ 和 $z = -\sqrt{x^2+y^2}$ 及动态平面 $z = k \cdot x + 2$,用游标调整变量 k 的数值,可以观察到圆锥面被不同平面所截得的圆锥曲线的各种情形,当 $k=0$ 时,截线为圆(图 12.92);当 $k=0.5$ 时,截线是椭圆(图 12.93);当 $k=1$ 时,截线是抛物线(图 12.94);当 $k=2$ 时,截线是双曲线(图 12.95).

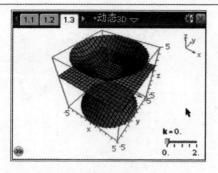

图 12.92

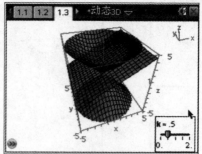

图 12.93

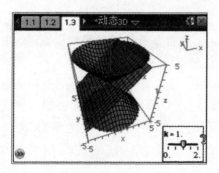

图 12.94

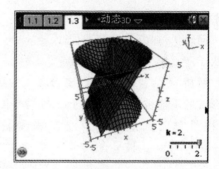

图 12.95

■ 触类旁通 —— 绘制动态曲面

三维绘图时,可以引入变量动态控制曲面或平面,让图形"运动"起来,更直观地表现几何量之间的动态关系.

例如,在左右两列布局的页面中,用游标控制变量 a,分别绘制曲线 $y = a \cdot x^2$ 和曲面 $z = a \cdot x^2$ 或曲线 $x = a \cdot y^2$ 和曲面 $z = a \cdot y^2$,现在控制游标,调整变量 a 的数值,可以看到曲线与曲面的"联动"变化,体会曲面与曲线之间的关系(图12.96,图12.97).

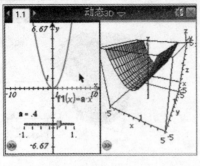
图 12.96

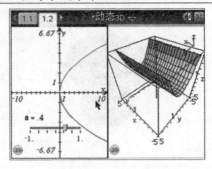
图 12.97

■ 问题解决 —— 方程型的曲面绘制

问题 探究单叶双曲面 $x^2+y^2-z^2=1$ 被垂直于 x 轴的平面所截得的曲线形状.

解析 绘制3D图形时要求输入的是函数关系式 $z=z(x,y)$,不是这种函数关系形式的不能被接受. 垂直于 x 轴的平面方程表示为 $x=a$, 这种方程型的曲面在3D视图中无法绘制, 为此实施坐标转轴变换, 等价于研究单叶双曲面 $z^2+x^2-y^2=1$ 被平面 $z=a$ 所截得的曲线形状. 用 3D 绘图绘制曲面 $z=\sqrt{1+y^2-x^2}$ 和 $z=-\sqrt{1+y^2-x^2}$ 及动态平面 $z=a$, 用游标调整变量 a 的数值, 可以观察到曲面被不同平面所截得的曲线形状(图 12.98).

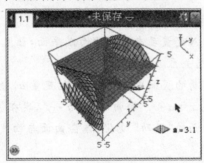
图 12.98

13 向量与复数

向量和复数是数学中数形特性兼具的两个内容.向量和复数与数组、三角函数、矩阵、几何以及解析几何等的内在关系和图形特点可以在图形计算器中得到有机的展现,充分体现向量和复数的数与形的特征和关联,结合图形计算器的代数、几何、图像、数表等工具可以演绎出精彩纷呈的向量与复数问题的解决方法.

目标

13.1 向量的模、单位向量

13.2 向量的加法、减法、数量积、
向量的叉积(叉乘)

13.3 向量的几何意义及其应用

13.4 复数的表示形式
(代数、三角、指数)

13.5 复数的基本运算与应用

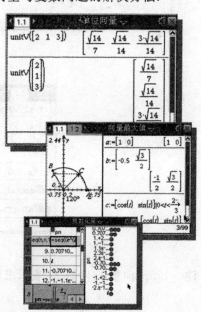

■ 托勒密(Ptolemy)定理的向量证明 ■

　　托勒密定理在平面几何中赫赫有名,在几何学发展的历史长河中,托勒密定理犹如一颗闪烁的明珠,璀璨夺目,推动着几何学乃至整个数学的发展,是大家公认的"好的数学". 我们利用图形计算器和向量方法可以简明地证明托勒密定理. 托勒密定理的内容是:已知圆内四边形 $ABCD$,则 $AB \cdot CD + BC \cdot AD = AC \cdot BD$. 它用向量形式是:$\overrightarrow{AC} \cdot \overrightarrow{BD} = \overrightarrow{AB} \cdot \overrightarrow{CD} + \overrightarrow{BC} \cdot \overrightarrow{AD}$. 以下我们利用图形计算器给出定理的向量证法(图 13.1 ~ 图 13.3).

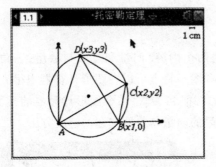

图 13.1　　　　　　　　　图 13.2

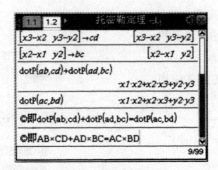

图 13.3

注　dotp(向量1,向量2)表示求两个向量的数量积.

13.1　向量的模、单位向量

关键词　单位向量(unitv)　模(norm)

例1　求与向量 $a = (2, 3, 1)$ 同向共线的单位向量.

第13章　向量的模、单位向量

■ 操作程序

1. 添加一个计算器页面.

2. 输入 unitV([2 1 3]),按键 enter,得到向量 [2,1,3] 的单位向量为 $[\frac{\sqrt{14}}{7}\ \frac{\sqrt{14}}{14}\ \frac{3\cdot\sqrt{14}}{14}]$(图 13.4).

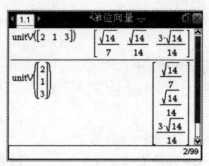

图 13.4

说明

1. 单位向量的命令格式为 unitV(向量). 输入单位向量也可以通过按键 menu、⑦(矩阵与向量)、C(向量)、①(单位向量)(图 13.5).

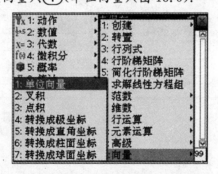

图 13.5

2. 向量输入也可以通过调用模板,向量用竖式形式表示时换行要通过按键 ↵.

3. 向量输入有两种形式,如[2,1,3],也可以输入{2,1,3}.

4. 向量输入和输出的方式有所不同,输入[−2,1,3],按键 enter,得到 [−2 1 3].

5. 图形计算器对于 n 维的向量的有关计算也可以参照上述操作方法.

例2 已知向量 $a=(2x,1)$, $b=(2,x-3)$, 求(1) $|a-b|$;(2) $|a-b|$ 的最小值;(3) 当 $|a-b|=10$ 时, 求 x 的值.

■ 操作程序

1. 添加一个计算器页面.

2. 输入 [2·x 1], 按键 ctrl、sto→(赋值)、A, 得到向量 $a=[2·x\ 1]$, 同理可得到向量 $b=[2\ x-3]$.

3. 输入 Define $f(x)=\operatorname{norm}(a-b)$ (定义 $f(x)=|a-b|$), 按键 enter, 输入 $f(x)$, 按键 enter, 得到 $f(x)=2.23607·\sqrt{x^2-3.2·x+4}$ (即 $|a-b|=2.23607·\sqrt{x^2-3.2x+4}$).

4. 输入 fMin$(f(x),x)$, 按键 enter, 得到 $x=1.6$.

5. 输入 $f(x)|x=1.6$ 得到 2.68328 (即 $|a-b|$ 的最小值)(图 13.6).

6. 输入 solve$(f(x)=10,x)$, 按键 enter, 得到 $x=-2.70813$ 或 $x=5.90813$ (图 13.7).

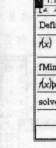
图 13.6

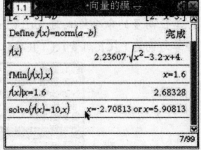
图 13.7

说明

1. 向量模的命令格式为 norm(矩阵), norm(向量).

2. 充分利用存储命令 sto→ 可以减少操作步骤, 美化视屏.

■ 触类旁通 —— 向量与三角函数的交汇问题

问题 已知向量 $m=(\cos x,\sin x)$, $n=(\sqrt{2}-\sin x,\cos x)$, (1) 求 $|m+n|$ 关于 x 的表达式;(2) 当 $|m+n|=\dfrac{3}{2}$ 时, 求 $\cos(\dfrac{x}{2}+\dfrac{\pi}{4})$ 的值.

解析 利用 norm(求模)、tCollect(三角合并)命令可以得到 $|m+n|=2\sqrt{\cos(x+\frac{\pi}{4})+1}$;利用 solve(解方程)命令解得 $|m+n|=\frac{3}{2}$ 的解为 $x=1.4799$,代入得 $\cos(\frac{x}{2}+\frac{\pi}{4})=0.045433$(图 13.8,图 13.9).

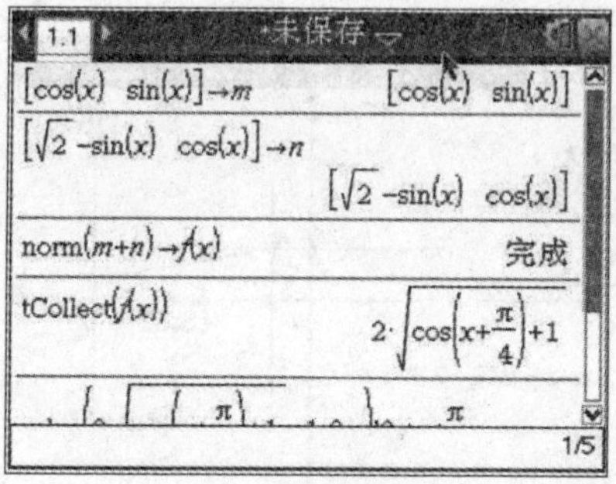

图 13.8

图 13.9

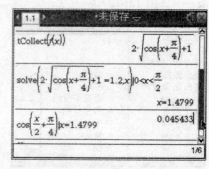

■ **实用技巧 72 —— 如何利用测量值传递作向量图形**

测量值传递是图形计算器特有的一个功能,它在几何作图中有广泛和灵活的应用.以例 2 的问题求 $|a-b|$ 最小值为例,用几何动态演示问题的变化过程.

具体制作方法如下:

1. 添加一个图形页面.

2. 在 x 轴上任取一点 P,并测算其坐标与方程.得到点 P 坐标为 $(3.4,0)$,插入文本 $2x$,按键 menu、①(动作)、⑨(计算),将指针移至文本 $2x$ 处,指针图标变成手型图标,按键 enter,这时屏幕出现对话框,选择 x(或按 var),单击点 P 的横坐标,出现 $2x$ 的数值为 6.8(图 3.10).

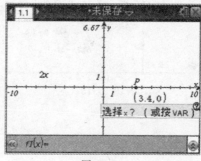

图 13.10

3. 按键 menu、⑧(几何)、④(作图)、⑧(测量值传递)、enter(图 13.11),单击

已测得 $2x$ 的数值 6.8，单击 x 轴，这时 x 轴上就出现数值为 6.8 的点（这个点随着点 P 的变化而变化），将该点标签为 Q，过点 Q 作 x 轴的垂线 l。在函数提示符 "$f1(x)=$" 的后面输入 1，得到 $y=1$ 的图像，作出 $y=1$ 与直线 l 的交点 R，得到向量 $(2x,1)$ 对应的点 $(2x,1)$，同理可以作出向量 $b=(2,x-3)$，以及它所对应的点 $R(2,x-3)$（图 13.12）。

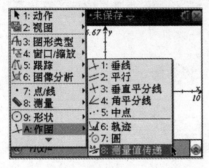

图 13.11　　　　　　　　图 13.12

4. 插入文本 $|a-b|=|NR|$，测算 NR 的长度，并将与文本 $|a-b|=|NR|$ 进行适当排列，得到图 13.13。

5. 插入游标，并标签为 P，作出向量 $\overrightarrow{OR}, \overrightarrow{ON}$，隐藏一些无关的线段和文本，对窗口进行适当的设置，拖动点 P，观察 p 值和 $|a-b|=|NR|$ 值的变化，得到当 $x=1.61$ 时，$|a-b|$ 的最小值为 2.683（图 13.13）。

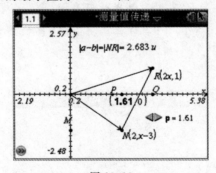

图 13.13

第13章 向量的模、单位向量

说明

1. 测量传送的操作要领：单击值(或输入值)，然后单击值的目标传送对象.
2. 向量的几何作图可按键 menu、⑧(几何)、①(点／线)、⑧(向量)、enter(图13.14)，在出现的页面上，单击起点和终点就可以得到向量的几何图形.

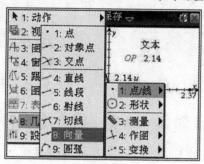

图 13.14

■ **问题解决** —— 向量模的最值问题

问题 已知 a,b 是平面内两个互相垂直的单位向量，若向量 c 满足 $(a-c) \cdot (b-c)=0$，则 $|c|$ 的最大值是( ).

A. 1 B. 2 C. $\sqrt{2}$ D. $\dfrac{\sqrt{2}}{2}$

解析 已知 a,b 是平面内两个互相垂直的单位向量，$(a-c) \cdot (b-c)=0$ 的几何意义就是向量 $a-c, b-c$ 互相垂直，依题意，$|a|=|b|=1$，所以 a,b 的终点 A,B 都在单位圆上，$a-c$ 表示以 c 的终点为起点 a 的终点为终点的向量，$b-c$ 表示以 c 的终点为起点 a 的终点为终点的向量，因此向量 c 的终点 C 在以 AB 为直径的圆周上，利用图形计算器的作图和测算功能，通过观察点 C 和 OC 长度的变化可知(图 13.15)，当 OC 为以 AB 为直径的圆的直径时，$|c|$ 的最大值是 $1.4142 \approx \sqrt{2}$. 因此应选 C(图 13.16).

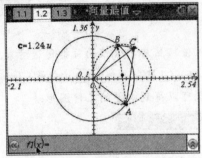
图 13.15

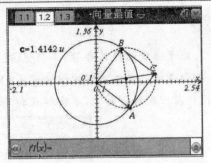
图 13.16

13.2 向量的加法、减法、数量积、向量的叉积(叉乘)

关键词 数量积(dotP)　叉积(crossP)

例 3 已知向量 $a=(-2,1,8), b=(3,-2,1)$，求 $a+b, a-b, ka, a\cdot b, a\times b$.

■ 操作程序

1. 添加一个计算器页面.

2. 输入 [-2　1　8]-[3　-2　1]，按键 enter，得到 $a-b=$ [-5　3　7].

3. 输入 [-2　1　8]+[3,-2,1]，按键 enter，得到 $a+b=$ [1　-1　9].

4. 输入 $k\times$ [3　-2　1]，按键 enter，得到 $ka=$ [3·k　-2·k　k].

5. 输入 dotp([-2　1　8],[3　-2　1])，按键 enter，得到 $a\cdot b=0$.

6. 输入 crossP([-2　1　8],[3　-2　1])，按键 enter，得到 $a\times b=$ [17　26　1](图 13.17).

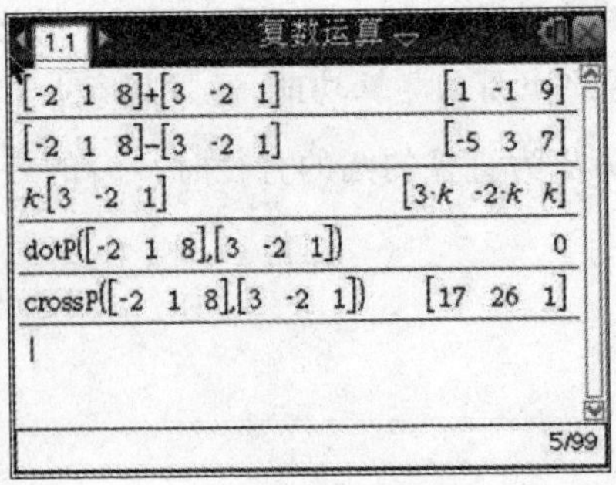

图 13.17

第13章 向量的模、单位向量

说明

1. 向量数量积的命名格式为:dotP(向量1,向量2).向量叉积的命令格式为:crossP(向量1,向量2).

2. 输入负数时应按键 ⊖,而不能按减号键.

例4 设向量 $a=(1,2)$,$b=(2,3)$,若向量 $xa+b$ 与向量 $c=(-4,-7)$ 共线,求实数 x 的值.

■操作程序

1. 添加一个计算器页面.

2. 输入 [1 2],按键 ctrl、sto→,输入 a,按键 enter,得到向量 a. 类似地输入向量 b,输入 solve$(x \cdot a+b=y \cdot [-4\ \ -7],x)$,按键 enter,得到 $x=2$,$y=-1$(图13.18).

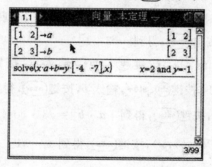

图 13.18

例5 (1)已知向量 $a=(2,1)$,$b=(-3,1)$,求 $a \cdot b$ 以及 a,b 的夹角;(2)已知 $a=(\cos\theta,\sin\theta)$,$b=(\sqrt{3},-1)$,求 $|a \cdot b|$ 的最大值.

■操作程序

1. 添加一个计算器页面.

(1)1. 输入向量 [2 3],按键 ctrl、sto→,输入 a,按键 enter,得到 [2 3],输入 [-3 1],按键 ctrl、sto→,输入 b,按键 enter,得到 [-3 1].

2. 输入 dotP(a,b),按键 enter 得到 $a \cdot b=-3$.

3. 输入 $\cos^{-1}(\dfrac{\text{dotP}(a,b)}{\text{norm}(a) \cdot \text{norm}(b)})$,按键 enter,得到 $\sin^{-1}(\dfrac{3 \cdot \sqrt{130}}{130})+\dfrac{\pi}{2}$.

4. 按键 开机、⑤(设置)、②(设置)、①(常规),将其中计算模式更改为近似.

5. 输入 $\cos^{-1}(\dfrac{\text{dotP}(a,b)}{\text{norm}(a)\cdot\text{norm}(b)})$，按键 (enter)，得到向量 a,b 夹角的近似值为 1.83705（弧度）（图 13.19）.

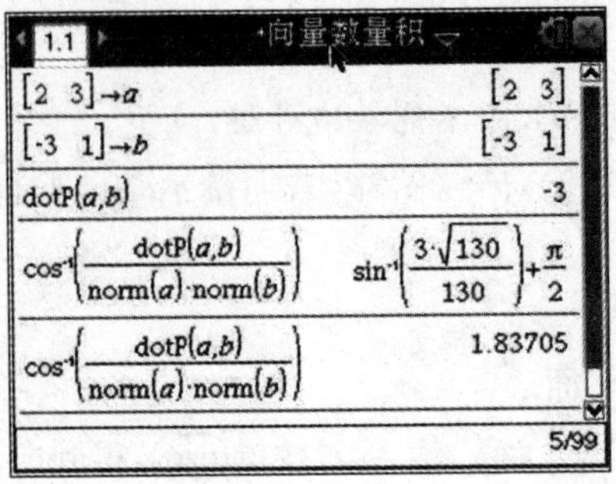

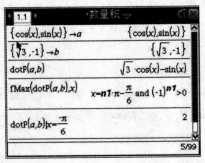

图 13.19

(2)1. 输入 $[2\ \ 3]$，按键 (ctrl)、(sto→)，输入 a，按键 (enter)，得到 $[2\ \ 3]$，输入 $[-3\ \ 1]$，按键 (ctrl)、(sto→)，输入 b，按键 (enter)，得到 $[-3\ \ 1]$.

2. 输入 $\{\cos(x),\sin(x)\}$，按键 (ctrl)、(sto→)，输入 a，按键 (enter)，得到 $\{\cos(x),\sin(x)\}$，输入 $\{\sqrt{3},-1\}$ 按键 (ctrl)、(sto→)，输入 b，按键 (enter)，得到 $\{\sqrt{3}\ -1\}$.

3. 输入 $\text{dotP}(a,b)$，按键 (enter)，得到 $|a\cdot b|=\sqrt{3}\cdot\cos(x)-\sin(x)$.

4. 输入 $\text{fMax}(\text{dotP}(a,b),x)$，按键 (enter)，得到 $x=n1\cdot\pi-\dfrac{\pi}{6}$ 且 $(-1)^{n1}>0$.

5. 输入 $\text{dotP}(a,b)\mid x=-\dfrac{\pi}{6}$（图 13.20）.

图 13.20

第13章 向量的模、单位向量

说明

1. 如果默认状态下计算的结果以精确模式进行,得到 a,b 的夹角为 $\sin^{-1}(\frac{3\sqrt{130}}{130}+\frac{\pi}{2})$,将图形计算器的设置改为近似模式,得到 a,b 的夹角为 $\arccos(a,b)=1.83705$.

2. 根据 $x=n\pi-\frac{\pi}{6}$ 且 $(-1)^n>0$ 知 n 为偶数,因此可以取 $n=0$ 代入 $\text{dotP}(a,b)$ 计算.

■ **触类旁通** —— 利用向量数量积、叉积求三角形的面积和四面体的体积

我们知道向量叉积 $|a\times b|=|a||b|\sin\theta(\theta\in[0,\pi],\theta$ 为 a,b 的夹角) 的几何意义是以 a,b 两向量为邻边的平行四边形的面积. 因此可以利用叉积求三角形面积,关键要利用 norm 和 crossP 命令,例如:已知 $\triangle ABC$ 的顶点 $A(1,2,3),B(2,1,5),C(3,-2,-5)$,求 $\triangle ABC$ 的面积以及边 BC 上的高,解得 $\triangle ABC$ 的面积以及边 BC 上的高分别为 $\sqrt{101}$ 和 $\frac{\sqrt{11110}}{55}$(图 13.21,图 13.22).

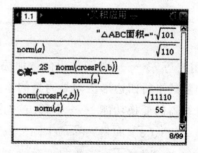

图 13.21   图 13.22

如果将 $(a\times b)\cdot c$ 称为向量的混合积,那么它的模 $|(a\times b)\cdot c|$ 的几何意义表示以 a,b,c 为棱的平行六面体的体积. 因此可以利用叉积求四面体的体积. 例如:已知四面体 $ABCD$ 的顶点 $A(1,1,1),B(1,2,3),C(2,3,1),D(3,1,2)$,求四面体 $ABCD$ 的体积以及顶点 A 到平面 BCD 的距离. 关键是利用 norm,crossP 以及 dotP 命令,解得四面体 $ABCD$ 的体积以及顶点 A 到平面 BCD 的距离分别为 $\frac{3}{2}$ 和 $\sqrt{3}$(图 13.23～图 13.25).

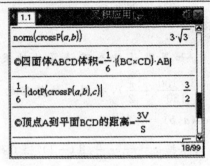

图 13.23　　　　　　　　　图 13.24

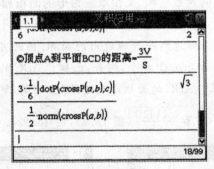

图 13.25

■ 实用技巧 73 —— 如何作出向量加法的平行四边形图

向量的平行四边形法则是向量的重要内容,作向量的平行四边形关键是利用图形计算器的变换功能 —— 平移.首先添加一个图形页面,按键 (menu)、⑧(几何)、①(点/线)、⑧(向量)、(enter)(图 13.26),分别在原点和平面上任意处作为向量的起点和终点,按键(enter),标签起点和终点坐标分别为 O,A,得到向量 $\overrightarrow{OA}$,同理作出向量 $\overrightarrow{OB}$,按键(menu)、⑧(几何)、⑤(变换)、③(平移)、(enter),单击 $\overrightarrow{OB},A$,将向量 $\overrightarrow{OB}$ 平移至 AC 处,作出向量 $\overrightarrow{OC}$,联结 BC,就得到向量的平行四边形图形(图 13.27).

第13章 向量的模、单位向量

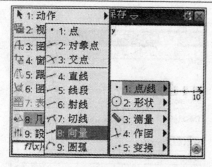

图 13.26

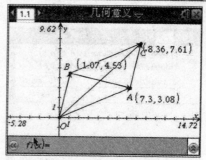

图 13.27

■ 问题解决 —— 与向量有关的最大值

问题 如图13.28，$\angle AOB=120°$，$OA=OB=1$，点C在圆弧上运动，若$\overrightarrow{OC}=x\overrightarrow{OA}+y\overrightarrow{OB}$，其中$x,y\in \mathbf{R}$，求$x+y$的最大值。

解析 这是一道高考题，传统的解决方法有多种途径。利用图形计算器求解主要的步骤是：1. 定义向量 $a:=\begin{bmatrix}1 & 0\end{bmatrix}$，$b:=\begin{bmatrix}-0.5 & \dfrac{\sqrt{3}}{2}\end{bmatrix}$，$c:=\begin{bmatrix}\cos(t) & \sin(t)\end{bmatrix}\mid 0<t<\dfrac{2\pi}{3}$（如图13.28）。

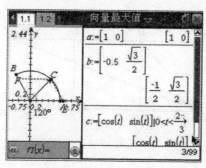

图 13.28

2. 解关于 x,y 的方程组 $\begin{cases}c\cdot a=xa\cdot a+ya\cdot b\\ c\cdot b=xa\cdot b+yb\cdot b\end{cases}$ 得 $x=\dfrac{3\cdot\cos(t)+\sqrt{3}\cdot\sin(t)}{3}$，$y=\dfrac{2\cdot\sqrt{3}\cdot\sin(t)}{3}$（图13.28）。

3. 定义函数 $g(t)=x+y$，化简 $g(t)$ 得 $g(t)=2\sin(t+30°)$。

4. 当 $0<t<\dfrac{2\pi}{3}$ 时，求得 $g(t)$ 的最大值为 $g(60)=2$，即 $x+y$ 的最大值为2（图

13.29，图 13.30).

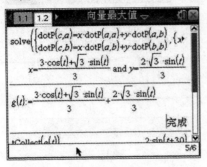

图 13.29

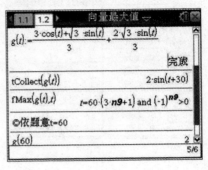

图 13.30

注 图形计算器将向量 a 表示为 a.

13.3 向量的几何意义及其应用

关键词 向量的模(norm) 反余弦函数($\cos^{-1}$)

例 6 如图 13.31，已知四边形 $AEHD$，$EFGH$，$FBCG$ 均为正方形，求 $\angle EAH + \angle FAG + \angle BAC$.

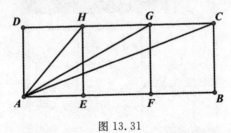

图 13.31

■ 操作程序

1. 添加一个计算器页面.

2. 设向量 $a_1=[1,0]$，$a_2=[2,0]$，$a_3=[3,0]$，$b_1=[1,1]$，$b_2=[2,1]$，$b_3=[3,1]$.

3. 输入 $\cos^{-1}(\dfrac{\text{dotP}([1\ 0],[1\ 1])}{\text{norm}([1\ 0])\cdot\text{norm}([1\ 1])})$ 按键 ctrl、sto→、ctrl、⊞（选取 α），

按键 enter，得到 $\angle EAH = \dfrac{\pi}{4}$，类似的，得到 $\angle FAG = \sin^{-1}(\dfrac{\sqrt{5}}{5})$，$\angle BAC = \sin^{-1}(\dfrac{\sqrt{10}}{10})$（图 13.32）.

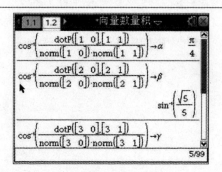

图 13.32

4. 输入 $\alpha+\beta+\gamma$，按键 (enter)，得到 $\sin^{-1}(\frac{\sqrt{10}}{10})+\sin^{-1}(\frac{\sqrt{5}}{5})+\frac{\pi}{4}$.

5. 输入 approx$(\sin(\alpha+\beta+\gamma))$，按键 (enter)，得到 $\sin(\alpha+\beta+\gamma)=1$（图 13.33），因此得到 $\angle EAH+\angle FAG+\angle BAC=90°$.

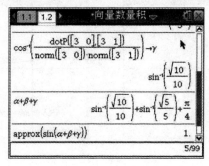

图 13.33

1. 命令 approx(表达式) 将表达式的计算结果用近似数表示.
2. 本例也可以用复数求解，即 angle$((1+i)\cdot(2+i)\cdot(3+i))$（图 13.34）.

■ 触类旁通 —— 一个平面几何最小值的动态探究

问题 利用图形计算器可以帮助我们在动态和变化过程中研究诸如平面几何的最小值等问题. 例如，已知直线 $l: y=-0.47x+5.25$，点 P 为 x 轴上一个定点，当点 P 反射到直线 l 上点 Q，点 Q 反射到 y 轴上点 R 后回到点 P，请问 $\triangle PQR$ 周长的最小值是多少？当然这个问题随着图中控制点 P 的变化而不同（图 13.35，图 13.36）.

解析 添加一个图形页面，插入游标，作出向量 $\overrightarrow{PQ},\overrightarrow{PR},\overrightarrow{QR}$，点 P 关于 y 轴的

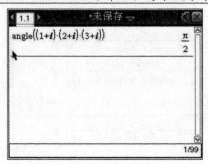

图 13.34

对称点 P' 和点 P 关于直线 l 的对称点 P'',联结点 P 和 P',点 P 和点 P'',根据两点之间直线段最小可知当点 P', Q, R, P'' 共线时,即当 $P(5,0)$ 时,$\triangle PQR$ 的周长的最小值为 13.13(图 13.37).

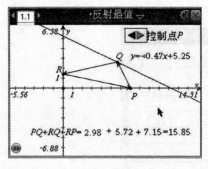

图 13.35

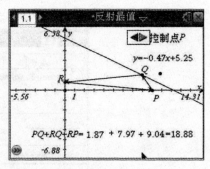

图 13.36

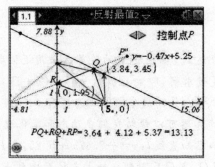

图 13.37

注 通过游标制作控制按钮,实现点 P 的位置任意调控.

■ 实用技巧 74 —— 如何利用测量传递作向量的倍数变换

在向量作图中经常要对向量的长度进行适当的伸长与缩短,利用图形计算器作图中测量值传递无疑是一种方便简洁的方法.具体操作如下,添加一个几何页面,插入一个文本,并输入所需伸缩的数值(如 5),任意作出一个向量,按键 (menu)、(7)(作图)、(8)(测量值传递)、(enter),将指针指向向量的始点,按键 (enter),就得到伸缩后的点,因此也就可以画出所需要的向量.(图 13.38,图 13.39)

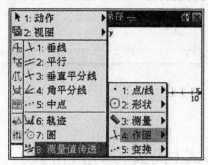

图 13.38

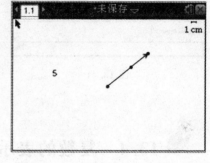

图 13.39

■ 问题解决 —— 利用向量证明几何问题

问题 如图 13.40,已知平行四边形 $ABCD$ 中,点 F 是 BC 的中点,联结 AF 交 BD 于点 E,求证:$\overrightarrow{BE} = \frac{1}{3}\overrightarrow{BD}$.

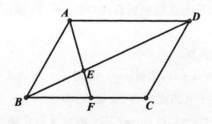

图 13.40

解析 解决这个问题主要利用向量三点共线的性质,即 $\overrightarrow{BE} = x\overrightarrow{BD}$,$\overrightarrow{BE} = t\overrightarrow{BA} + (1-t)\overrightarrow{BF}$,设向量 $\boldsymbol{a} = \overrightarrow{OC} = (x_1, 0)$,$\boldsymbol{b} = \overrightarrow{BA} = (x_2, y_2)$,则 $\boldsymbol{a} + \boldsymbol{b} = \overrightarrow{BD} = (x_1 + x_2, y_2)$,$\overrightarrow{BE} = x\overrightarrow{BD} = ((x_1+x_2)x, y_2 \cdot x)$,由 $\overrightarrow{BE} = t\overrightarrow{BA} + (1-t)\overrightarrow{BF}$,设 $\boldsymbol{n} = t\boldsymbol{b} + (1-t) \cdot \frac{1}{2}\boldsymbol{a} = ((x_2 - \frac{x_1}{2})t + \frac{x_1}{2}, y_2 t)$,$\boldsymbol{m} = x\boldsymbol{d}$,solve($\boldsymbol{m} = \boldsymbol{n}, x$),得到 $x = \frac{1}{3}$,

$t=\dfrac{1}{3}$(图 13.41,图 13.42).

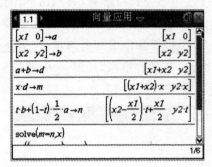

图 13.41　　　　　　　　　　　图 13.42

13.4　复数的表示形式（代数、三角、指数）

关键词　实部(real)　虚部(imag)　共轭复数(congj)　辐角(angle)
　　　　转制(rec)

复数的基本概念主要有:实部、虚部、模、共轭复数、辐角.复数的表示形式主要有代数式:$z=x+yi(x,y\in \mathbf{R})$,三角式:$z=r(\cos\theta+i\sin\theta)$,指数式:$z=re^{i\theta}$.

例 8　(1) 求复数 $2+3i$ 的实部、虚部、模、共轭复数、辐角.

(2) 将复数 $\sqrt{3}e^{\frac{\pi i}{6}}$ 表示为直角坐标形式;将 $1+\sqrt{3}i$ 表示成指数形式.

■ 操作程序

1. 添加一个计算器页面.

2.(1) 输入 real($2+3\cdot i$),按键 (enter),得到 $2+3i$ 的实部为 2,输入 imag($2+3\cdot i$),按键 (enter),得到 $2+3i$ 的虚部为 3,输入 abs($2+3\cdot i$),按键 (enter),得到 $2+3i$ 的模为 $\sqrt{13}$,输入 conj($2+3\cdot i$),按键 (enter),得到 $2+3i$ 的共轭复数为 $2-3i$,输入 angle($2+3\cdot i$),按键 (enter),得到 $2+3i$ 的幅角为 $\dfrac{\pi}{2}-\tan^{-1}\left(\dfrac{2}{3}\right)$(图 13.43).

3.(2) 输入 $\sqrt{3}\cdot e^{\frac{\pi i}{6}}$,按键 (ctrl)、$[\infty\beta°]$,选取 ▶,输入 Rect,按键 (enter),得到复数 $\sqrt{3}e^{\frac{\pi i}{6}}$ 表示为直角坐标形式为 $\dfrac{3}{2}+\dfrac{\sqrt{3}}{2}\cdot i$,输入($1+\sqrt{3}\cdot i$),按键 (ctrl)、$[\infty\beta°]$,选取 ▶,输入 Polar,得到 $1+\sqrt{3}i$ 的指数形式为 $2e^{\frac{i\pi}{3}}$(图 13.44).

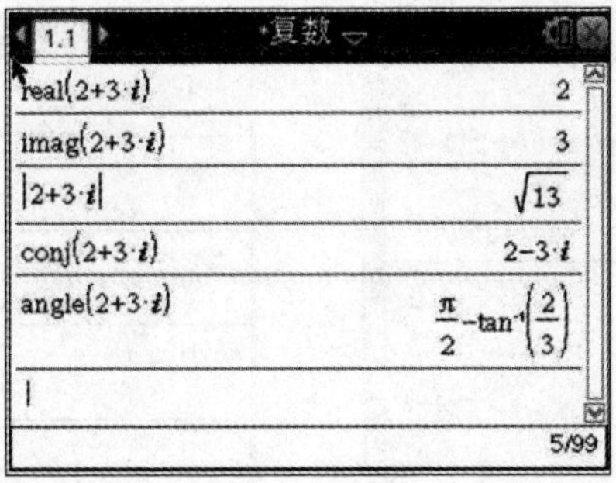

图 13.43

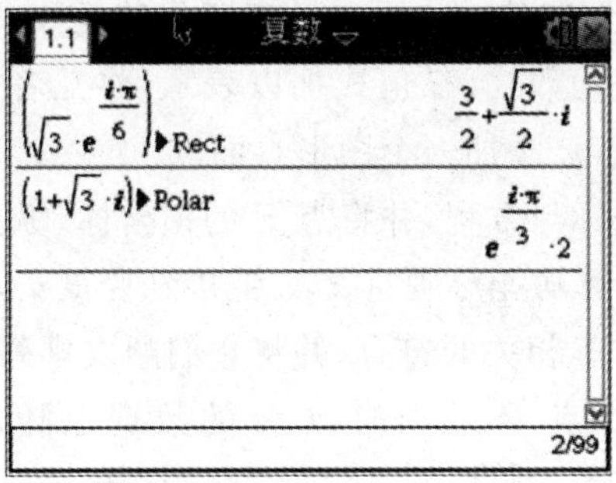

图 13.44

说明

将复数转化为直角坐标的表达形式可以按键 ⌨、④,选择 ▶(实心右指,转化运算符),输入 Rect(表达式),将复数转化为指数形式可以按键 ⌨、④,选择 ▶(实心右指,转化运算符),输入 Polar(表达式).

■ 触类旁通 —— 求复数辐角的主值

问题 已知非零复数 z_1, z_2,满足 $z_1^2 + 2z_2^2 = 2z_1 z_2$,求 $\dfrac{z_1}{z_2}$ 的辐角.

解析 问题涉及复数方程、辐角,求解时先将 z_1 视为主元,利用 cSolve 解关于 z_1 的复数方程,得到 $z_1 = z_2(1+\mathrm{i})$ 或 $z_1 = z_2(1-\mathrm{i})$,由此得到 $\dfrac{z_1}{z_2} = 1+\mathrm{i}$ 或 $\dfrac{z_1}{z_2} = 1-\mathrm{i}$,利用命令 angle 求出 $\dfrac{z_1}{z_2}$ 的辐角分别为 $\dfrac{\pi}{4}$ 和 $-\dfrac{\pi}{4}$(图 13.45,图 13.46).

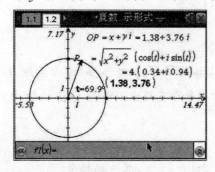

图 13.45　　　　　　　　图 13.46

■ 实用技巧 75 —— 如何制作一个可以动态变化的复数表示形式

复数可以用点坐标、代数式、三角式加以表示,将三者作为动态关联的整体加以呈现. 它的制作方法是:1. 添加一个图形页面. 2. 作一个半径为 4 的圆. 3. 在圆上任取一点 P,测算它的坐标与方程,并将点 P 的横坐标、纵坐标分别保存为变量 a,b,输入文本 x,y,通过计算功能分别将 x,y 链接到变量 a,b,得到动态的 x,y 的动态数据. 4. 输入 $\overrightarrow{OP}$,i,= 等相关的符合,并将它们顺次排列为 $\overrightarrow{OP}=x+yi=1.38+3.76i$,再将它们归组,当点 P 运动时,x,y 的数据也随之变化,同理可以作出 $\sqrt{x^2+y^2}(\cos(t)+i\sin(t))=4(0.34+i0.94)$ 等(图 13.47,图 13.48).

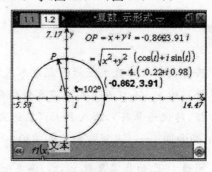

图 13.47　　　　　　　　图 13.48

说明

"归组对象"工具可以将某些对象作为一个整体便于操作和使用,如果打算移动该组,请不要包括固定的对象,因为在组中包括固定的对象将创建固定的组.

■ 问题解决 —— 有关复数的旋转问题

利用复数指数式 $re^{i\theta}$ 的几何意义可以方便地解决平面几何中有关旋转问题. 例如,在正方形 $ABCD$ 中,$A(0,0)$,$C(1,\sqrt{3})$,求 B,D 的坐标. 首先将复数 $(1+\sqrt{3}i)$ 用指数形式表示,分别将其模缩小到原来的 $\frac{\sqrt{2}}{2}$,逆时针、顺时针各旋转 $\frac{\pi}{4}$(图13.49),根据图 13.50 得到点 $D(\frac{-\sqrt{3}+1}{2}+\frac{\sqrt{3}+1}{2}i)$,$B(\frac{\sqrt{3}+1}{2}+\frac{\sqrt{3}-1}{2}i)$.

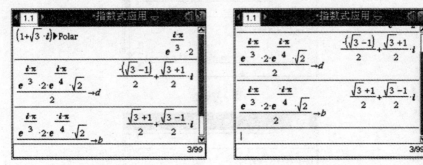

图 13.49   图 13.50

13.5 复数的基本运算与应用

关键词 加 减 乘 除 乘方 开方

例 9 求以下各式的值:(1) $\dfrac{(2+i)(1+\sqrt{3}i)^{\frac{1}{2}}}{4-5i}$;(2) $(x+yi)^n+(x-yi)^n$;

(3) $i^{4n}+i^{4n+1}+i^{4n+2}+i^{4n+3}$ $(n\in \mathbf{N})$.

■ 操作程序

1. 添加一个计算器页面.

2. (1) 输入 $\dfrac{(2+i)\cdot(1+\sqrt{3}\cdot i)^{\frac{1}{2}}}{4-5\cdot i}$,按键 (enter),得到计算结果为 $\dfrac{(3\cdot\sqrt{3}-14)\cdot\sqrt{2}}{82}+\dfrac{(14\sqrt{3}+3)\sqrt{2}}{82}i$(图 13.51).

(2) 输入 $(x+y\cdot i)^n+(x-y\cdot i)^n$,按键 (enter),得到计算结果为 $2\cdot\cos(n\cdot\tan^{-1}(\dfrac{x}{y})-\dfrac{n\cdot\pi\cdot\text{sign}(y)}{2})\cdot(x^2+y^2)^{\frac{n}{2}}$. 输入 $i^{4\cdot n}+i^{4\cdot n+1}+i^{4\cdot n+2}+i^{4\cdot n+3}$,按键 (enter),得到计算结果为 0(图 13.52).

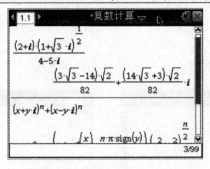

图 13.51

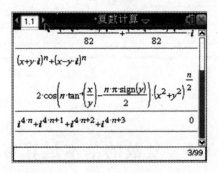

图 13.52

说明

计算 $(x+yi)^n$ 时,指数 n,虚数单位 i 应在符号模板中选取,不能直接在键盘上选取 n,i.

例 10 已知复数 m 满足 $m+\dfrac{1}{m}=1$,求 $m^{2\,012}+\dfrac{1}{m^{2\,012}}$ 的值.

■ 操作程序

1. 添加一个计算器页面.

2. 输入 cSolve$\left(m+\dfrac{1}{m}=1,m\right)$,按键 (enter),得到 $m=\dfrac{1}{2}+\dfrac{\sqrt{3}}{2}\cdot i$ 或 $m=\dfrac{1}{2}-\dfrac{\sqrt{3}}{2}\cdot i$,输入 $m^{2012}+\dfrac{1}{m^{2012}}\,|\,m=\dfrac{1}{2}+\dfrac{\sqrt{3}}{2}i$,按键 (enter),得到原式的值为 -1(图 13.53),输入 $m^{2012}+\dfrac{1}{m^{2012}}\,|\,m=\dfrac{1}{2}-\dfrac{\sqrt{3}}{2}i$,按键 (enter),得到原式的值为 -1(图 13.54),因此原式的值为 -1.

第13章 向量的模、单位向量

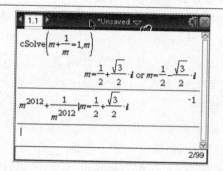

图 13.53

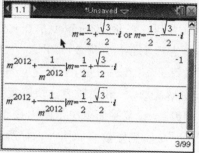

图 13.54

■ 触类旁通 —— 利用 solve 解决一道复数竞赛题

问题 设 $z, \bar{z}$ 为一对共轭复数，若 $|z - \bar{z}| = 2\sqrt{3}$，且 $\dfrac{z}{\bar{z}^2}$ 为实数，则 $|z|=$ _____.

解析 本题是1995年的一道全国高中数学竞赛题，我们可以综合利用 solve, conj, imag, abs 命令解决这个问题. 得到 $|z|=2$（图 13.55，图 13.56）.

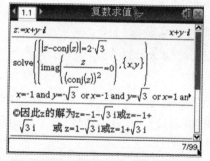

图 13.55

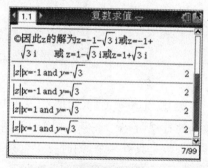

图 13.56

说明

求共轭复数的命令是：conj(表达式)、conj(数组)、conj(矩阵)，求复数虚部的命令是：imag(表达式)、imag(数组)、imag(矩阵)，求绝对值的命令是：abs(表达式)、abs(数组)、abs(矩阵).

■ 实用技巧76 —— 如何求解复系数方程和不等式

复数在应用过程中常常要涉及复系数方程的求解，如果简单地利用 sovle 命令求解会提示 false(错误)，解复系数方程的命令是 cSolve，它的命令格式有：cSolve(方程，变量)、cSolve(方程，变量 = 估计值)、cSolve(不等式，变量)、cSolve(方程1 and 方程2 [and …]，变量或估计值1，变量或估计值2[,…])，例如解方程 $x^2-2\mathrm{i}x+\mathrm{i}+1=0$，这时只要输入 cSolve($x^2-2\cdot \mathrm{i}\cdot x+\mathrm{i}+1=0,x$)。

■ **问题解决** —— 利用数表法快解复数计算题

问题 设复平面上单位圆内接正20边形的20个顶点所对应的复数依次为 $z_1, z_2, \cdots, z_{20}$，则复数 $z_1^5, z_2^5, \cdots, z_{20}^5$ 所对应的不同数值中，i 的个数是_____.

解析 本例如果直接求解需要一定的技巧，并有相当的难度。利用图形计算器中数表以及其中快速绘图工具可以简明地解决问题。依题意，$z_i^5=(\mathrm{e}^{\frac{n\pi\mathrm{i}}{20}})^5$，我们添加一个列表和电子表格页面，将 t 作为自变量，pn 作为函数，并在第一列第二行输入 seq($n,n,1,20$)，在第二列第二行输入 seq(($\mathrm{e}^{\frac{n\pi\mathrm{i}}{20}})^5,n,1,20$)（图 13.57）。

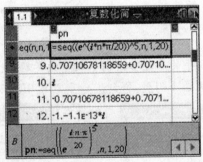

图 13.57

其次，按键 (menu)、③(数据)、⑨(快速绘图)，选择 t 为横坐标，pn 为纵坐标，得到数据的直观图（图 13.58），由图 13.59 中可知 $z_1^5, z_2^5, \cdots, z_{20}^5$ 所对应的不同的数值中，i 的个数是只有一个，同时 -1 也只有一个.

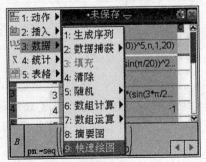

图 13.58

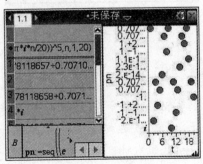

图 13.59

# 矩阵与行列式

行列式最早是一种速记的表达式,出现于线性方程组的求解,现在是一种非常有用的数学工具.矩阵是数学中的一个最基本的概念和工具,也是数学中的一个主要研究对象,矩阵在二十世纪得到飞速发展,在物理学、生物学、地理学、经济学中有大量的应用.在逻辑上,矩阵的概念先于行列式,然而在发展的历史上,次序正好相反.图形计算器提供了矩阵与行列式的基本运算,尤其是简化行阶梯矩阵命令、解方程组以及高级运算中的LU分解、QR分解、特征值、特征向量的求解,使得计算变得快捷而富有乐趣.

目标

14.1　行列式与克莱姆法则

14.2　矩阵及其运算

14.3　矩阵的运算性质

14.4　可逆矩阵

14.5　矩阵与变换

14.6　求解线性方程组

14.7　特征值与特征向量

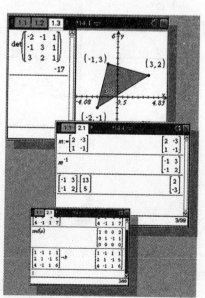

■ 矩阵与变换 ■

矩阵是研究图形(向量)变换的基本工具,有着广泛的应用,许多数学模型都可以用矩阵来表示.

平面上建立了直角坐标系,就将点与坐标对应起来,变换前的点(x,y)与变换后的点(x',y')之间的函数关系 $\begin{cases} x'=ax+by \\ y'=cx+dy \end{cases}$,确定了平面上的线性变换,其中 $\begin{pmatrix} a & b \\ c & d \end{pmatrix}$ 就是这个变换对应的矩阵.

在以原点为圆心的圆上均匀地选取若干个点P_i,测量它的坐标,并应用坐标变换,作出点P_i在矩阵 $\begin{pmatrix} 2 & 0 \\ 0 & 1 \end{pmatrix}$ 对应的变换作用下所得到的点(图14.1),以及点P_i在矩阵 $\begin{pmatrix} 1 & 2 \\ 0 & 1 \end{pmatrix}$ 对应的变换作用下所得到的点(图14.2),从中可以直观看出这两种变换的几何意义.

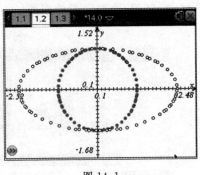

图 14.1

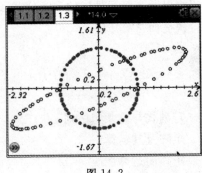

图 14.2

14.1 行列式与克莱姆法则

关键词 矩阵与向量 矩阵 行列式

例1 求行列式 $\begin{vmatrix} 1 & 2 \\ -1 & 3 \end{vmatrix}$ 的值.

■ 操作程序

1. 添加一个计算器页面.

第14章 矩阵与行列式

2. 按键 (menu)、(7)(矩阵与向量)、(1)(创建)、(1)(矩阵 ⋯),调出创建矩阵的对话框(图 14.3),选择默认的行数 2 与列数 2,按键 (enter),得到 2×2 矩阵模板,分别在模板的 2×2 个虚框中输入数字,然后将光标移到矩阵的右侧,按键 (ctrl)、(sto→)、(A),将矩阵定义为 A,得到矩阵 $\boldsymbol{A} = \begin{pmatrix} 1 & 2 \\ -1 & 3 \end{pmatrix}$(图 14.4).

图 14.3

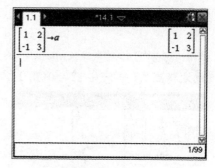

图 14.4

3. 按键 (menu)、(7)(矩阵与向量)、(3)(行列式),调出行列式命令 det( ),在括号中输入矩阵名 A,即可算出行列式 $\begin{vmatrix} 1 & 2 \\ -1 & 3 \end{vmatrix}$ 的值等于 5.

说明

1. 可以直接输入行列式计算命令 det( ),然后在括号中输入矩阵进行计算.

2. 按键 ,可以调出计算模板,然后选择矩阵模板,直接输入数值得到相应矩阵.

■ 触类旁通 —— 利用行列式求三角形的面积

用行列式可以轻松求解已知三个顶点坐标的三角形面积. 若三角形的三个顶点分别为 $(a_1,b_1),(a_2,b_2),(a_3,b_3)$,则该三角形的面积等于 $\dfrac{1}{2} \cdot \begin{vmatrix} a_1 & b_1 & 1 \\ a_2 & b_2 & 1 \\ a_3 & b_3 & 1 \end{vmatrix}$ 的绝对值.

例如,$\triangle ABC$ 的三个顶点分别为 $A(-2,-1),B(-1,3),C(3,2)$,则 $\triangle ABC$ 的

面积等于 $\dfrac{1}{2} \cdot \begin{vmatrix} -2 & -1 & 1 \\ -1 & 3 & 1 \\ 3 & 2 & 1 \end{vmatrix}$ 的绝对值，求得面积等于 $\dfrac{17}{2}$（图14.5）。

用行列式还可以轻松求得经过两点的直线方程，若直线 l 经过点 (x_1,y_1)，(x_2,y_2)，则直线 l 的方程为 $\begin{vmatrix} x & y & 1 \\ x_1 & y_1 & 1 \\ x_2 & y_2 & 1 \end{vmatrix}=0$。

例如，可以用行列式及 expand() 命令等，快速求得经过点 $(3,6)$ 和点 $(-3,2)$ 的直线方程为 $2x-3y+12=0$（图14.6）。

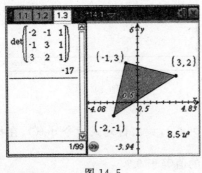

图14.5

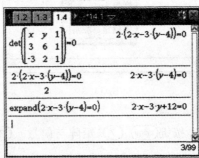

图14.6

■ 实用技巧77 —— 如何快速生成 $m\times n$ 阶的零矩阵

按键生成矩阵略显麻烦，可以直接用输入命令快速生成，命令格式为：newMat(行数,列数)。例如，输入 newMat(3,4)，将生成3行4列的零矩阵；若输入 newList(维数)，则快速生成相应维数的零向量，例如，输入 newList(3)，将生成3维的零向量。

■ 问题解决 —— 三元一次含参方程组何时有实数解

问题 已知方程组 $\begin{cases} x-ay-2z=1 \\ 2x-y-z=5 \\ x+4y+az=8 \end{cases}$，有唯一的实数解，求实数 a 的取值范围。

解析 对于二元一次方程组 $\begin{cases} a_{11}x_1+a_{12}x_2=b_1 \\ a_{21}x_1+a_{22}x_2=b_2 \end{cases}$，当 $a_{11}a_{22}-a_{21}a_{12}\neq 0$ 时，方

程组有唯一的实数解:$x_1 = \dfrac{\begin{vmatrix} b_1 & a_{12} \\ b_2 & a_{22} \end{vmatrix}}{\begin{vmatrix} a_{11} & a_{12} \\ a_{21} & a_{22} \end{vmatrix}}, x_2 = \dfrac{\begin{vmatrix} a_{11} & b_1 \\ a_{21} & b_2 \end{vmatrix}}{\begin{vmatrix} a_{11} & a_{12} \\ a_{21} & a_{22} \end{vmatrix}}$,该结论可以推广到3元,乃至 n 元一次方程组,这就是克莱姆法则.其中,系数行列式非零是方程组有唯一实数解的充要条件.

现在添加一个计算器页面,求解系数行列式不等式 $\begin{vmatrix} 1 & -a & -2 \\ 2 & -1 & -1 \\ 1 & 4 & a \end{vmatrix} \neq 0$,得到结果 $a \neq \sqrt{7}$ 且 $a \neq -\sqrt{7}$(图 14.7),这说明当 $a \neq \pm\sqrt{7}$ 时,方程组有唯一的实数解.

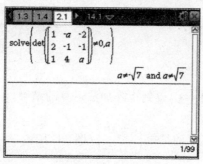

图 14.7

 14.2 矩阵及其运算

关键词 矩阵与向量　矩阵　运算

例2 已知矩阵 $A = \begin{pmatrix} 1 & 2 \\ 2 & 4 \end{pmatrix}, B = \begin{pmatrix} 2 & -6 \\ -1 & 3 \end{pmatrix}, C = \begin{pmatrix} 4 & -12 \\ -2 & 6 \end{pmatrix}$,计算 $A+B$,$2A-B$,AB,BA 和 AC.

■ 操作程序

1. 添加一个计算器页面.

2. 按键 (menu)、(7)(矩阵与向量)、(1)(创建)、(1)(矩阵…),调出创建矩阵的对话框(图 14.8),选择默认的行数2与列数2,按键 (enter),得到 2×2 矩阵模板,分别在模板的 2×2 个虚框中输入数字,然后将光标移到矩阵的右侧,按键 (ctrl)、(sto→)、(A),将

矩阵定义为 A，得到矩阵 $A = \begin{pmatrix} 1 & 2 \\ 2 & 4 \end{pmatrix}$.

3. 用相同的方法定义矩阵 $B = \begin{pmatrix} 2 & -6 \\ -1 & 3 \end{pmatrix}, C = \begin{pmatrix} 4 & -12 \\ -2 & 6 \end{pmatrix}$（图 14.9）.

图 14.8

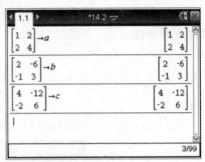
图 14.9

4. 输入 $A + B$，按键 enter，得到矩阵加法运算的结果 $\begin{pmatrix} 3 & -4 \\ 1 & 7 \end{pmatrix}$；输入 $2A - B$，按键 enter，得到矩阵加法运算的结果 $\begin{pmatrix} 0 & 10 \\ 5 & 5 \end{pmatrix}$（图 14.10）.

5. 分别输入 $A \times B, B \times A, A \times C$，然后按键 enter，得到矩阵乘积的运算结果 $AB = \begin{pmatrix} 0 & 0 \\ 0 & 0 \end{pmatrix}, BA = \begin{pmatrix} -10 & -20 \\ 5 & 10 \end{pmatrix}$ 和 $AC = \begin{pmatrix} 0 & 0 \\ 0 & 0 \end{pmatrix}$（图 14.11）.

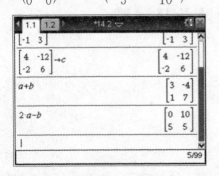
图 14.10

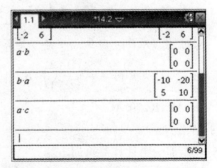
图 14.11

说明

1. 同型矩阵（行数、列数分别相等的两个矩阵）可以进行加法和减法运算，其他形式的矩阵进行加法、减法运算，将提示维数错误。

2. 矩阵乘法不满足交换律，即 $AB \neq BA$。

3. 矩阵运算不满足消去律，即由 $AB=AC$ 且 $A \neq 0$，不能得到 $B=C$；由 $AB=0$ 不能得到 $A \neq 0$ 或 $B \neq 0$。

■ 触类旁通 —— 矩阵的相等

问题 设矩阵 $A = \begin{pmatrix} 1 & z \\ x+y & 2 \end{pmatrix}, B = \begin{pmatrix} x & 3 \\ 4 & w \end{pmatrix}$。如果 $A=B$，求实数 y 的值。

解析 两个矩阵相等，它们对应位置的元素都相等，输入 solve($a[1,1]=b[1,1]$ and $a[2,1]=b[2,1],y$)，按键 enter，解得 $y=3$（图 14.12）。

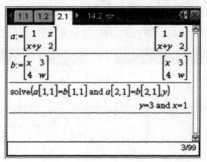

图 14.12

说明

1. $a[m,n]$ 指的是矩阵 a 中第 m 行第 n 列位置的元素。

2. 求解命令 solve() 不能直接解决矩阵或向量相等问题，需要将矩阵或向量相等的问题转化为相应位置的元素相等才可以。

■ 实用技巧 78 —— 如何实现数组与矩阵的互相转化？

将矩阵转化为向量，可以用转化命令 mat▶list(矩阵)。例如：输入 mat▶list($\begin{bmatrix} 1 & 2 \\ 3 & 4 \end{bmatrix}$)，按键 enter，即可得到行向量 {1,2,3,4}。同样，将向量转化为矩阵，可以用转化命令 list▶mat(数组[,每行元素数])。例如：输入 list▶mat({1,2,3,4,5,6},3)，按键 enter，即可得到矩阵 $\begin{bmatrix} 1 & 2 & 3 \\ 4 & 5 & 6 \end{bmatrix}$。

■ 问题解决 —— 选手成绩的计算

问题 某电视台举行唱歌比赛,规定决赛的最后成绩由文考、声乐、视唱以及演唱成绩综合评定,其中文考占10%,声乐占20%,视唱占30%,演唱占40%. 进入决赛的人各项成绩如下：

	文考	声乐	视唱	演唱
甲	80	90	90	85
乙	90	80	85	90
丙	70	80	90	95

试求甲、乙、丙三名选手综合评定的最后成绩.

解析 记矩阵 $A = \begin{pmatrix} 80 & 90 & 90 & 85 \\ 90 & 80 & 85 & 90 \\ 70 & 80 & 90 & 95 \end{pmatrix}, B = \begin{pmatrix} 0.1 \\ 0.2 \\ 0.3 \\ 0.4 \end{pmatrix}$ (图14.13),计算 $A \cdot B$,即可

得到甲、乙、丙三名选手综合评定的最后成绩分别是 87,86.5,88 分(图14.14).

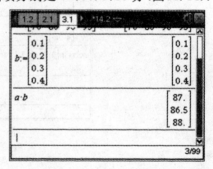

图 14.13　　　　　　　　　图 14.14

14.3 矩阵的运算性质

关键词 矩阵与向量　矩阵　运算性质

例3 以二阶方阵(2×2 矩阵)为例,验证矩阵和定义在矩阵上的运算满足如下运算规律(其中 A, B, C 均为矩阵,$k, l \in \mathbf{R}$)：

(1) 数乘结合律：$k(lA) = (kl)A$；

(2) 数乘分配律：$k(A+B) = kA + kB$,$(k+l)A = kA + lA$；

(3) 乘法结合律：$(AB)C = A(BC), k(AB) = (kA)B = A(kB)$；

(4) 乘法分配律：$A(B+C) = AB + AC, (B+C)A = BA + CA$.

■ 操作程序

1. 添加一个计算器页面.

2. 按键 (menu)、(7)(矩阵与向量)、(1)(创建)、(1)(矩阵 …)，根据提示创建矩阵 $A = \begin{pmatrix} x11 & x12 \\ x21 & x22 \end{pmatrix}, B = \begin{pmatrix} y11 & y12 \\ y21 & y22 \end{pmatrix}, C = \begin{pmatrix} z11 & z12 \\ z21 & z22 \end{pmatrix}$（图 14.15）.

3. 输入 $k \cdot (l \cdot A) - (k \cdot l) \cdot A$，按键 (enter)，计算结果得到零矩阵 $\begin{pmatrix} 0 & 0 \\ 0 & 0 \end{pmatrix}$（图 14.16），说明数乘结合律成立.

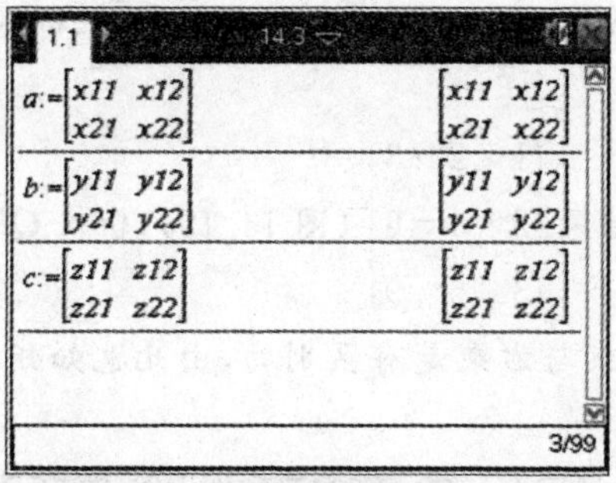

图 14.15

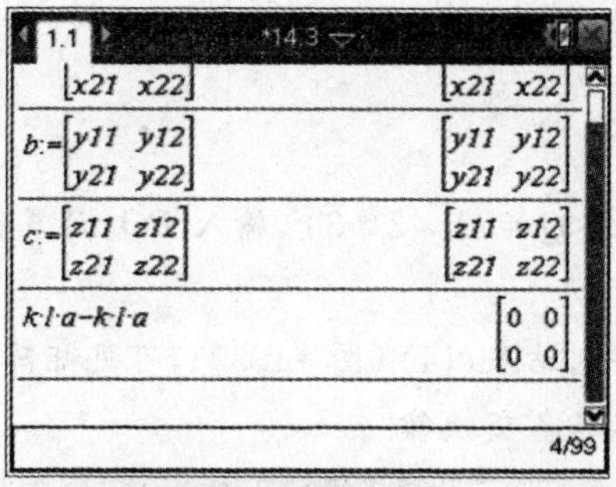

图 14.16

4. 分别输入 $k \cdot (A+B) - (k \cdot A + k \cdot B), (k+l) \cdot A - (k \cdot A + l \cdot A)$，按键 (enter)，计算得到的结果均为零矩阵 $\begin{pmatrix} 0 & 0 \\ 0 & 0 \end{pmatrix}$（图 14.17），说明数乘分配律成立.

5. 用同样的方法验证乘法结合律与乘法分配律均成立（图 14.18）.

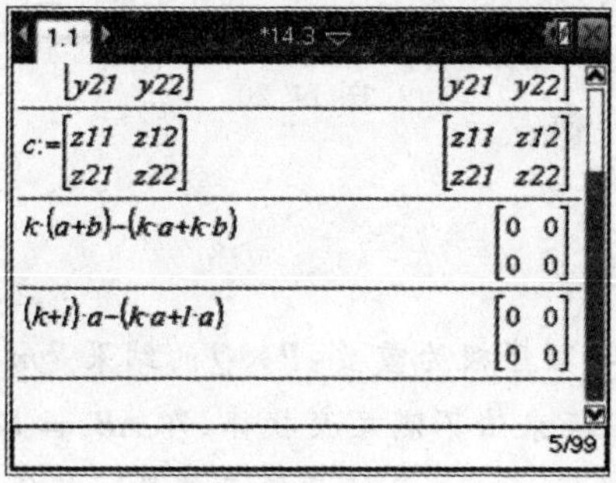

图 14.17

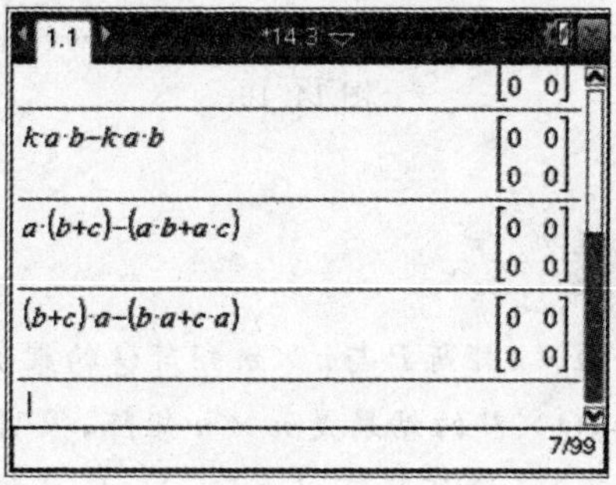

图 14.18

说明

1. 本例验证应用了以下结论:已知矩阵 A,B. 若 $A-B=0$,则 $A=B$.

2. 矩阵乘法没有交换律,即 AB 与 BA 一般不相等.

■ 触类旁通 —— 矩阵的左乘与右乘的区别

问题　已知矩阵 $P=\begin{pmatrix}1\\2\\3\end{pmatrix}$, $Q=(1\ 2\ 3)$,分别计算 PQ 和 QP.

解析　添加一个计算器页面,然后输入 list▶mat({1,2,3},1)→P,按键 (enter),得到 3×1 矩阵 $P=\begin{pmatrix}1\\2\\3\end{pmatrix}$,输入 list▶mat({1,2,3},3)→$Q$,按键 (enter),得到 1×3 矩阵 $Q=(1\ 2\ 3)$,输入 PQ,计算得到结果 $\begin{pmatrix}1&2&3\\2&4&6\\3&6&9\end{pmatrix}$(图 14.19);输入 QP,计算得到结果 (14)(图 14.20),可见矩阵的左乘与右乘是有区别的,由此也知矩阵乘法不具备交换律.

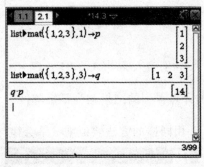

图 14.19　　　　　　　　　图 14.20

说明

$m\times n$ 矩阵 P 与 $n\times m$ 矩阵 Q 的乘法运算,顺序极为重要,$P\times Q$ 的结果是 $m\times m$ 矩阵,$Q\times P$ 的结果是 $n\times n$ 矩阵,很明显,矩阵乘法不满足交换律,即 $AB\neq BA$.

$m\times n$ 阶矩阵可以左乘 $n\times s$ 阶矩阵(这里的 m,n,s 是任意的正整数),其他形式的矩阵进行乘法运算,将提示维数错误.

■ **实用技巧 79** —— 如何获取矩阵中指定位置的元素

可以用[ ]获取矩阵中指定位置的元素,给定一个 $m \times n$ 矩阵 A,输入 $A[x]$,将获得第 x 行的数字($x \leqslant m$),结果用向量表示;输入 $A[x,y]$,将获得第 x 行,第 y 列的数字($x \leqslant m, y \leqslant n$),结果是一个数字(图 14.21).

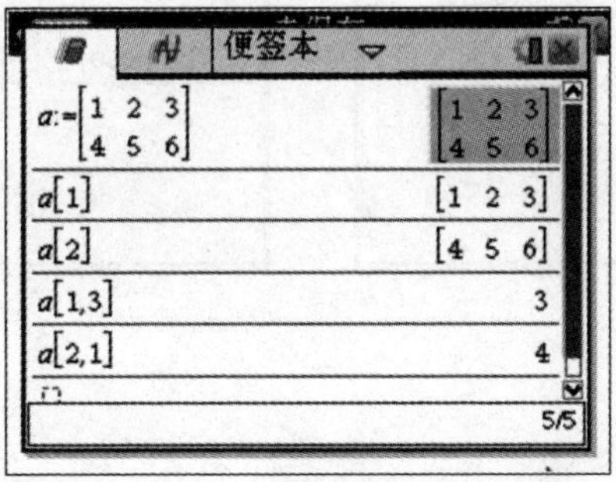

图 14.21

■ **问题解决** —— 两个公司对不同水果的日需求量

问题 假设苹果和香蕉在 M, N 两个商店的价格,每个男性和女性分别对这两种水果的日需求量,以及甲、乙两个公司中男性与女性人员数量,并用矩阵表示如下:

价格(元/千克)　　　　　日需求量(千克)　　　　人员数量

$$A = \begin{array}{c} \text{苹果} \\ \text{香蕉} \end{array} \begin{pmatrix} M & N \\ 10 & 12 \\ 8 & 7 \end{pmatrix} \quad B = \begin{array}{c} \text{男} \\ \text{女} \end{array} \begin{pmatrix} \text{苹果} & \text{香蕉} \\ 0.5 & 0.3 \\ 0.3 & 0.2 \end{pmatrix} \quad C = \begin{array}{c} \text{甲公司} \\ \text{乙公司} \end{array} \begin{pmatrix} \text{男} & \text{女} \\ 200 & 80 \\ 80 & 150 \end{pmatrix}$$

(Ⅰ)计算乘积 BA,并说明它表示的是什么量表?

(Ⅱ)哪两个矩阵的乘积可以表示两个不同公司对两种不同水果的日需求量?计算出这个量表.

解析 (Ⅰ)添加一个计算器页面,计算乘积 BA,得到 $\begin{pmatrix} 7.4 & 8.1 \\ 4.6 & 5 \end{pmatrix}$ (图14.22).该乘积表示的是每个男性与女性根据两种水果的日需求量在两个不同商店的消费,男性在 M, N 商店的消费分别为 7.4 元与 8.1 元;女性在 M, N 商店的消费分别为 4.6 元与 5 元.

(Ⅱ)乘积 CB 可以表示两个不同公司对两种不同水果的日需求量.计算乘积

CB,得到的结果表明甲公司对苹果和香蕉的日需求量分别为 124 千克和 76 千克;乙公司对苹果和香蕉的日需求量分别为 85 千克和 54 千克(图 14.23)。

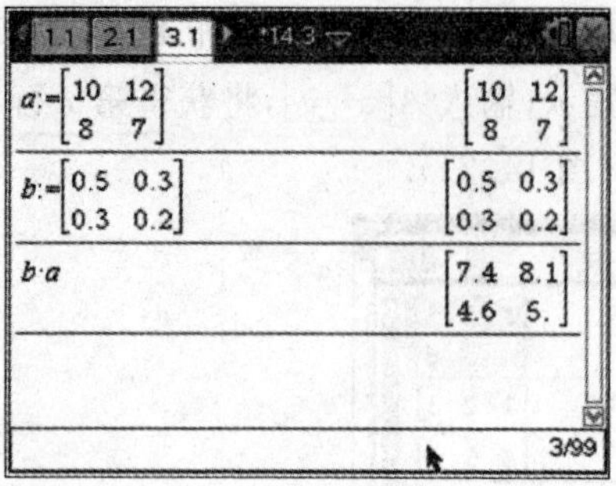

图 14.22

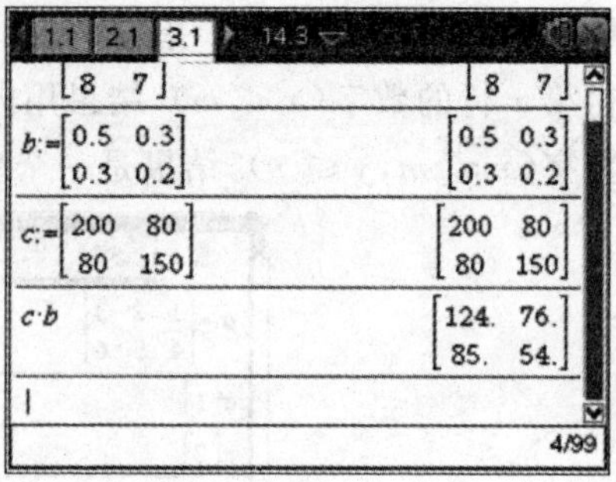

图 14.23

14.4 可逆矩阵

关键词 矩阵与向量 矩阵 逆矩阵 行列式

例 4 已知 $A = \begin{pmatrix} \frac{1}{2} & -\frac{\sqrt{3}}{2} \\ \frac{\sqrt{3}}{2} & \frac{1}{2} \end{pmatrix}$,$B = \begin{pmatrix} 0 & 1 \\ 1 & 0 \end{pmatrix}$,求 $(AB)^{-1}$ 与 $B^{-1} \cdot A^{-1}$,并判断它们是否相等.

■ 操作程序

1. 添加一个计算器页面.

2. 按键 menu、⑦(矩阵与向量)、①(创建)、①(矩阵 …),根据提示分别创建 2×2 矩阵 $A = \begin{pmatrix} \frac{1}{2} & -\frac{\sqrt{3}}{2} \\ \frac{\sqrt{3}}{2} & \frac{1}{2} \end{pmatrix}$,$B = \begin{pmatrix} 0 & 1 \\ 1 & 0 \end{pmatrix}$ (图 14.24).

3. 输入 $(A \cdot B)^{-1}$,按键 enter,计算 $(A \cdot B)^{-1}$,得到结果 $\begin{pmatrix} -\frac{\sqrt{3}}{2} & \frac{1}{2} \\ \frac{1}{2} & \frac{\sqrt{3}}{2} \end{pmatrix}$ (图14.25).

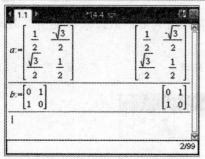

图 14.24

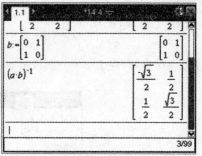

图 14.25

4. 输入 $B^{-1} \cdot A^{-1}$,按键 (enter),计算 $B^{-1} \cdot A^{-1}$,得到结果 $\begin{pmatrix} \frac{\sqrt{3}}{2} & \frac{1}{2} \\ \frac{1}{2} & \frac{\sqrt{3}}{2} \end{pmatrix}$.

5. 由于 $(AB)^{-1} - B^{-1} \cdot A^{-1} = 0$,所以 $(AB)^{-1} = B^{-1} \cdot A^{-1}$(图 14.26).

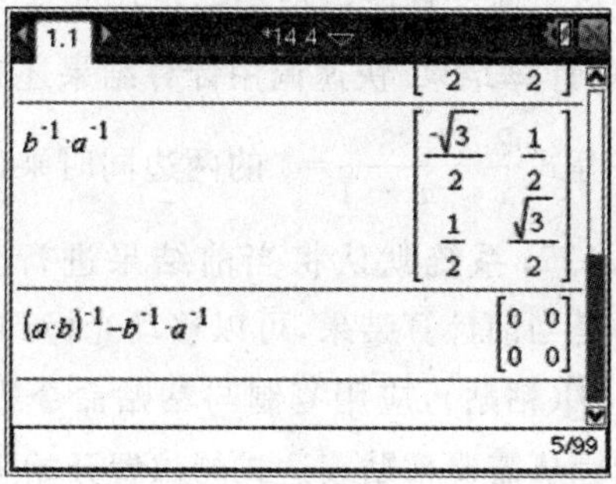

图 14.26

说明

1. 设 A, B 是方阵. 如果 $AB = E$(单位矩阵),那么 B 是 A 的逆矩阵,记作 $A^{-1} = B$.
2. 本例说明矩阵 $A \cdot B$ 的逆矩阵是 $B^{-1} \cdot A^{-1}$.

■ 触类旁通 —— 不可逆矩阵与行列式

问题 矩阵 A 是否可逆,可以通过计算该矩阵的行列式是否等于 0 加以判断. 若 $|A| \neq 0$,则矩阵 A 可逆;若 $|A| = 0$,则矩阵 A 不可逆. 根据这一结论,判断当实数 a 为何值时,矩阵 $\begin{pmatrix} a & 2 \\ 3a & 1-a \end{pmatrix}$ 不可逆?

解析 设矩阵 $M = \begin{pmatrix} a & 2 \\ 3a & 1-a \end{pmatrix}$，计算行列式 $\det(M)$，求得关于 a 的方程 $\det(M) = 0$ 的解，即当 $a = -5$ 或 $a = 0$ 时，矩阵 $\begin{pmatrix} a & 2 \\ 3a & 1-a \end{pmatrix}$ 不可逆（图 14.27）。

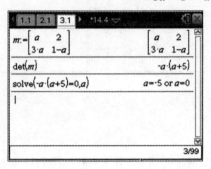

图 14.27

■ 实用技巧 80 —— 计算器页面中如何快速调用计算结果

在计算器页面，总是将当前计算所得结果保存在变量 ans 中，按键 ctrl、ans 或输入命令 ans，即可调用当前计算结果。快速调用计算结果还有一些技巧，若将当前计算结果进行变形，比如将等式 $\dfrac{2}{x} + \dfrac{3}{x-1} = 1$ 的两边同时乘以 $x(x-1)$，则只需在新的行中输入"$\cdot x \cdot (x-1)$"，系统默认将当前结果进行变形，得到 $5 \cdot x - 2 = x \cdot (x-1)$；若调用的不是当前计算结果，可以移动光标到所需表达式，并选中它，按键 ctrl、C（复制）和 ctrl、V（粘贴），应用复制与粘贴命令进行复制；还有一种快速复制与粘贴的方法，将光标从需要粘贴表达式的位置开始上移，选中待复制的表达式后，直接按键 enter，就将表达式复制到先前光标的位置。

■ 问题解决 —— 矩阵对应的线性变换对点的作用

问题 已知矩阵 $M = \begin{pmatrix} 2 & -3 \\ 1 & -1 \end{pmatrix}$ 所对应的线性变换把点 $A(x, y)$ 变成点 $A'(13, 5)$，试求点 A 的坐标。

解析 依据题意，可知 $\begin{pmatrix} 2 & -3 \\ 1 & -1 \end{pmatrix} \begin{pmatrix} x \\ y \end{pmatrix} = \begin{pmatrix} 13 \\ 5 \end{pmatrix}$，所以 $\begin{pmatrix} x \\ y \end{pmatrix} = \begin{pmatrix} 2 & -3 \\ 1 & -1 \end{pmatrix}^{-1} \begin{pmatrix} 13 \\ 5 \end{pmatrix}$，故先求矩阵 M 的逆矩阵，得到 $M^{-1} = \begin{pmatrix} -1 & 3 \\ -1 & 2 \end{pmatrix}$（图 14.28），再计算 $M^{-1} \cdot \begin{pmatrix} 13 \\ 5 \end{pmatrix}$，即可得到点 A 的坐标为 $(2, -3)$（图 14.29）。

第14章 矩阵与行列式

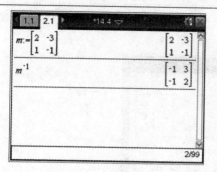

图 14.28　　　　　　　　　图 14.29

14.5　矩阵与变换

关键词　矩阵与向量　矩阵　变换

例5　在平面直角坐标系 xOy 中,设椭圆 $4x^2+y^2=1$ 在矩阵 $A=\begin{pmatrix}2&0\\0&1\end{pmatrix}$ 对应的变换作用下得到曲线 F,求 F 的方程.

■ **操作程序**

1. 添加一个计算器页面.

2. 按键 (menu)、⑦(矩阵与向量)、①(创建)、①(矩阵…),根据提示创建矩阵 $A=\begin{pmatrix}2&0\\0&1\end{pmatrix}$(图 14.30).

3. 计算 $A^{-1}\cdot\begin{pmatrix}x1\\y1\end{pmatrix}$,并将结果用矩阵 M 表示(图 14.31).

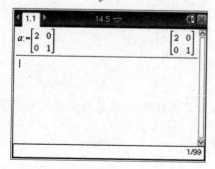　　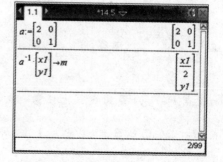

图 14.30　　　　　　　　　图 14.31

4. 输入 $4x^2+y^2=1 \mid x=m[1,1]$ and $y=m[2,1]$，按键 (enter)，所得结果 $x_1^2+y_1^2=1$ 表明曲线 F 的方程为 $x^2+y^2=1$（图 14.32）。

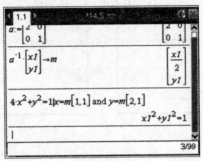

图 14.32

说明

1. 设椭圆 $4x^2+y^2=1$ 上的任意一点 (x,y) 在矩阵 A 对应的变换作用下，变为点 (x_1,y_1)，则 $A\cdot\begin{pmatrix}x\\y\end{pmatrix}=\begin{pmatrix}x_1\\y_1\end{pmatrix}$，所以 $\begin{pmatrix}x\\y\end{pmatrix}=A^{-1}\cdot\begin{pmatrix}x_1\\y_1\end{pmatrix}$，将点 (x,y) 代入已知方程 $4x^2+y^2=1$，所得结果即为 F 的方程。

2. 由于不支持矩阵方程，所以需要将矩阵中的元素单独取出，其中 $m[2,1]$，表示矩阵 M 中的第 2 行，第 1 列的元素。

■ 触类旁通 —— 矩阵变换的原象

问题 二阶矩阵 M 对应的线性变换将点 $(1,2)$ 和 $(2,1)$ 分别变成点 $(5,1)$ 和 $(4,-1)$，若矩阵 M 对应的变换将曲线 F 变成圆 $x^2+y^2=1$，求曲线 F 的方程。

解析 设二阶矩阵 $M=\begin{pmatrix}a & b\\c & d\end{pmatrix}$，则由 $M\begin{bmatrix}1\\2\end{bmatrix}=\begin{bmatrix}5\\1\end{bmatrix}$ 和 $M\begin{bmatrix}2\\1\end{bmatrix}=\begin{bmatrix}4\\-1\end{bmatrix}$，得四元方程组 $\begin{cases}a+2b=5\\c+2d=1\\2a+b=4\\2c+d=-1\end{cases}$，解得 $\begin{cases}a=1\\b=2\\c=-1\\d=1\end{cases}$（图 14.33）。所以 $M=\begin{pmatrix}1 & 2\\-1 & 1\end{pmatrix}$。

设点 $P(x,y)$ 是曲线 F 上任意一点，则点 P 在矩阵 M 对应的变换作用下得到的点 $M\begin{pmatrix}x\\y\end{pmatrix}$ 在已知圆 $x^2+y^2=1$ 上，即将 $\begin{cases}x_1=x+2y\\y_1=-x+y\end{cases}$ 代入 $x_1^2+y_1^2=1$，得到 $2x^2+2xy+5y^2=1$ 为所求的曲线 F 的方程（图 14.34）。

第14章 矩阵与行列式

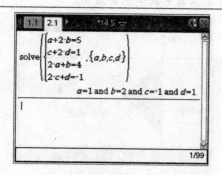
图 14.33

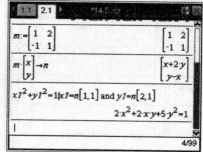
图 14.34

■ 实用技巧 81 —— 如何发送文档或文件夹到另一台手持设备

可以在两台手持设备中发送和接收文档或文件夹,首先将两台手持设备连接好,在发送设备中打开"我的文档"文件浏览器并导航至要传送的文件或文件夹,按键▲或▼突出显示要发送的文档或文件夹,按键(docv)(文档)、①(文件)、⑥(发送),文件传送既会开始,可以通过显示的进度条查看传送进度,"正在发送..."对话框上还有取消按钮,允许取消正在进行的传送,成功结束传送时,将显示消息"＜文件夹／文件名＞传送为＜文件夹／文件名＞",如果文件必须在接收方手持设备上重命名,则该消息将显示新的文件名,传送成功,接收设备将显示消息"已接收＜文件夹／文件名＞",如果文件必须重命名,则该消息将显示新的文件名.

■ 问题解决 —— 矩阵变换下的三角形的面积

问题 在直角坐标系下,已知 $\triangle ABC$ 的顶点为 $A(0,0), B(1,1), C(0,2)$,求 $\triangle ABC$ 在矩阵 MN 作用下变换所得到的图形的面积,这里矩阵 $M = \begin{pmatrix} 0 & 1 \\ 1 & 0 \end{pmatrix}, N = \begin{pmatrix} 0 & -1 \\ 1 & 0 \end{pmatrix}$.

解析 先求得 $MN = \begin{pmatrix} 1 & 0 \\ 0 & -1 \end{pmatrix}$,再求得点 $A(0,0), B(1,1), C(0,2)$ 在矩阵 MN 对应的变换作用下得到的点 $A'(0,0), B'(1,-1), C'(0,-2)$(图 14.35),在图形页面上作出 $\triangle A'B'C'$,即可求得面积 $S = 1$(图 14.36).

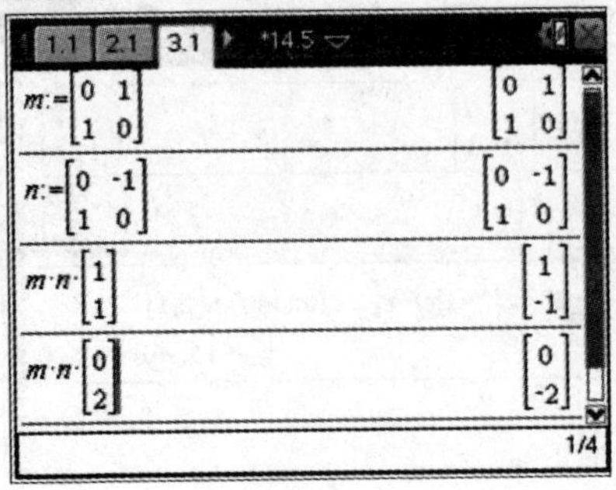

图 14.35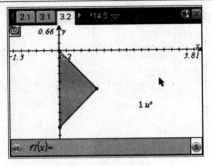

图 14.36

14.6 求解线性方程组

关键词 矩阵与向量 矩阵求解线性方程组

例6 求解三元一次方程组 $\begin{cases} x-y+z=1 \\ 2x+y-z=5 \\ x+2y+2z=8 \end{cases}$.

■ 操作程序

（方法一）

1.根据已知方程组,得到系数矩阵 $a = \begin{bmatrix} 1 & -1 & 1 & 1 \\ 2 & 1 & -1 & 5 \\ 1 & 2 & 2 & 8 \end{bmatrix}$.

2.添加一个计算器页面.

3.按键 (menu)、(7)(矩阵与向量)、(1)(创建)、(1)(矩阵⋯),根据提示创建一个 3×4 矩阵 $A = \begin{bmatrix} 1 & -1 & 1 & 1 \\ 2 & 1 & -1 & 5 \\ 1 & 2 & 2 & 8 \end{bmatrix}$ (图 14.37).

4.按键 (menu)、(7)(矩阵与向量)、(5)(简化行阶梯矩阵),调出库命令 rref(),在光标处输入矩阵名 A,按键 (enter),得到 $\begin{bmatrix} 1 & 0 & 0 & 2 \\ 0 & 1 & 0 & 2 \\ 0 & 0 & 1 & 1 \end{bmatrix}$ (图 14.38),得到的结果表示方

程组的解为 $\begin{cases} x = 2 \\ y = 2 \\ z = 1 \end{cases}$.

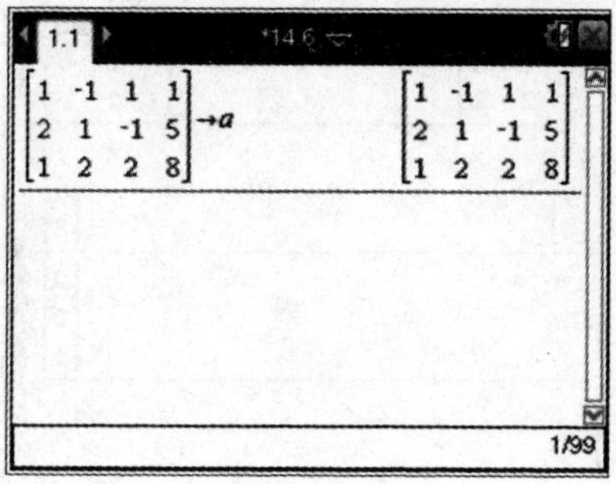

图 14.37 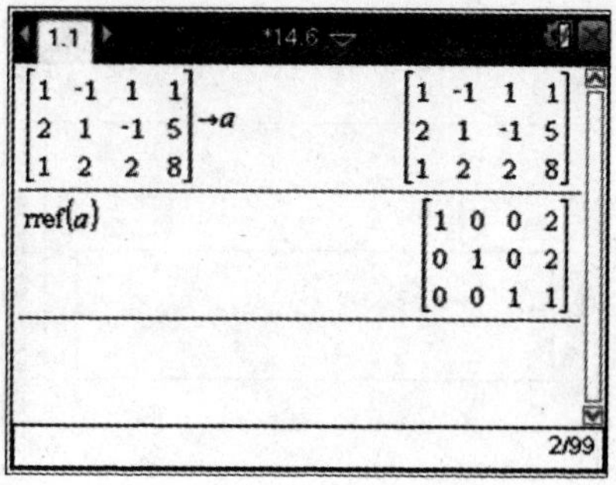　　　　　　　　　图 14.38

简化行阶梯矩阵命令是通过初等变换将矩阵化简成标准型矩阵,本例中,标准型矩阵的最右侧的列向量就是方程组的解,删除该列得到的就是单位方阵.

(方法二)

1. 用矩阵与向量的乘法形式表示方程组 $\begin{cases} x - y + z = 1 \\ 2x + y - z = 5 \\ x + 2y + 2z = 8 \end{cases}$,得

$\begin{pmatrix} 1 & -1 & 1 \\ 2 & 1 & -1 \\ 1 & 2 & 2 \end{pmatrix} \begin{pmatrix} x \\ y \\ z \end{pmatrix} = \begin{pmatrix} 1 \\ 5 \\ 8 \end{pmatrix}$,从而方程组的解为 $\begin{pmatrix} x \\ y \\ z \end{pmatrix} = \begin{pmatrix} 1 & -1 & 1 \\ 2 & 1 & -1 \\ 1 & 2 & 2 \end{pmatrix}^{-1} \begin{pmatrix} 1 \\ 5 \\ 8 \end{pmatrix}$.

2. 添加一个计算器页面.

3. 仿方法一,创建一个 3×3 矩阵 $B = \begin{pmatrix} 1 & -1 & 1 \\ 2 & 1 & -1 \\ 1 & 2 & 2 \end{pmatrix}$ 和一个 3×1 矩阵 $C = \begin{pmatrix} 1 \\ 5 \\ 8 \end{pmatrix}$ (图 14.39).

4. 计算 $B^{-1} \times C$,得到的结果表示方程组的解为 $\begin{cases} x=2 \\ y=2 \\ z=1 \end{cases}$(图 14.40).

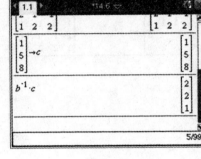

图 14.39　　　　　　　　　图 14.40

(方法三)

　　1. 仿照方法二,定义矩阵 B 和 C(本步骤可以省略,直接应用方法二已定义的矩阵 B 和 C).

　　2. 按键 (menu)、(7)(矩阵与向量)、(6)(求解线性方程组),调出库命令 simult(),在光标处输入系数矩阵名 B 与常数向量 C,并用逗号分开,按键 (enter),得到的结果表示方程组的解为 $\begin{cases} x=2 \\ y=2 \\ z=1 \end{cases}$(图 14.41).

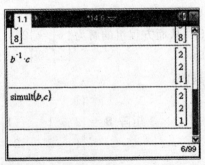

图 14.41

说明

库命令 simult() 用于求解线性方程组,其格式如下:simult(系数矩阵,常数向量[,容许值]).

■ 触类旁通——线性方程组的无解与无穷解

问题 求解下列三元一次方程组.

$$(\text{I})\begin{cases} x-y+z=1 \\ 2x+y-z=5 \\ 4x-y+z=7 \end{cases}; (\text{II})\begin{cases} x-y+z=1 \\ 2x+y-z=5 \\ 4x-y+z=6 \end{cases}.$$

解析 (I)创建一个 3×4 矩阵 $A=\begin{pmatrix} 1 & -1 & 1 & 1 \\ 2 & 1 & -1 & 5 \\ 4 & -1 & 1 & 7 \end{pmatrix}$ (图 14.42). 用上一例题的方法二与方法三求解,将得到错误提示. 调出库命令 rref(),在光标处输入矩阵名 A,按键 enter,得到 $\begin{pmatrix} 1 & 0 & 0 & 2 \\ 0 & 1 & -1 & 1 \\ 0 & 0 & 0 & 0 \end{pmatrix}$ (图 14.43).

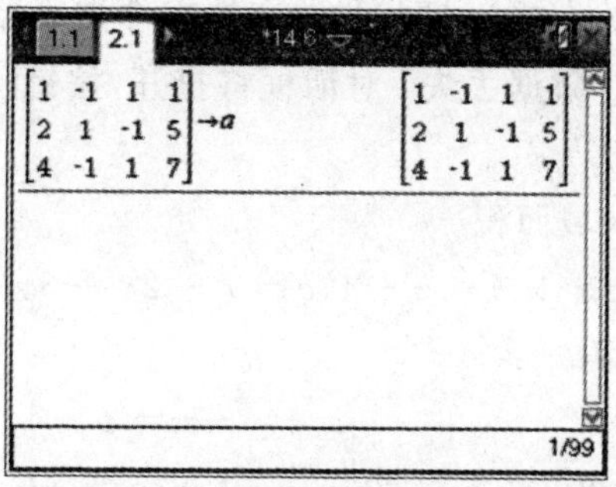

图 14.42 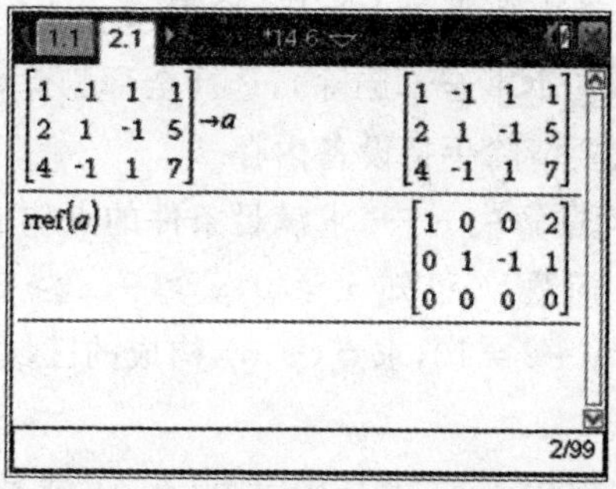   图 14.43

所得结果表明方程组有无数多组解 $\begin{cases} x=2 \\ y-z=1 \end{cases}$,即 $\begin{cases} x=2 \\ y=k+1 \\ z=k \end{cases}(k\in \mathbf{R})$.

(II)同样创建一个 3×4 系数矩阵(图 14.44),用库命令 rref() 简化行阶梯矩阵,得到 $\begin{pmatrix} 1 & 0 & 0 & 0 \\ 0 & 1 & -1 & 0 \\ 0 & 0 & 0 & 1 \end{pmatrix}$ (图 14.44),所得结果最后一行表明 $0x+0y+0z=1$,即方

程组没有实数解.

图 14.44

■ **实用技巧 82 —— 如何重置内存（全部删除）**

重置内存的目的是释放更多可用的内存以供使用，只有要删除手持设备上的"所有"文件和文件夹时，才能执行重置内存，所以在重置内存之前，应考虑通过仅删除选定的数据来恢复足够的可用内存，或将设备中的文件移动到其他手持设备或计算机后执行. 重置内存后，预先安装在手持设备上的应用程序将保留，下载的所有应用程序将被删除.

确定要重置内存后，按键 (on)、(2)（我的文档），打开我的文档文件浏览器，按键 (menu)、(C)（全部删除），选择全部删除，此时"数据丢失"对话框将打开，按键 (enter)，确认要清除手持设备内存.

■ **问题解决 —— 求满足条件的点构成的区域面积**

问题 已知 $x \geqslant 0, y \geqslant 0, z \geqslant 0, p = x+y-z+1, q = x-2y+3z-1, x+y+z=10$，求点 (p,q) 构成的区域的面积.

解析 关键是确定点 (p,q) 满足的条件，解方程组 $\begin{cases} x+y-z=p-1 \\ x-2y+3z=q+1 \\ x+y+z=10 \end{cases}$，得

$\begin{cases} x = \dfrac{5p+2q-13}{6} \\ y = \dfrac{-(p+q-20)}{3} \\ z = \dfrac{-(p-11)}{2} \end{cases}$（图 14.45），又由 $x \geqslant 0, y \geqslant 0, z \geqslant 0$，得 $\begin{cases} 5p+2q-13 \geqslant 0 \\ p+q-20 \leqslant 0 \\ p \leqslant 11 \end{cases}$，

即点 (p,q) 构成的平面区域是 $\begin{cases} 5x+2y-13 \geqslant 0 \\ x+y-20 \leqslant 0 \\ x \leqslant 11 \end{cases}$，作出这个平面区域，可知该区域是一个三角形，三个顶点分别为 $(-9,29)$，$(11,-21)$，$(11,9)$，求得面积为 300（图 14.47，图 14.48）.

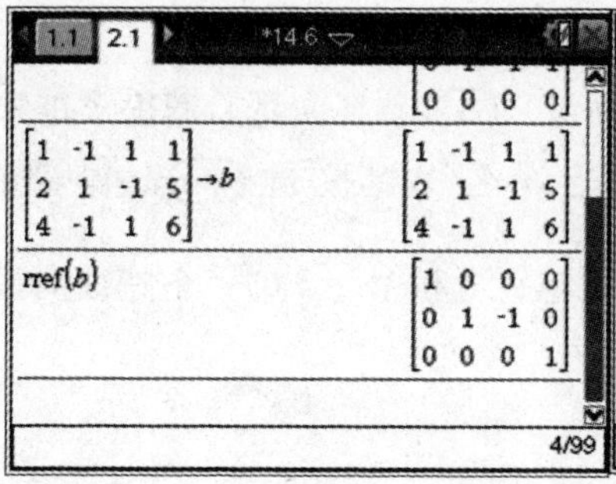

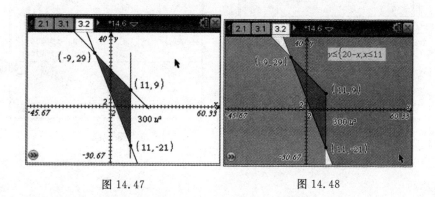

图 14.45 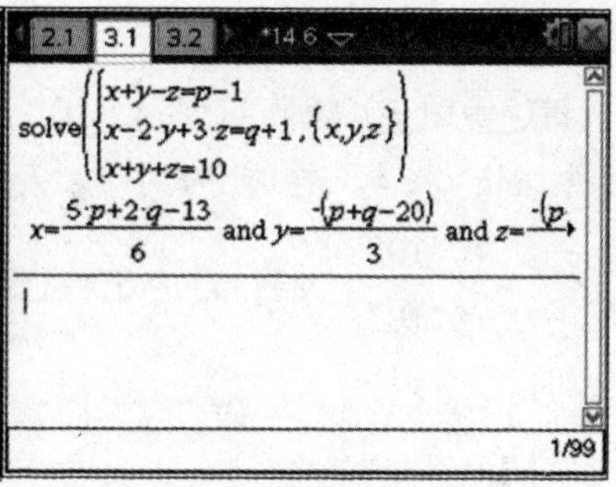　　　　　　图 14.46

图 14.47　　　　　　图 14.48

14.7 特征值与特征向量

关键词　矩阵与向量　矩阵　特征值　特征向量

例 7　设 $A = \begin{pmatrix} -1 & 4 \\ -3 & 6 \end{pmatrix}$，求 A 的特征值以及属于每个特征值的一个特征向量.

■ 操作程序

1. 添加一个计算器页面.

2. 按键 (menu)、(7)(矩阵与向量)、(1)(创建)、(1)(矩阵…),根据提示创建一个 2×2 矩阵 $\boldsymbol{A} = \begin{pmatrix} -1 & 4 \\ -3 & 6 \end{pmatrix}$。

3. 按键 (menu)、(7)(矩阵与向量)、(B)(高级)、(4)(特征值),调出求矩阵特征值的命令 eigVl(),在括号中输入矩阵名 A,按键 (enter),即可得到矩阵 $\boldsymbol{A}$ 的两个特征值 2 与 3(图 14.49)。

4. 按键 (menu)、(7)(矩阵与向量)、(B)(高级)、(5)(特征向量),调出求矩阵特征向量的命令 eigVc(),在括号中输入矩阵名 A,按键 (enter),得到的结果 $\begin{pmatrix} -0.8 & -0.707107 \\ -0.6 & -0.707107 \end{pmatrix}$ 表明:对应于特征值 $\lambda_1 = 2$ 和 $\lambda_2 = 3$ 的一个特征向量为 $\xi_1 = \begin{pmatrix} 4 \\ 3 \end{pmatrix}, \xi_2 = \begin{pmatrix} 1 \\ 1 \end{pmatrix}$(图 14.50)。

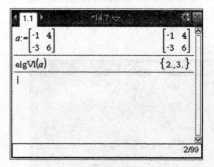

图 14.49

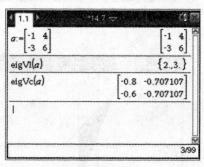

图 14.50

说明

1. 求矩阵的特征值和特征向量的一般步骤如下:先求已知矩阵 $\boldsymbol{A}$ 的特征多项式为 $f(\lambda) = \begin{vmatrix} \lambda+1 & -4 \\ 3 & \lambda-6 \end{vmatrix} = (\lambda-2)(\lambda-3)$,然后令 $f(\lambda) = 0$,得矩阵 $\boldsymbol{A}$ 的特征值为 $\lambda_1 = 2, \lambda_2 = 3$,再根据 $\boldsymbol{A}\begin{pmatrix} x \\ y \end{pmatrix} = \lambda_1 \begin{pmatrix} x \\ y \end{pmatrix}, \boldsymbol{A}\begin{pmatrix} x \\ y \end{pmatrix} = \lambda_2 \begin{pmatrix} x \\ y \end{pmatrix}$,分别求得对应于特征值 $\lambda_1 = 2$ 和 $\lambda_2 = 3$ 的一个特征向量为 $\xi_1 = \begin{pmatrix} 4 \\ 3 \end{pmatrix}, \xi_2 = \begin{pmatrix} 1 \\ 1 \end{pmatrix}$。

2. 可以直接输入库命令 eigVl(A) 求矩阵 $\boldsymbol{A}$ 的特征值,输入库命令 eigVc(A) 求

矩阵 A 的特征向量. 输入 charPoly(A,λ), 以 λ 为变量写出矩阵 A 的特征多项式.

■ 触类旁通 —— 逆矩阵的特征值与特征向量

问题 若矩阵 M 有特征向量 $e_1 = \begin{pmatrix} 0 \\ 1 \end{pmatrix}$ 和 $e_2 = \begin{pmatrix} 1 \\ 1 \end{pmatrix}$, 且它们所对应的一个特征值分别为 $\lambda_1 = 1, \lambda_2 = -2$. 求矩阵 M 的逆矩阵 M^{-1} 及 M^{-1} 的特征值与一个特征向量.

解析 设矩阵 $M = \begin{pmatrix} a & b \\ c & d \end{pmatrix}$, 依题意, 由 $M\alpha = \lambda\alpha$, 可得

$$\begin{pmatrix} a & b \\ c & d \end{pmatrix} \begin{pmatrix} 0 \\ 1 \end{pmatrix} = 1 \cdot \begin{pmatrix} 0 \\ 1 \end{pmatrix}, \begin{pmatrix} a & b \\ c & d \end{pmatrix} \begin{pmatrix} 1 \\ 1 \end{pmatrix} = (-2) \cdot \begin{pmatrix} 1 \\ 1 \end{pmatrix}$$

所以 $\begin{cases} b=0 \\ d=1 \end{cases}$ 且 $\begin{cases} a+b=-2 \\ c+d=-2 \end{cases}$. 解得矩阵 $M = \begin{pmatrix} -2 & 0 \\ -3 & 1 \end{pmatrix}$ (图 14.51).

输入库命令 eigVl(M^{-1}), 求得矩阵 M^{-1} 的特征值为 $\lambda_1 = 1, \lambda_2 = -\dfrac{1}{2}$, 输入库命令 eigVc($A$), 求得属于特征值 $\lambda_1 = 1, \lambda_2 = -\dfrac{1}{2}$ 的一个特征向量分别为 $\xi_1 = \begin{pmatrix} 0 \\ 1 \end{pmatrix}$, $\xi_2 = \begin{pmatrix} 1 \\ 1 \end{pmatrix}$ (图 14.52).

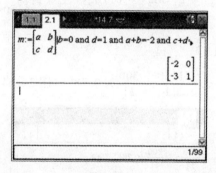

图 14.51

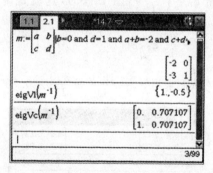

图 14.52

■ 实用技巧 83 —— 如何求出矩阵对应的特征多项式

可以输入命令 charPoly(方阵, 变量), 得到方阵的对应的特征多项式, 例如输入 charPoly($\begin{bmatrix} 1 & 2 \\ 3 & 4 \end{bmatrix}$, x), 按键 (enter), 即可得到特征多项式 $x^2 - 5x - 2$.

■ 问题解决 —— 选菜问题的求解

问题 学校餐厅每天供应 270 名学生用餐, 每星期一有 A, B 两类菜可供选

择.调查资料表明,凡是在这星期一选 A 类菜的,下星期一会有 10% 的人改选 B 类菜;而选 B 类菜的,下星期一会有 12% 的人改选 A 类菜.用 x_n, y_n 分别表示在第 n 个星期选 A 的人数和选 B 的人数,如果 $x_1=120, y_1=150$,试问,若干周以后,选 A 类菜和选 B 类菜的人数是否会逐渐趋于稳定?

解析 这个经典的选菜问题可以转化为求数列 $\{x_n\}, \{y_n\}$ 的通项公式,这里,数列 $\{x_n\}, \{y_n\}$ 满足递推关系式 $\begin{cases} x_{n+1}=0.9x_n+0.12y_n, \\ y_{n+1}=0.1x_n+0.88y_n, \end{cases}$ 且 $\begin{cases} x_1=120, \\ y_1=150. \end{cases}$

引入矩阵 $M = \begin{pmatrix} 0.9 & 0.12 \\ 0.1 & 0.88 \end{pmatrix}$ 表示上述方程组,得到 $\begin{pmatrix} x_{n+1} \\ y_{n+1} \end{pmatrix} = M \begin{pmatrix} x_n \\ y_n \end{pmatrix}$,进而利用迭代得到 $\begin{pmatrix} x_n \\ y_n \end{pmatrix} = M^{n-1} \begin{pmatrix} x_1 \\ y_1 \end{pmatrix}$,即 $\begin{pmatrix} x_n \\ y_n \end{pmatrix} = M^{n-1} \begin{pmatrix} 120 \\ 150 \end{pmatrix}$.

可惜无法直接计算 $\begin{pmatrix} 0.9 & 0.12 \\ 0.1 & 0.88 \end{pmatrix}^{n-1}$,但可以求得 $\begin{pmatrix} 0.9 & 0.12 \\ 0.1 & 0.88 \end{pmatrix}$ 的特征值 $\lambda_1=1$,$\lambda_2=0.78$,并求得属于 $\lambda_1=1$ 的一个特征向量 $\boldsymbol{\xi}_1 = \begin{pmatrix} 6 \\ 5 \end{pmatrix}$,属于 $\lambda_2=0.78$ 的一个特征向量 $\boldsymbol{\xi}_2 = \begin{pmatrix} -1 \\ 1 \end{pmatrix}$(图 14.53),这就是说 $M\boldsymbol{\xi}_1 = \boldsymbol{\xi}_1, M\boldsymbol{\xi}_2 = 0.78\boldsymbol{\xi}_2$,注意到 $\begin{pmatrix} 120 \\ 150 \end{pmatrix} = \frac{270}{11}\boldsymbol{\xi}_1 + \frac{300}{11}\boldsymbol{\xi}_2$,所以 $\begin{pmatrix} x_n \\ y_n \end{pmatrix} = M^{n-1} \begin{pmatrix} 120 \\ 150 \end{pmatrix} = \frac{270}{11}\boldsymbol{\xi}_1 + \frac{300}{11} \times 0.78^{n-1}\boldsymbol{\xi}_2$,

从而求得 $x_n = \frac{1620}{11} - \frac{300}{11} \times 0.78^{n-1}, y_n = \frac{1350}{11} + \frac{300}{11} \times 0.78^{n-1}$(图 14.54).

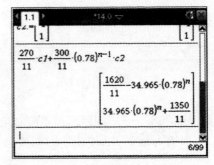

图 14.53　　　　　　　图 14.54

现在作出数列图像,可以清楚看出,若干周后,选 A 类菜和选 B 类菜的人数逐渐趋于稳定(图 14.55).

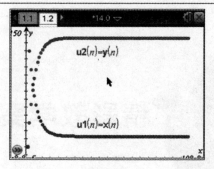

图 14.55

15 精彩教学案例

精彩案例就是针对高中数学的一系列焦点问题、趣味问题、实际问题,借助图形计算器进行研究,或体现问题的趣味性、或体现操作的技术性、或体现问题的探究性,在这些片断或设计中你将体会数学的无限魅力、感受图形计算器的精彩应用,激发读者更进一步的思考和探索.

15.1 函数图像的放缩

在教学中制作一些个性化的课件有助于呈现问题的各个侧面,同时也可以领略数学的无穷魅力,例如,制作函数 $f(x)=(x-2)^2+1$ 的图像在顶点处的放缩图.

解析 制作的主要思路如下:

1. 将文档页面布局设置为上面一横栏,下面左右分栏,并分别在下面的左右两栏中添加图形页面.

2. 上面横栏的页面中插入游标,并标签为变量 c.

3. 关键是制作右下栏,利用几何作图作出半径为 c 的圆(制作后将其隐藏),并作圆的外接正方形(图 15.1),测算正方形四个顶点的坐标,并将无关的几何图形隐藏.

4. 作出 $f2(x)=f1(x)(2-\sqrt{c}\leqslant x\leqslant 2+\sqrt{c})$,这样作出的函数图像就是 $f1(x)$ 在正方形内的一部分(图 15.2).当拖动游标 c 时,下面左右两栏的函数图像会同步变化.

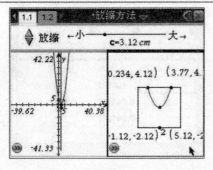

图 15.1　　　　　　　　　图 15.2

 15.2　让函数图像更精致

添加一个图形页面,在函数提示符"$f1(x)=$"之后输入 $x \cdot \sin\left(\dfrac{1}{x}\right)$,按键 enter,可以作出函数 $f(x)=x\sin\dfrac{1}{x}$ 的图像,你知道在原点附近图像的变化情况吗?你能让原点附近的图像更精致些吗?

解析　很容易想到窗口设置,但每做一次窗口设置,都需要重复一些步骤,令人厌烦.现在,我们可以让这个过程显得更为动感.首先,按键 menu、①(动作)、B(插入游标),插入一个游标,并标签为变量 zoom;接着,选中坐标轴的四个端值,分别按键 ctrl、sto→,将他们赋值给四个变量 $x\max, x\min, y\max, y\min$(图 15.3).

添加一个列表与电子表格页面,在单元格 A1 处输入"$=\dfrac{1}{2^{zoom}}$",在 B1 处输入"=A1",然后将光标移回 B1 单元格,按键 ctrl、sto→,将单元格的数值赋值给变量 $x\max$;同样,在 B2 处输入"$=-\text{A1}$",在 B3 处输入"$=\dfrac{2}{3}\text{A1}$",在 B4 处输入"$=-\dfrac{2}{3}\text{A1}$",并分别将它们赋值给变量 $x\min, y\max, y\min$(图 15.4).

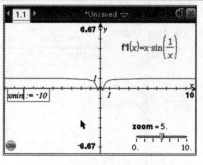

图 15.3

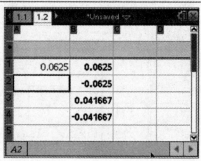

图 15.4

返回原图形页面(页面 1.1),可以发现图形窗口已经按照定义的数值重新设置,函数 $f(x)$ 在原点处的图像更精致了,改变游标 zoom 的值,图像也将跟随变化(图 15.5)。

如果将页面重新布局,并在几何页面中插入一个分析窗口,用它显示函数图像(适当调整分析窗口的大小),在左下角插入一个几何页面,并插入一个游标,标签为变量 zoom,用变量 zoom 控制分析窗口中的坐标系端值的变化,改变游标,随着变量 zoom 的变化,分析窗口中的函数图像也将随之变化,这样函数图像的变化过程因有对比性而充满动感(图 15.6)。

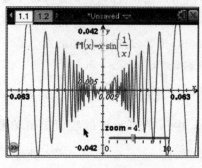

图 15.5

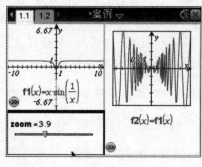

图 15.6

15.3 区间延拓的函数综合研究

已知函数 $f(x)$ 对任意实数 x 均有 $f(x)=kf(x+2)$,其中 k 为常数,且在区间 $[-1,1]$ 上满足 $f(x)=x\cos x$.

(1) 求 $f(2.3), f(-2.4)$ 的值；

(2) 求出 $f(x)$ 在 $[-3,3]$ 上的表达式，并讨论函数 $f(x)$ 在 $[-3,3]$ 上的单调性；

(3) 当 $k<0$ 时，求出 $f(x)$ 在 $[-3,3]$ 上的最大值与最小值，并求出相应的自变量的取值.

解析 作出函数 $f(x)$ 的变换公式 $kf(x+\text{int}(t))$，其中 $\text{int}(t)$ 表示将函数 $f(x)$ 向左或向右平移 $\text{int}(t)$ 的整数单位，通过 $g(x)=kf(x+2\text{int}(t))$ 和对 k 的不同取值，分别得到函数 $f(x)$ 在 $[-3,-1],[-1,1],[1,3]$ 上的函数解析式，从而计算得：

(1) $f(2.3)=0.286610k, f(-2.4)=-0.368424k$.

(2) $f(x)=\begin{cases} k(x+2)\cos(x+2) & (-3\leqslant x\leqslant -1) \\ kx\cos x & (-1\leqslant x\leqslant 1) \\ k(x-2)\cos(x-2) & (1\leqslant x\leqslant 3) \end{cases}$.

并且函数在 $[-3,-1],[-1,1],[1,3]$ 上均为递减函数.

(3) 根据图像知 $f(x)_{\max}=-k\cos 1, f(x)_{\min}=k\cos 1$（图 15.7~图 15.10）.

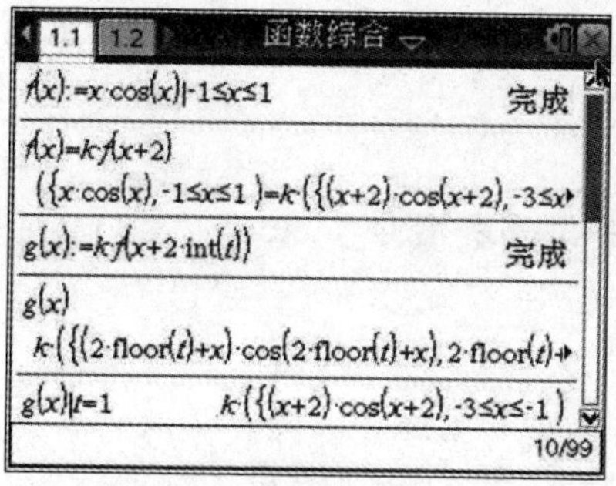

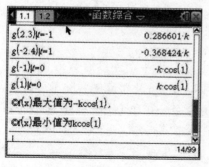

图 15.7

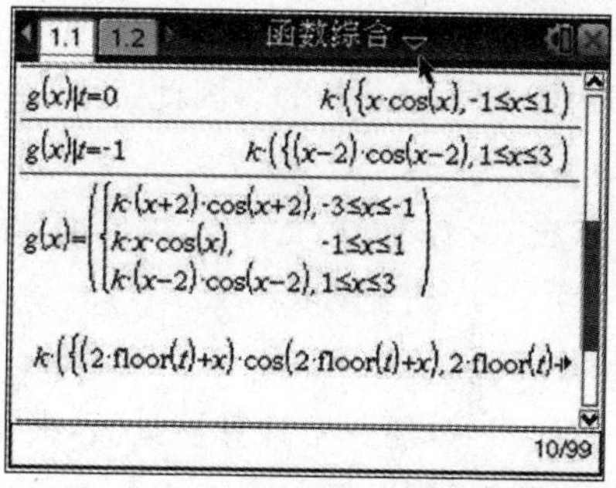

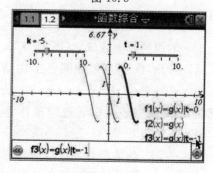

图 15.8

图 15.9

图 15.10

说明

1. $kf(x+\text{int}(t))$ 中 $\text{int}(t)$ 体现对 t 取整,如果在游标 t 的设置中步长设置为 1 也可以达到相同的效果.

2. $g(t):=kf(x+\text{int}(t))$ 是解题的关键.

15.4 借助函数图像研究整除问题

借助函数图像研究某些整除性问题,会令人耳目一新,体现图形计算器处理问题的独特优势和广泛用途. 例如:若 a,b,c,d 是连续的整数,那么 $a+b^2+c^3$ 可以被 d 整除.

解析 解决这个问题有几种方法:

方法一,添加一个图形页面,输入函数 $f(x)=x+(x+1)^2+(x+2)^3$,其中 x 是一个整数,作出函数 $f(x)$ 的图像,并利用图像分析中的零点工具可知函数的零点为 $x=-3, x=-1$,知 $x=-3$ 是方程 $x+(x+1)^2+(x+2)^3$ 的重根,即 $f(x)=(x+1)(x+3)^2$,因此 $f(x)=x+(x+1)^2+(x+2)^3$ 可以被 $x+3$ 整除(图15.11).

方法二,添加一个计算器页面,利用因式分解命令 $\text{factor}(x+(x+1)^2+(x+2)^3,x)$,得到 $\text{factor}(x+(x+1)^2+(x+2)^3,x)=(x+1)(x+3)^2$(图15.12).

方法三,添加一个计算器页面,根据方程的根与多项式的因式分解的关系进行探索,自定义函数 $f(x)=x+(x+1)^2+(x+1)^3$,计算 $f(-1)=0, f(-3)=0$,所以 $f(x)$ 有 $(x+1)(x+3)$ 因式,验证 $g(x)=\dfrac{f(x)}{(x+1)(x+3)}$ 是否满足 $g(-3)=0$,说明原命题成立(图 15.13).

由此类比,我们是否能断言上述结论也适合于 4 个连续整数的情况呢?即 $x+(x+1)^2+(x+2)^3+(x+3)^4$ 是否可以被 $x+4$ 整除呢?除了可以参考上述解法之外,我们还可以通过图形计算器的命令 seq 和 factor 验证这个问题(图 15.14). 先作出数列 $x+(x+1)^2+(x+2)^3+(x+3)^4(x\in \mathbf{N})$,对 $x=0,1,2,3,\cdots,15$ 的情况分别进行因数分解、验证,发现当 $x=0$ 时,$x+(x+1)^2+(x+2)^3+(x+3)^4$ 的常数项为 $90=2\times 5\times 3^2$,显然它不能被 4 整除,同样的还有 $x=4, x=8$ 也不符合要求,因此对于 5 个连续整数的情况推论不成立(图 15.15).

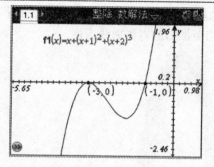

图 15.11

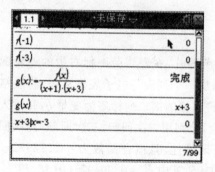

图 15.13

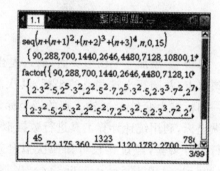

图 15.12 / 图 15.14

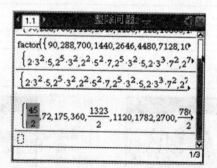

图 15.15

 15.5 麦当劳图标外轮廓线最佳拟合函数是什么?

麦当劳图标的外轮廓线的曲线是什么函数图像?（图 15.16）或许你会不假思

索地说是两支抛物线拼接成的,其实这不是最佳的答案.我们用图形计算器的拟合功能可以得到更"精确"的函数.我们以麦当劳图标的右侧曲线为例.

图 15.16

解析 添加一个图形页面,插入麦当劳图片,在麦当劳图标右边的外轮廓上均匀取点,并测算出这些点的坐标,其次添加一个列表与电子表格页面,将表格的第一列标签为变量 a,并输入点的横坐标,将表格的第二列标签为变量 b,并输入点的纵坐标,利用统计计算工具进行数据拟合,分别用二次回归、三次回归、四次回归进行拟合实验,经过比较可知四次拟合效果最佳,且拟合函数为 $-0.12972x^4+1.1396x^3-4.09606x^2+6.6533x-0.249196$,其中 $r_2^2=0.994975$(图 15.17 ~ 图 15.22).

B	C	D	E	F	G	H	I
(0.19,1.01)	(0.48,1.98)	(0.85,2.98)	(1.03,3.33)	(1.48,3.81)	(2.04,3.88)	(2.59,3.55)	(2.98,3.04)
J	K	L	M	N	O	P	Q
(3.52,2.04)	(3.88,1.01)	(4.13,0.00)	(4.34,-1.01)	(4.44,-2.01)	(4.58,-2.99)	(4.88,-4.02)	(4.71,-5.00)

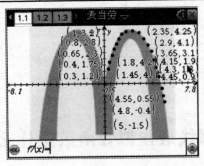

图 15.17

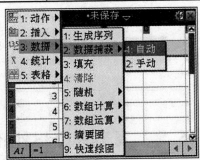

图 15.18

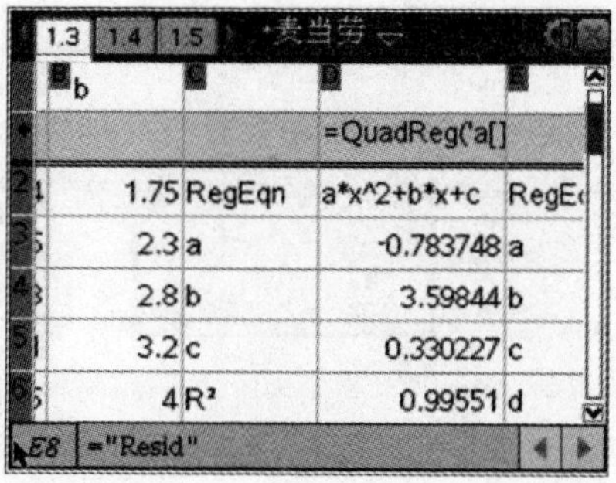

图 15.19 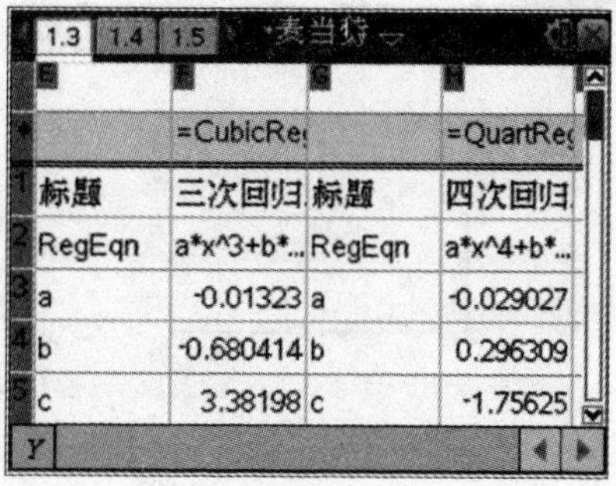　　　　　　　　　　图 15.20

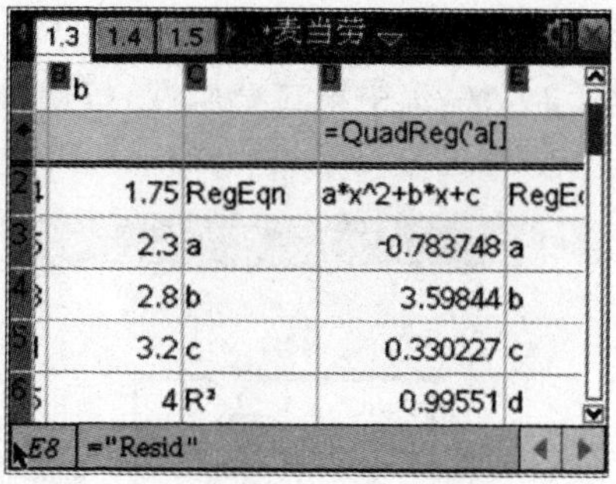

图 15.21 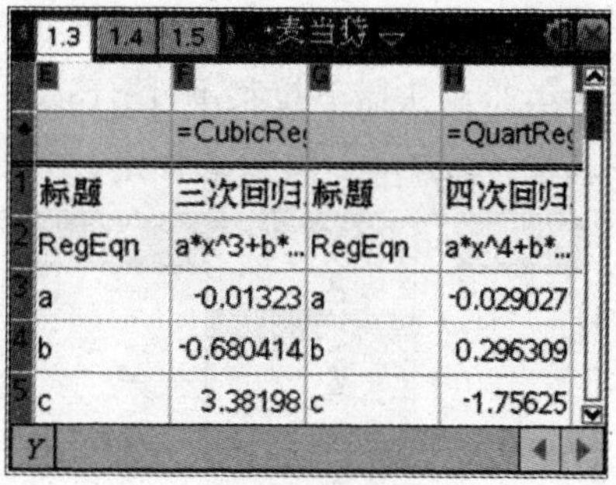　　　　　　　　　　图 15.22

15.6　定周长的矩形的研究

已知矩形的周长为定值,求这个矩形的面积的最大值.

解析　添加一个几何页面(1.1),按键 menu、⑤(形状)、③(矩形),选择矩形工具,作出一个矩形(图 15.23).

按键 menu、⑥(测量)、①(长度),测得矩形的周长和矩形的一条边的长度(图 15.24).

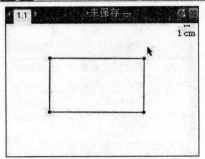

图 15.23　　　　　　　　图 15.24

移动指针指向矩形周长的测量值(此时指针变为🖐形状,测量值变灰色),按键 ⓒtrl、ⓜenu,得到快捷下拉菜单(图 15.25).按键 ②、▼,选中第二个属性,按键 ▶,改变该属性,按键 ⓔnter,将对象锁定(图 15.26).

 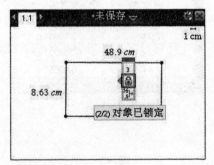

图 15.25　　　　　　　　图 15.26

按键 ⓜenu、⑥(测量)、②(面积),测得矩形的面积,移动指针指向矩形边长测量值,按键 ⓥar、ⓔnter,选中下拉菜单中的存储变量,在默认变量名 var 被选中的状态下输入 x(图 15.27),将矩形边长定义为变量 x,用同样的方法将矩形的面积定义为变量 s(图 15.28).

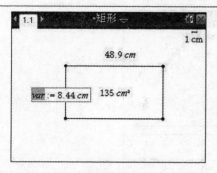
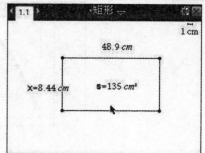

图 15.27　　　　　　　　　　　　　图 15.28

添加一个列表与电子表格页面,将指针移动到电子表格 A 列有 ◆ 标志的行中,按键 (menu)、(3)(数据)、(2)(数据捕获)、(1)(自动),在默认变量名 var 被选中的状态下输入 x,表明自动捕获变量 x 的数据填充在 A 列,用同样的方法将自动捕获变量 s 的数据填充在 B 列(图 15.29)。

按键 (ctrl)、◀ 返回 1.1 页面(几何页面),选中矩形的上顶点,任意移动指针,改变矩形的形状,可以发现,在 1.2 页面(列表与电子表格页面)中,自动捕获的变量 x 与 s 的数据已经填充在 A,B 两列中。将指针移动到 A 列的第一行,输入 m,用变量 m 给 A 列数据命名,同样用变量 n 给 B 列数据命名(图 15.30)。

图 15.29　　　　　　　　　　　　　图 15.30

按键 (ctrl)、(+page) 添加一个数据与统计页面,将指针移到屏幕下方中央位置(灰度字"单击添加变量"处)按键 (enter),此时出现若干变量,选择变量 m,并按键 (enter),同样将指针移到屏幕左侧中央位置按键 (enter),选择变量 n,并按键 (enter),得到散点图(图 15.31)。从图形中可以看出,对于周长为定值的矩形,面积存在最大值。

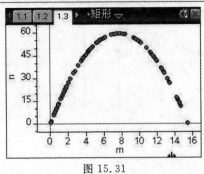

图 15.31

15.7 用测量值传递建立函数关系

在边长为 a 的正方形 $ABCD$ 边上有一点 P，沿着折线 $BCDA$ 由点 B（起点）向点 A（终点）移动，设点 P 移动的路程为 x，试建立 $\triangle ABP$ 的面积关于 x 的函数关系，作出函数的图像.

解析 添加一个几何页面，按键 menu、⑤（形状）、⑤（正多边形），作一个正方形 $ABCD$，按键 menu、④（点／线）、⑥（射线），作一条射线，按键 menu、⑥（测量）、①（长度），并单击正方形，测量正方形的周长，按键 menu、⑦（作图）、⑧（测量值传递），单击射线和周长测量值，将正方形的周长测量值传递到射线上，得到射线上的点 N，再将点 N 与起点 M 联结成线段，可知线段 MN 的长度与正方形的周长相同（图 15.32）.

在线段 MN 上任意取一点 Q，测量 MQ 的长度，再按键 menu、⑦（作图）、⑧（测量值传递），单击正方形（对象）及其顶点 B（起点）和 MQ 的长度测量值，将 MQ 的长度测量值传递到正方形上，作出以点 B 为起点，沿着折线 $BCDA$ 运动 MQ 的长度的点，所得的点记为 P（图 15.33）.

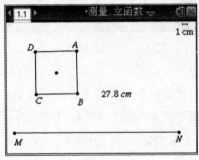

图 15.32

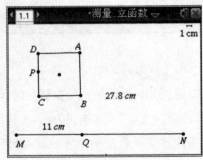

图 15.33

构造 $\triangle ABP$,并测量其面积,将面积的测量值保存为变量 S,将 MQ 的长度测量值保存为变量 x,当点 P 在线段 CD 上移动时,发现面积值恒定(图 15.34),这样使用自动捕获变量命令时,由于面积 S 恒定不变,而对应的 x 的不断变化,将使捕获的数据不能对齐,破坏了相互关系的数据将给出错误的散点图.

解决的办法是让捕获的数据保持变化,虽然有时面积 S 恒定不变,但 $x+S$ 一定不断变化.这样,可以使用文本输入 $x+S$,并用计算命令将变量 x 与 S 的值相加,获得新的变量,并将该变量定义为 xplusS(图 15.35).

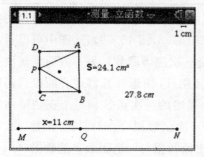 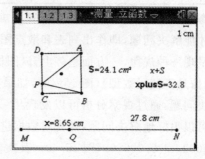

图 15.34　　　　　　　　　　图 15.35

添加一个列表与电子表格页面,将光标移到 A 列中的列公式单元格(从顶部起第二个单元格,左侧标注 ◆ 符号),按键 menu、③(数据)、②(数据捕获)、①(自动),并将默认变量改为 x,用表格 A 列自动捕获变量 x 的每个变化值,同样,用表格 B 列自动捕获变量 xplusS 的相应变化值.在 C 列中的列公式单元格中输入命令"$=B-A$",得到的数值即对应面积的值.移动点 Q,得到 A,B,C 列数据,并将 A,C 列数据分别命名为 $xlist$ 和 $Slist$(图 15.36).

添加一个图形页面,将图形类型改为散点图,将 $xlist$ 作为 x 数据,将 $Slist$ 作为 y 数据,作出散点图,并将窗口重新布局设计,得到 $\triangle ABP$ 的面积关于 x 的函数关系(图 15.37).

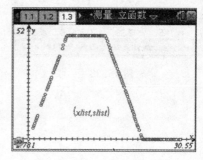

图 15.36　　　　　　　　　　图 15.37

15.8 拟合函数的巧妙应用

以下研究手机销售量与销售时间的联系:

月份	1月	2月	3月	4月	5月	6月	7月	8月	9月	10月	11月	12月
2011年	0.83	0.97	0.11	0.81	2.29	2.11	1.37	2.38	3.70	3.23	2.70	3.96

解析 本例直接利用图形计算器难以实现有效的拟合,需要进行适当的数学处理才能解决问题,即作出列表和散点图(图15.38,图15.39),从图中可以看出散点图呈现一种规律,一方面趋势上升(图像是一次递增函数),另一方面呈现波折形态(图像是正弦函数型)(图15.40),如果直接用 TI 图形计算器现有的拟合函数难以解决问题,通过观察分析可以发现用一个递增的一次函数和一个正弦型曲线的叠加可以很好地解决问题,即先对数据进行一次函数拟合,得到拟合函数 $f2(x) = 0.285002x + 0.290103$ (图15.40),其次作出原数据与一次函数差的数据($bx[\ ] - cx[\ ]$)作为一组新的数据(图15.41),对新的数据利用正弦函数拟合,得到拟合函数 $f3(x)$,构造一个新函数 $f4(x) = f2(x) + f3(x)$,对 $f4(x)$ 进行正弦函数拟合,得到符合实际情况的函数 $f(x) = 0.786771\sin(1.65999x - 0.823527)$ (图15.42),出乎意料,又在情理之中,尝试的效果符合实际情况(图15.43),可以利用这个模型和方法解决实际问题中的有关周期性、季节性的产品销售问题.

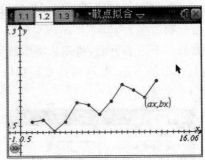

图15.38　　　　　　　　　　图15.39

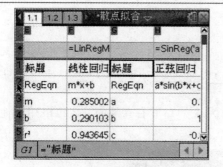

图 15.40　　　　　　　　　　图 15.41

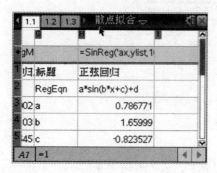　　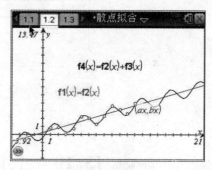

图 15.42　　　　　　　　　　图 15.43

15.9　利用递归方法求 π 的近似值

对数学家来说,神秘莫测的数 π 充满了无穷的魅力,在漫长的历史长河中许多数学家都曾经亲自计算过它,因此产生了异彩纷呈、方法各异的求法. 数学家 Leibniz 在研究微积分时发现: $\frac{\pi}{4}=1-\frac{1}{3}+\frac{1}{5}-\frac{1}{7}+\cdots$,Newton 发现 $\frac{\pi}{6}=\frac{1}{2}+\frac{1}{2\times3\times2^3}+\frac{1\times3}{2\times4\times5\times2^5}+\frac{1\times3\times5}{2\times4\times6\times7\times2^7}+\cdots$,Euler 发现 $\frac{\pi}{4}=\frac{1}{2}-\frac{1}{3\times2^3}+\frac{1}{5\times2^5}-\frac{1}{7\times2^7}+\cdots$.

随着计算机的发展,数学家对 π 的研究进入到一个新的阶段,有报道称,1989 年 9 月,美国哥伦比亚大学的一个小组将 π 的近似值计算到 1 011 196 691 位,最近又有报道说,日本学者将 π 的近似值提高到千亿位以上.

以下我们根据 $\frac{\pi}{4}=1-\frac{1}{3}+\frac{1}{5}-\frac{1}{7}+\cdots$，利用递归数列求 π 的近似值.

构造数列 $u1(n)=\begin{cases}1 & (n=1)\\ u1(n-1)+\dfrac{(-1)^{n-1}}{2n-1} & (n\geqslant 2)\end{cases}$ 和数列 $u2(n)=4u1(n)$ 计算 π 的近似值. 当 $n=2234$ 时，π 的近似值为 3.14115. 有兴趣的读者可以用其他的方法求 π 的近似值（图 15.44）.

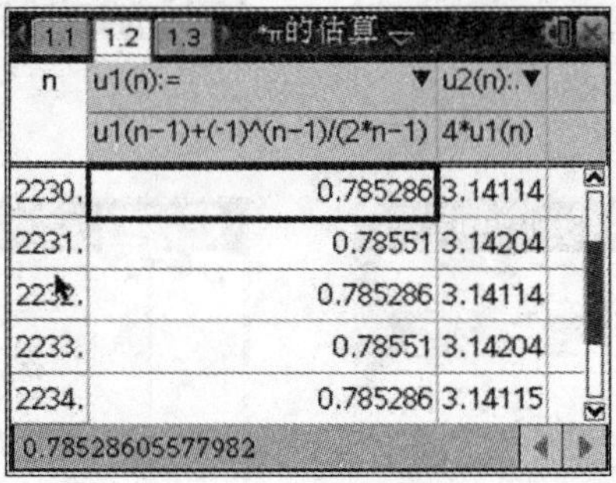

图 15.44

15.10 长期服药会中毒吗？

一个学生因病需要服用一种药，医生要求他每 8 小时服 440 毫克的药片，他的肾每 8 小时过滤掉这种药的剂量的 60%. 研究表明：当这种药物在体内的残留量达到 650 毫克以上时，才能发挥作用，但超过 750 毫克时，人体会出现中毒反应. 问：该同学连续服药几次后药物才能发挥作用？若他必须长期服用这种药，会出现药物中毒的情况吗？

解析 依题意，设每次服药时，药物在体内残留量组成数列 $\{a_n\}$，则 $a_1=440$，$a_n=0.4a_{n-1}+440(n\in \mathbf{N}^*, n>1)$，打开添列表与电子表格的页面（图 15.45），分别输入数组 $a1,b1$，并在其下一行对应的单元格内输入 seq($n,n,1,255$) 和递推关系 $u(n)=0.4u(n-1)+440, u(1)=440$（图 15.46，图 15.47），打开添加图形页面，选择图形类型为散点图，分别以 $a1,b1$ 为横坐标、纵坐标作出散点图（图 15.48），根据图表可以看出数列为递增数列，当 $n=3$ 时，药物在体内的残留量为 686.4 毫克，此时药物已达到发挥作用的残留量，利用表格可以计算得到当 $n=30$ 和 $n=100$ 时，药物的残留量都约为 733.33 毫克，因此，我们可以估计数列的极限值约为 733.33 毫克（图 15.49），并且该同学长期服用这种药不会出现药物中毒现象.

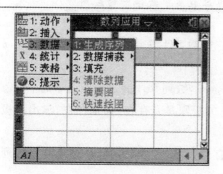

图 15.45

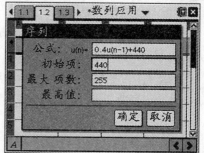

图 15.46

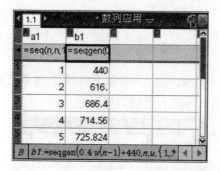

图 15.47

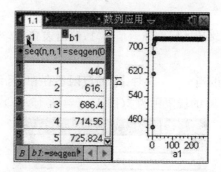

图 15.48

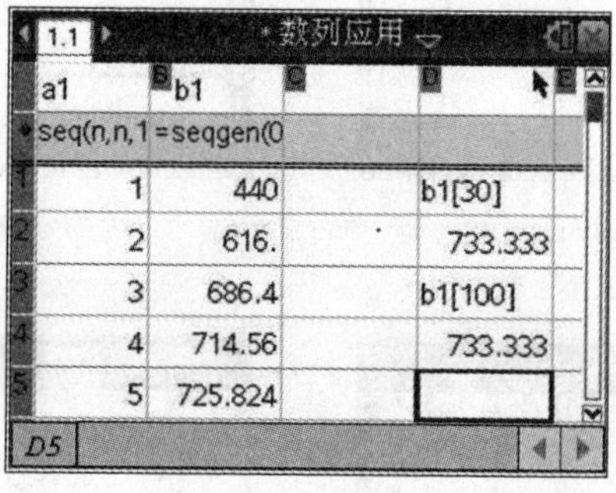

图 15.49

 15.11 "绝对差数列"的研究

"绝对差数列"是一道高考的压轴题,问题内涵丰富,充满了挑战性和探索性,适合开展数学探究学习活动.

问题 数列 $\{a_n\}$ 中,若 a_1,a_2 是正整数,且满足 $a_n=|a_{n-1}-a_{n-2}|$,$n=3,4,5,\cdots$,则称 $|a_n|$ 为"绝对差数列".

(1) 若 $\{a_n\}$ 为绝对差数列,且 $a_1=3,a_2=1$,数列 $\{b_n\}$ 满足 $b_n=a_n+a_{n+1}+a_{n+2}$,$n=1,2,3,\cdots$,判断当 $n\to+\infty$ 时,a_n 与 b_n 的极限是否存在,如果存在,求出其极限值;

(2) 证明:任何"绝对差数列"中总含有无穷多个为零的项,并对绝对差数列展开研究同时作拓展.

解析 借助图形计算器发现该数列前三项分别为 $3,1,2$,第 4 项开始,每三个相邻的项周期地取值 $1,1,0$. 由表猜想,当 $k\geqslant 1$ 时 $\begin{cases}a_{3k+1}=1\\a_{3k+2}=1\\a_{3k+3}=0\end{cases}$(图 15.50,图 15.51),

所以当 $n\to+\infty$ 时,a_n 的极限不存在. 且绝对差数列 $\{a_n\}$ 中有无穷多个为零的项. 而 b_n 的极限则为 2(图 15.52,图 15.53),然后再进行严格的证明.

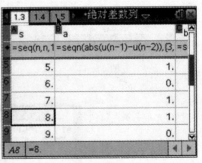

图 15.50　　　　　　图 15.51

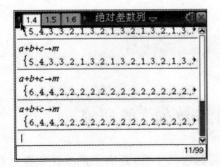 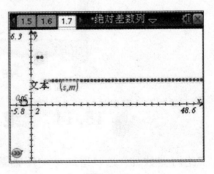

图 15.52　　　　　　图 15.53

改变初始条件,如 $a_1=1,a_2=1$,利用图形计算器不难发现这时数列为 $1,1,0,1$, $1,0,\cdots$,发现数列仍是周期数列,周期为 3;如果将绝对差改为绝对和、绝对积、绝对商会出现什么样的结果,请读者试试看你会有哪些发现.

15.12 一个数列探索题

是否存在常数 a,b,c,使得等式 $1\times 2^2+2\times 3^2+3\times 4^2+4\times 5^2+\cdots+n\times(n+1)^2=\dfrac{n(n+1)}{12}(an^2+bn+c)$ 对一切 $n\in \mathbf{N}^*$ 都成立,并证明你的结论(湘教版选修 $2-2$,P141,19).

解析 传统的解法是通过当 $n=1,2,3$,求得 a,b,c,再进行证明,但是由于解方程组的计算失误使得许多人在 a,b,c 求值环节就被卡住了,因此问题的关键部分(数学归纳法)就难以完成.借助"TI"的数据拟合功能,对 a,b,c 作出预估,得到 $a=0.25=\dfrac{1}{4},b=1.666667=\dfrac{7}{6},c=1.75=\dfrac{7}{4},d=0.833333=\dfrac{5}{6},e=9\mathrm{E}-10$(由于计算机精确度和问题中不含常数项的特征,所以 e 省略(图 15.54~图 15.56)).

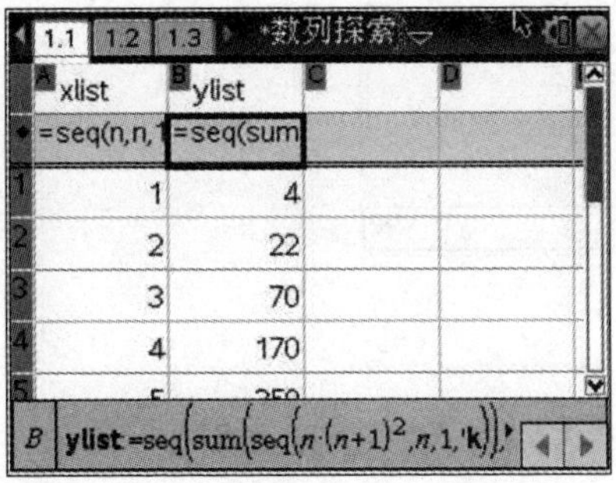

图 15.54

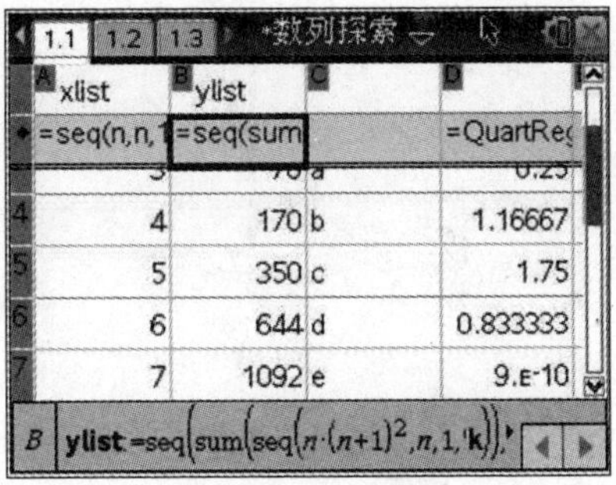

图 15.55

借助 TI 图形计算器可以用矩阵方法帮助计算,为解决问题扫清障碍,当 $n=1$, $2,3$ 时代入得到关于 a,b,c 三元一次方程组,$\begin{cases}a+b+c=24\\4a+2b+c=44\\9a+3b+c=70\end{cases}$,作出系数矩阵 $\begin{bmatrix}1&1&1&24\\4&2&1&44\\9&3&1&70\end{bmatrix}$,通过"TI"的矩阵求解方程组的 rref 功能得到 $a=3,b=11,c=$

10(图 15.57,图 15.58),由此产生的猜想再进行数学归纳法证明(这个环节才是问题的核心). 在上述解题中看似复杂的计算问题变成只是键盘操作、命令使用的技术性问题,体现了"中学数学现代化就是机械化"的思想(吴文俊院士).

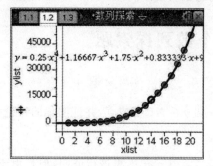

图 15.56

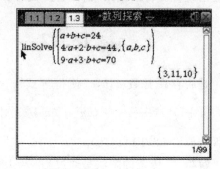

图 15.57

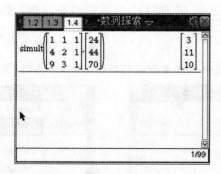

图 15.58

15.13 一个几何最值的两种解法

$\triangle ABC$ 中,若 $AB=2$, $AC=\sqrt{2}BC$,求 $S_{\triangle ABC}$ 的最大值.

解析 第一种解法以 BC 长为自变量 x,建立面积关于 x 的函数,利用 fmax, solve,赋值等命令求解.

首先由余弦定理得到 $\cos B = \dfrac{-(x^2-4)}{4x}$(图 15.59),根据三角形中两边之和大于第三边,解不等式 $\begin{cases} \sqrt{2}x+x \geqslant 2 \\ x+2 > \sqrt{2}x \end{cases}$,解得 $2(\sqrt{2}-1) \leqslant x < 2(\sqrt{2}+1)$(图15.60),

根据三角形面积 $s = \frac{1}{2}x\sqrt{1-\cos^2 B} = x\sqrt{1-(\frac{-(x^2-4)}{4x})^2} = \frac{\sqrt{-x^4+24x^2-16}}{4}$,利用 fMax 求得当 $x=2\sqrt{3}$ 时,$S_{\triangle ABC}$ 的最大值为 $2\sqrt{2}$ (图 15.61).

注 以下解法要将常规设置中计算模式设置为精确模式.

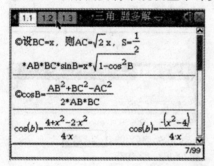

图 15.59

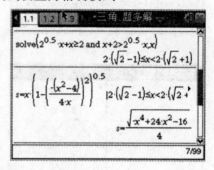

图 15.60

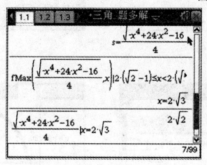

图 15.61

第二种解法以 AB 为 x 轴,AB 的中垂线为 y 轴建立平面直角坐标系,设 $C(x,y)$,求出点 C 的轨迹 $(x-3)^2+y^2=8$,添加列表与电子表格以及拟合函数知识,得到面积关于 x 的拟合函数是一个关于 x 的四次函数 $y = 0.026744485693243x^4 + 0.32140699571585x^3 - 1.5288492129896x^2 + 3.3827559993056x + 0.1260147010642$,求得 $S_{\triangle ABC}$ 的最大值为 2.82843.

注 以下解法要将常规设置中计算模式设置为近似模式.

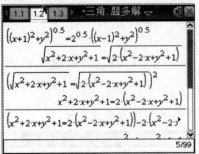

图 15.62

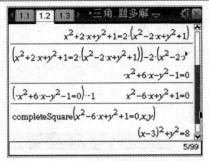

图 15.63

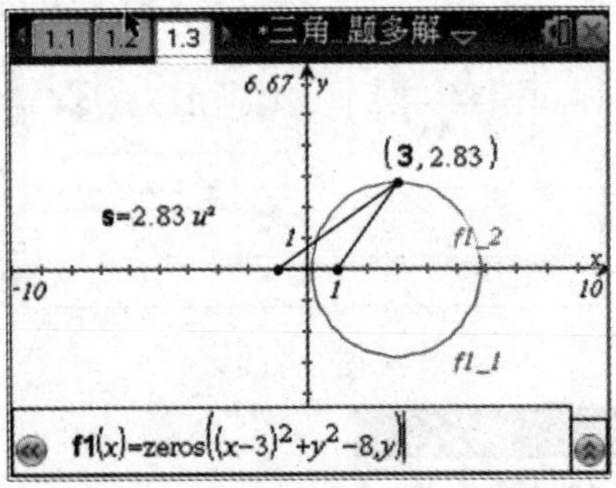

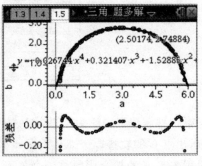

图 15.64

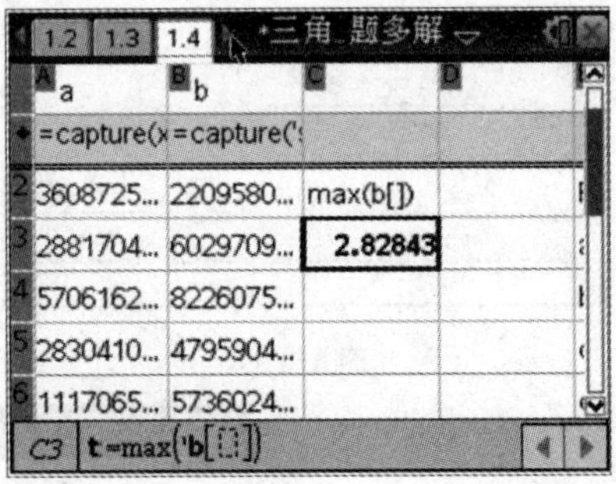

图 15.65

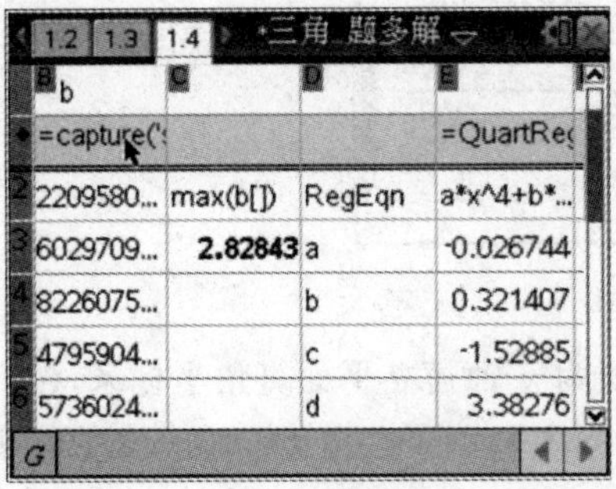

图 15.66

图 15.67

15.14 生日问题

假设一年有 365 天,在一个教室里,有 50 名学生都是同一年出生的.你认为他们中一定有相同生日的同学吗?请你先做一个猜测,在这 50 名学生中,至少有 2 名同学生日相同的概率(　　).

A. 低于 10%　　　B. 大约 45%　　　C. 大约 81%　　　D. 高于 90%

解析　可以用随机模拟的方法(蒙特卡罗方法),即用频率估计概率的方法进行求解. 首先,用命令 randint(1,365,50) 产生 50 个 1～365 的随机整数(代表 50 名学生的生日),然后将这 50 个随机整数绘制成频率分布直方图,将频率分布直方图的数据宽度设置为 1,观察图形发现有 2 个以上的数字相同的(频数大于或等于2),则表明本次实验产生的 50 名学生的生日中,至少有 2 名同学的生日相同,这样的实验做 500 次,或者更多,将成功的次数与总次数的比值(即频率)作为概率的估计值,即可得到在这 50 名学生中,至少有 2 名同学生日相同的概率高于 90%(图 15.68,图 15.69).

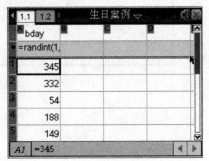
图 15.68

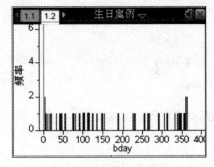
图 15.69

也可以设计成算法语句(图 15.70),将产生的 50 个随机整数排序,只要相邻的两个整数中有相同的数,即可判断本次实验所产生的 50 名学生的生日中,至少有 2 名同学的生日相同,运行算法程序,进行 500 次或者更多次实验,即可得到在这 50 名学生中,至少有 2 名同学生日相同的概率估计值为 0.9708(图 15.71). 当然,直接求解也不困难,很显然,在这 50 名学生中,至少有 2 名同学生日相同的概率 $P=1-\dfrac{A_{365}^{50}}{365^{50}}$,用图形计算器求得概率等于 0.970374(图 15.71),与估计值接近.

```
Request "试验次数",time
n:=0
For i,1,time
    m:=randInt(1,365,50)
    SortA m
    For j,1,49
        If m[j]=m[j+1] Then
            n:=n+1
            Exit
        EndIf
    EndFor
EndFor
Disp "概率约为",approx( n/time )
```

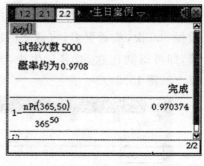

图 15.71

图 15.70

15.15 放在墙角的梯子

有一个经典的轨迹问题:放在墙角的梯子沿着墙壁滑落,梯子的中点的轨迹是什么?

解析 把这个问题转化为数学问题,即得以下问题:定长线段 AB 的两个端点分别在两条相交直线 l_1, l_2 上滑动,求 AB 的中点 M 的轨迹.

我们先研究 $l_1 \perp l_2$ 的情形,在几何页面中,画出两条相交直线 l_1, l_2,设交点为 O,画直线时,同时按键⇧shift,保证 $l_1 \perp l_2$. 以点 O 为圆心作一个圆,并在圆上作一个对象点 P(图 15.72),过点 P 分别作 l_1, l_2 的垂线段,垂足分别记为 A, B,很显然,当点 P 在圆上移动时,线段 AB 的长度保持不变(图 15.73).

第 15 章　精彩教学案例

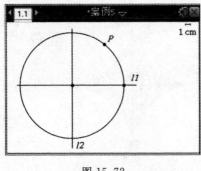

图 15.72

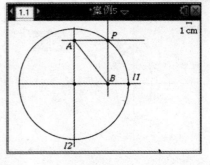

图 15.73

隐藏圆和其他辅助线,作出线段 AB 的中点 M,将光标指向点 P,并按键 ctrl、menu,在下拉菜单中选"属性",在属性对话框中,将单向动画速度改为 1,并几何跟踪点 M,开始动画,可以看出动点 M 的轨迹是以点 O 为圆心、OM 为半径的圆(图 15.74).若以点 M 为对象点,点 P 为约束点作出轨迹,可以得到动点 M 的轨迹(图 15.75).

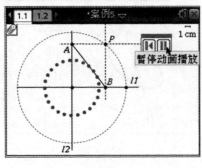

图 15.74　　　　　　　　　　　图 15.75

同样可以继续研究线段 AB 上的其他点的轨迹,比如线段 AB 上的两个三等分点的轨迹都是椭圆(图 15.76);甚至可以作出线段 AB 的轨迹(图 15.77).

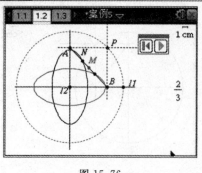 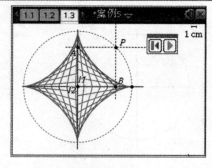

图 15.76　　　　　　　　　　　图 15.77

如果改变 l_1, l_2 的位置关系,使它们夹角不等于 $90°$,继续研究 l_1 与 l_2 不垂直的情形,将又有一番新的收获.测量线段 AB 的长度,当点 P 在圆上移动时,发现 AB 的长度依然是定值(图 15.78),为什么？但线段 AB 的中点 M 的轨迹不再是圆,而是一个椭圆(图 15.79).

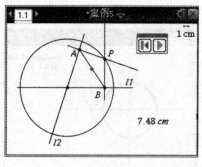 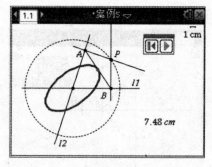

图 15.78　　　　　　　　　　　图 15.79

15.16　摆线的研究

摆线(cycloid)是数学中众多的迷人曲线之一,它是这样定义的:一个圆沿一直线无滑动地滚动,圆上一固定点所经过的轨迹称为摆线.

在图形计算器上,可以利用测量值传递命令,按下列步骤作出摆线.

1. 添加一个几何页面.

2. 按键 menu、④(点/线)、⑤(线段),作出线段 OC 和 MN；按键 menu、④(点/线)、②(对象点),在线段 OC 上作点 A.

3. 按键 (menu)、(7)(作图)、(1)(垂线),过点 A 作 OC 的垂线;按键 (menu)、(7)(作图)、(7)(圆),以点 A 为圆心,线段 MN 长为半径作圆 A.

4. 按键 (menu)、(4)(点/线)、(3)(交点),作出垂线与圆 A 的交点 B.

5. 按键 (menu)、(7)(作图)、(7)(圆),以点 B 为圆心,线段 MN 长为半径作圆 B.

6. 按键 (menu)、(6)(测量)、(1)(长度),测量线段 OA 的长度;按键 (ctrl)、(menu),在下拉菜单中选择"文本",在文本框中输入"—1·d",按键 (enter),然后将光标指向该文本,按键 (ctrl)、(menu),在下拉菜单中选择"计算",当出现选择变量"d"的对话框时,将光标指向测量值,按键 (enter),得到测量值的相反数.

7. 按键 (menu)、(7)(作图)、(8)(测量值传递),单击线段 OA 的长度测量值的相反数、圆 B 及点 A,在圆 B 上作出点 P,使得线段 OA 的长度等于圆弧 AP 的长度.

8. 按键 (menu)、(7)(作图)、(6)(轨迹),单击点 P 和点 A,作出的轨迹即摆线(图 15.80).

为了研究摆线的性质,按键 (menu)、(2)(视图)、(1)(绘制),将几何页面改为图形页面,按键 (menu)、(1)(动作)、(3)(重新定义),重新定义点 O 到坐标原点,定义点 C 在 x 轴上,重新定义点 M,N 到新的位置,这个过程等价于以点 O 为原点,线段 OC 所在直线为 x 轴,建立直角坐标系(图 15.81).

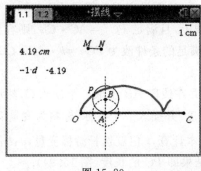
图 15.80

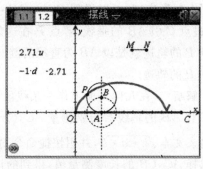
图 15.81

引入参数 t 表示点 P 转过的弧度数(滚动角),设圆 B 的半径长 $MN = r$,则点 $B(rt, r)$,从而得到摆线的参数方程 $\begin{cases} x = rt - r\sin t \\ y = r - r\cos t \end{cases}$ (t 为参数),若将图形类型改为参数方程,并输入参数方程,t 的取值范围为 $[0, 2\pi]$,可得到参数方程下的摆线一拱,函数图像与轨迹重合(图 15.82).

进一步研究,人们还发现摆线具有如下性质:

1. 它的长度等于旋转圆直径的 4 倍,尤为令人感兴趣的是,它的长度是一个不依赖于 π 的有理数.

2. 用定积分计算求得在弧线下的面积,是旋转圆面积的三倍(图 15.83).

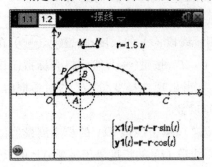

图 15.82

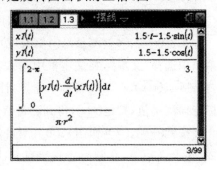

图 15.83

15.17 圆上射影定理的拓展研究

设点 P 在以线段 AB 为直径的圆上,由点 P 向 AB 引垂线段 PC,C 为垂足,根据圆上射影定理,可以得到 $PC^2 = AC \cdot CB$.反之,假设点 C 为线段 AB 上的一个动点,过点 C 引 AB 的垂线,若点 P 在这条垂线上,且满足 $PC^2 = AC \cdot CB$,则容易得到点 P 的轨迹就是以 AB 为直径的圆.若将满足的条件改为 $PC^2 = k \cdot AC \cdot CB$,试求点 P 的轨迹.

解析 在几何页面上作一条线段 AB,并在线段 AB 上取一个动点 C,然后过点 C 作 AB 的垂线 l.分别测量 AC,CB 的长度,并插入一个游标,标签为变量 k,然后输入文本 $\sqrt{k \cdot a \cdot b}$,并用快捷命令对该文本计算,k 值就选择游标变量,a,b 值分别选择 AC,CB 的长度测量值,得到的计算结果即 PC 的长度(图 15.84).

按键 (menu)、⑦(作图)、⑦(圆),选择点 C 为圆心,上述计算的结果为半径作一个圆,该圆与直线 l 的交点就是点 P,按键 (menu)、⑦(作图)、⑥(轨迹),分别点击点 C 和点 P,即可得到点 P 的轨迹.改变游标变量 k 的值,发现当 $k = 1$ 时,轨迹是圆,当 $k \neq 1$ 时,轨迹是椭圆(图 15.85).

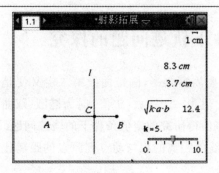
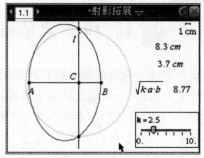

图 15.84　　　　　　　　　　　图 15.85

15.18　极坐标的应用

如图 15.86，已知 AB 是过椭圆 $\dfrac{x^2}{16}+\dfrac{y^2}{4}=1$ 的中心的弦，以 AB 为边作正 $\triangle ABP$，当 A,B 在椭圆上移动时，求点 P 的轨迹方程.

解析　以 O 为极点，OX 为极轴建立极坐标系，则椭圆方程为 $\rho^2(\dfrac{\cos^2\theta}{16}+\dfrac{\sin^2\theta}{4})=1$，设 $P(\rho,\theta),B(\rho_0,\theta_0)$，则 $\rho=\sqrt{3}\rho_0$，$\theta=\theta_0+90°$.

代入椭圆方程得 $\rho^2(\dfrac{\sin^2\theta}{48}+\dfrac{\cos^2\theta}{12})=1$，化简得 $\dfrac{x^2}{12}+\dfrac{y^2}{48}=1$ (图 15.86).

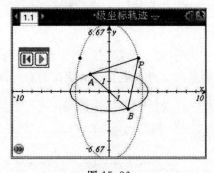

图 15.86

15.19 定值条件下轨迹问题的探究

定值条件下轨迹问题是解析几何的重要内容之一,圆锥曲线第二定义便是其中的代表,动点到一条定直线与定点距离比值为一个正数(定值)时为椭圆、双曲线或抛物线,其实在这个基本图形中还有许多值得研究的定值条件下的轨迹问题.

问题1 求平面内到动点、定点、定直线的距离的积与动点到原点的距离比的平方等于定值的动点轨迹方程.

解析 因为 $\dfrac{|PA||PB|}{|OP|^2} = m$,即 $\dfrac{|x|\sqrt{(x-t)^2+y^2}}{x^2+y^2} = m$,整理得

$$x^2[(x-t)^2+y^2] = m^2(x^2+y^2)^2 (图 15.87)$$

当 $m=1$ 时,得到平面内动点到定点、原点和定直线的距离成等比数列时动点的轨迹(图 15.88).

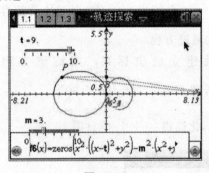
图 15.87

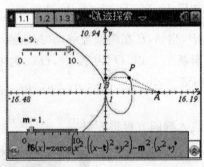
图 15.88

问题2 求平面内动点到定点与定直线的距离的和与动点到原点的距离比等于常数的动点的轨迹方程.

解析 因为 $\dfrac{|PA|+|PB|}{|OP|} = m$,即 $\dfrac{|x|+\sqrt{(x-a)^2+y^2}}{\sqrt{x^2+y^2}} = m$,整理得

$$|x|+\sqrt{(x-a)^2+y^2} = m\sqrt{x^2+y^2}$$

当 $m=2$ 时说明平面内到动点、定点与定直线的距离的和与动点到原点的距离成等差数列的动点轨迹(图 15.89).

问题3 求平面内动点到定点与定直线的距离的和与动点到原点的距离之和等于常数的动点的轨迹方程.

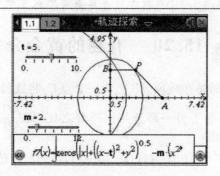

图 15.89

解析 因为 $|PA|+|PB|+|PO|=m$,即
$|x|+\sqrt{x^2+y^2}+\sqrt{(x-t)^2+y^2}=m$(图 15.90).

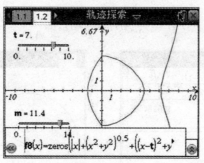

图 15.90

问题 4 求平面内动点 P 到定点 A、垂足 B、原点 O 组成的四边形周长为常数时动点 P 的轨迹方程.

解析 因为 $|OB|+|BA|+|AB|+|OA|=m$,即 $|y|+|x|+|t|+\sqrt{(x-t)^2+y^2}=m$(图 15.91).

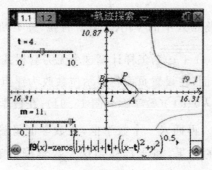

图 15.91

15.20 有趣的黄金分割

所谓黄金分割,指的是在线段 AB 上作一个点 C,将线段 AB 分为两部分,使其中一部分与全部之比,等于另一部分与该部分之比,即 $\dfrac{AC}{AB} = \dfrac{CB}{AC}$. 假设 $AB=1$, $AC=x$,可得 $\dfrac{x}{1} = \dfrac{1-x}{x}$,解这个方程(图 15.92),得到的比值 $x = \dfrac{\sqrt{5}-1}{2} \approx 0.618$ 称为黄金分割比,这个比值被公认为最具有审美意义的比例数字,是最能引起人的美感的.

添加一个几何页面,可以作出线段 AB 的黄金分割点 C(图 15.93),其中 $DB = \dfrac{1}{2}AB$,因此有 $AC = AD - DB = \dfrac{\sqrt{5}}{2}AB - \dfrac{1}{2}AB$,即 $\dfrac{AC}{AB} = \dfrac{\sqrt{5}-1}{2}$.

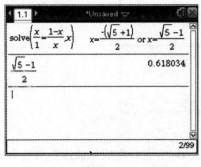

图 15.92

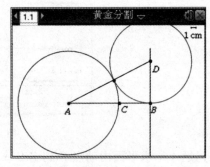

图 15.93

由于黄金分割比 x 的值满足 $\dfrac{x}{1} = \dfrac{1-x}{x}$,变形得到 $\dfrac{1}{x^2} = 1 + \dfrac{1}{x}$,取 $y = \dfrac{1}{x}$,从而得到 $y = \sqrt{1+y}$,现在将根式中的 y 用 $\sqrt{1+y}$ 替换,并不断继续下去,就得到无穷套根式 $y = \sqrt{1+\sqrt{1+\sqrt{1+\cdots}}}$,怎样计算这个无穷套根式的值呢?

添加一个记事本页面(在设置页面将显示位数改为浮点 12,计算模式改变为近似),按键 (menu)、(3)(插入)、(1)(数学框)(图 15.94),在数学框里输入 $y:=1$,按键 (enter),将 1 赋值给变量 y,再插入一个数学框,在数学框里输入 $y:=\sqrt{1+y}$,按键 (enter),得到第一次替换的结果,将光标移到这个数学框的表达式后面,不断按键 (enter),可以发现,每次按键后所得到的结果不断变化,并逐渐趋近黄金分割比值(图

15.95).

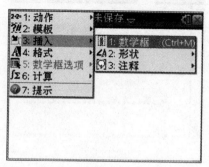

图 15.94

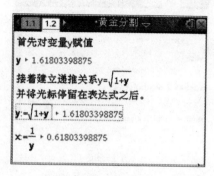

图 15.95

如果将 x 所满足的等式 $\dfrac{x}{1}=\dfrac{1-x}{x}$ 变形为 $x(1+x)=1$,进而得到 $x=\dfrac{1}{1+x}$,并将分母中的 x 用 $\dfrac{1}{1+x}$ 替换,且不断继续下去,那么就得到无穷连分数 $x=\dfrac{1}{1+\dfrac{1}{1+\dfrac{1}{1+\cdots}}}$,怎么计算这个无穷连分数的值呢?

添加一个问题,并添加一个记事本页面,在数学框里输入 $x:=1$,对变量 x 首次赋值,然后在数学框中输入 $x:=\dfrac{1}{1+x}$,可以预计,将光标移到这个数学框的表达式后面,不断按键 ⒠ⓝⓣⓔⓡ,将获得这个数列,其数值逐渐趋近黄金分割比值. 现在,继续插入一个数学框,xlist：={},该命令定义了一个数组变量 $xlist$,再输入 xlist：=augment(xlist,{x}),该命令能将变量 x 所获得的数值依序添加到数组 $xlist$. 接着,在数学框中输入 nlist：=seq($n,n,1$,count(xlist)) 命令,生成一个与数组 $xlist$ 的元素个数相同的正整数列 $nlist$(图 15.96). 最后,添加一个图形页面,并将图形类型改为散点图,并以 nlist 为 x 变量,以 xlist 为 y 变量,在图形页面中作出散点图,观察散点图,可以看出数组 xlist 的变化趋势(图 15.97).

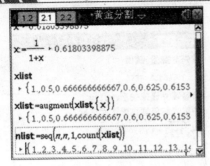
图 15.96

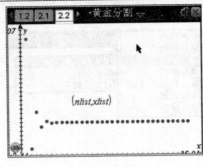
图 15.97

有趣的是对变量 x 首次赋以其他数值,比如 $x:=3$,甚至 $x:=\pi$,都不影响数组 $x\text{list}$ 的变化趋势,并且最终都趋于黄金分割的比值.

如果在设置页面将计算模式改变为精确,重复上述步骤,将每次得到的 x 的值按顺序排成一行,就得到一个数列 $1,\dfrac{1}{2},\dfrac{2}{3},\dfrac{3}{5},\dfrac{5}{8},\cdots$,这个数列中的每个数均为有理数,但却趋近于 $\dfrac{\sqrt{5}-1}{2}$(无理数),这个数列还有什么秘密呢?

添加一个列表与电子表格页面,在 A1 单元格(A 列中的第一个单元格)中输入 1,在 A2 单元格中也输入 1,然后在 A3 单元格中输入"$=\text{A1}+\text{A2}$",将 A1 和 A2 单元格的数值相加作为 A3 的数值,并将光标移动到 A3 单元格,按键 menu、③(数据)、③(填充),此时 A3 单元格显示虚框,连续按键 ▼ 到合适的位置(比如 A30 单元格),按键 enter,将根据 A3 单元格的计算规则填充以下单元格,生成一个数组,该数组实际上就是著名的斐波那契数列. 接着,在 B1 单元格中输入"$=\dfrac{\text{A1}}{\text{A2}}$",并按此计算规则填充以下单元格,生成一个数组(该数组熟悉吗?),把这个数组命名为 mlist(图 15.98). 为了观察这个数组的变化趋势,添加一个数据与统计页面,并将上述生成的正整数数组 nlist 作为 x 变量,数组 mlist 作为 y 变量,生成的散点图显示,数组 mlist 也趋于黄金分割的比值(图 15.99).

返回列表与电子表格页面,将 A1,A2 单元格中的数值改为 3(或者其他数值,甚至无理数 π,e 等),可以发现,A,B 列的数值发生改变,但变化趋势没有变,而且趋于黄金分割的比值.

图 15.98

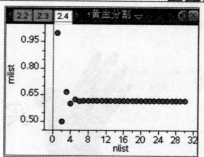

图 15.99

实用技巧目录

实用技巧是使用图形计算器过程中一些经验的提升和浓缩,了解和掌握技巧可以提高使用的效率,可以更为全面、生动、科学地体现对数学问题的理解、呈现方式的多样和解决方法的优化,让你感受数学学习、数学创新的无限趣味和魅力.本章是将各章中的实用技巧栏目内容列为目录以便参考和使用.每个实用技巧条目之后的数字代表"章"与章中的序号.

■ 实用技巧 1—— 如何新建一个适当的文档(2.1)
■ 实用技巧 2—— 如何更改图形计算器的设置(2.1)
■ 实用技巧 3—— 如何保存文件、如何输入中文(2.2)
■ 实用技巧 4—— 图形计算器输入的两种方式(2.3)
■ 实用技巧 5—— 命令 count(计数) 和 countif(条件计数) 的使用(2.4)
■ 实用技巧 6—— 存储命令 sto → 的应用(2.5)
■ 实用技巧 7—— 变量赋值的三种方法(3.1)
■ 实用技巧 8—— 如何利用帮助目录(3.2)
■ 实用技巧 9—— 如何在文档中插入注释和输入中文(3.3)
■ 实用技巧 10—— 关于分式的一些常用的命令(comDenom、getNum) 的使用(3.4)
■ 实用技巧 11—— 如何清空历史记录(3.5)
■ 实用技巧 12—— 利用解方程解决多项式的求值问题(4.1)
■ 实用技巧 13—— 如何输入特殊的数学字符 π, i, e, θ(4.2)
■ 实用技巧 14—— 如何利用模板输入数学表达式(4.3)
■ 实用技巧 15—— 如何进行恒等变形(4.5)
■ 实用技巧 16—— 如何作出不等式区域(4.8)
■ 实用技巧 17—— 如何利用 when 命令分析线性规划中的最值问题(4.9)
■ 实用技巧 18—— 如何实现图形显示方式的改变(5.1)
■ 实用技巧 19—— 如何将二次函数表示为标准式(5.2)

第16章　实用技巧目录

- 实用技巧 20——如何使用游标(5.3)
- 实用技巧 21——如何制作可调控的定长区间的函数图像(5.4)
- 实用技巧 22——如何对函数图像的显示方式进行设置(5.4)
- 实用技巧 23——如何设置页面布局(5.6)
- 实用技巧 24——如何制作分栏式的互动页面(5.7)
- 实用技巧 25——命令 ans(答案)在迭代运算中的应用(5.8)
- 实用技巧 26——如何设置表格的属性(5.9)
- 实用技巧 27——如何制作动态数列极限的小课件(6.1)
- 实用技巧 28——差分比 centralDiff 的几种应用(6.2)
- 实用技巧 29——利用 impDif 命令求导(6.3)
- 实用技巧 30——如何制作函数与导函数的互动关系图(6.4)
- 实用技巧 31——如何制作弧长与定义域同步变化的效果(6.5)
- 实用技巧 32——如何快速求解数值定积分(6.6)
- 实用技巧 33——如何进行隐函数(微分)求导(6.7)
- 实用技巧 34——如何绘制水平直线(7.1)
- 实用技巧 35——如何使用两种画圆的方法画圆(7.2)
- 实用技巧 36——如何快速改变显示精度(7.3)
- 实用技巧 37——如何使用测量值传递作图(7.4)
- 实用技巧 38——如何作出指定长度的线段,作出指定大小的角(7.5)
- 实用技巧 39——如何利用 deltaList(数组)验证等差数列(8.1)
- 实用技巧 40——如何使用电子列表进行数列的有关运算(8.2)
- 实用技巧 41——如何制作可调控的动态数列图像(8.3)
- 实用技巧 42——如何利用散点图制作同步变化的数列图像(8.4)
- 实用技术 43——如何将数列进行降序或升序排列(8.5)
- 实用技巧 44——如何一次性进行有关三角计算(9.1)
- 实用技巧 45——如何进行不同页面的切换浏览(9.2)
- 实用技巧 46——如何制作自动播放的动画(9.3)
- 实用技巧 47——如果作特定区间上的三角函数图像(9.3)
- 实用技巧 48——如何表示三角方程的一般解(9.4)
- 实用技巧 49——如何利用自定义多元函数解三角形(9.5)
- 实用技巧 50——如何进入程序编辑(10.1)
- 实用技巧 51——如何隐藏已编写的算法程序(10.2)

- 实用技巧 52——计算结果如何显示为近似值(10.3)
- 实用技巧 53——如何自定义库函数(10.4)
- 实用技巧 54——如何在表格中输入中文字符(11.1)
- 实用技巧 55——如何在其他页面调用统计量(11.2)
- 实用技巧 56——如何快速进行块设置？如何快速改变窗口设置？(11.3)
- 实用技巧 57——如何使用问题与页面(11.4)
- 实用技巧 58——如何产生不同分布的随机数(11.5)
- 实用技巧 59——如何使用累积和数组命令展示频率的稳定性(11.6)
- 实用技巧 60——如何求展开式中的最大项(11.7)
- 实用技巧 61——如何计算各种分布的概率(11.8)
- 实用技巧 62——如何使用向导绘制正态分布密度曲线(11.9)
- 实用技巧 63——如何使用标准名称存储统计结果(11.10)
- 实用技巧 64——如何显示坐标和方程(12.1)
- 实用技巧 65——如何作出半径受游标控制的圆(12.2)
- 实用技巧 66——如何在几何页面中建立直角坐标系(12.3)
- 实用技巧 67——在图形页面输入方程画圆锥曲线(12.4)
- 实用技巧 68——如何根据抛物线定义作出抛物线(12.5)
- 应用技巧 69——如何制作圆内螺线(12.6)
- 实用技巧 70——如何绘制伯努利双纽线(12.7)
- 实用技巧 71——如何展示圆锥曲线的统一性(12.8)
- 实用技巧 72——如何利用测量值传递作向量图形(13.1)
- 实用技巧 73——如何作出向量加法的平行四边形图(13.2)
- 实用技巧 74——如何利用测量传递作向量的倍数变换(13.3)
- 实用技巧 75——如何制作一个可以动态变化的复数表示形式(13.4)
- 实用技巧 76——如何求解复系数方程和不等式(13.5)
- 实用技巧 77——如何快速生成 $m \times n$ 阶的零矩阵(14.1)
- 实用技巧 78——如何实现数组与矩阵的互相转化？(14.2)
- 实用技巧 79——如何获取矩阵中指定位置的元素(14.3)
- 实用技巧 80——计算器页面中如何快速调用计算结果(14.4)
- 实用技巧 81——如何发送文档或文件夹到另一台手持设备(14.5)
- 实用技巧 82——如何重置内存(全部删除)(14.6)
- 实用技巧 83——如何求出矩阵对应的特征多项式(14.7)